Peter Niggl

DIE KOPF-AB-MORDE

und andere
authentische Kriminalfälle

Das Neue Berlin

Die in diesem Buch geschilderten Fälle folgen präzis den tatsächlichen Ereignissen. Aus persönlichkeitsrechtlichen Gründen wurden in den meisten Fällen die Namen der auftretenden Personen geändert.

Inhalt

Der Klingelmörder 7

Die Gebrüder Pohl vom Nollendorfplatz 19

Der Fund am Grazer Platz 92

Von Odin enttäuscht 119

Der Mord an dem Mädchen Maria 129

Die Meldung vor der Tat 175

Der dritte Mann 196

Der Zufallstäter 216

Der Klingelmörder

Trostloses Regenwetter herrscht an diesem Apriltag des Jahres 2008. Eine kleine Schar Trauernder gibt auf dem Landschaftsfriedhof Gatow einer Frau, die gerade einmal 46 Jahre alt geworden ist, das letzte Geleit. Ein letztes Mal kreuzen sich die Wege von Jasmina Fiedler und ihrem ehemaligen Mann Manfred.

Als sich ihre Wege ein Vierteljahrhundert zuvor trennten, war Jasmina eine junge, hübsche Frau, »ein bisschen einfach gestrickt«, meinte mancher ihrer Bewunderer hinter vorgehaltener Hand. Sie hat nicht wieder geheiratet. Den Familiennamen des Mannes, mit dem sie nur kurze Zeit so etwas wie eine Ehe führte, behielt sie bei. Mit Kellnern in Lokalitäten, die wahrlich nicht zu den ersten Adressen der Stadt zählten, hat sie sich über Wasser gehalten. Über die Jahre ist es einsam um sie geworden. Mit den wenigen Menschen, mit denen sie sich noch umgab, teilte sie das Interesse am Alkohol. Irgendwann hat ihr Körper das nicht mehr mitgemacht.

Manfred ist ebenfalls 46 Jahre alt. Er steht schlicht und korrekt gekleidet neben seiner Mutter am Grabe der Frau, für die er einst gemordet hat. Er ist im »Freigang«, ist also fast am Ende einer Haftstrafe und kann bereits hin und wieder einen Ausflug aus dem Gefängnis machen.

Zur kleinen Trauergemeinde gehören Jasminas Mutter, die einzige in diesem Kreis, die ihren Schmerz zeigt, und deren langjähriger Lebensgefährte Karl-Heinz Brennecke. Jasminas

Vater ist mit seiner neuen Frau aus dem Ruhrpott angereist. Kaum eine Handvoll Freunde und Bekannte der Familie haben sich zum Abschied von Jasmina zusammengefunden. Etwas abseits stehen zwei Männer in abgewetzter Kluft, vom Alkoholdunst umweht – es sind Jasminas letzte Freunde.

Fast zweieinhalb Jahrzehnte liegt nun eine grausame Geschichte zurück, die mehrere Menschen das Leben gekostet und vielleicht Jasminas Leben mehr zerstört hat als das ihres früheren Mannes.

Beide sind 22 Jahre alt, als sie sich als junges Paar eine eigene, komfortable Existenz aufbauen wollen. Eine Eigentumswohnung, die für Altersgenossen kein Thema, weil einfach unerschwinglich ist, soll das Glück der jungen Ehe komplettieren. In Mariendorf wird eine solche 90-Quadratmeter-Eigentumswohnung gekauft. Die gewitzten Immobilien-Marktschreier hätten ihm weis gemacht, »dass es nicht allzu viel kosten würde«, gibt Manfred später an. Man schreibt das Jahr 1984. Es ist die Zeit der »windigen Berlin-Geschäfte und zu teuren Bauherrenmodelle«, wie der »Spiegel« einschätzt. Auf einem wabernden Markt mit Immobilien werden den Interessenten die Angebote schöngeredet. Die Ernüchterung folgt auf den Fuß.

Manfred, der noch nicht einmal einen erlernten Beruf vorweisen kann, will seiner Jasmina – der »schönen Jasmina«, wie sie genannt wird – etwas bieten. Aber in den Fängen der Immobilienzocker, in denen damals sogar gut verdienende Akademiker und Unternehmer finanziell in die Knie gingen, konnte er nicht zu den Gewinnern gehören.

Manfred ist mit seinem Latein am Ende. Dunkle Wolken haben sich vor den Honigmond des jungen Glücks geschoben. Die laufenden Kosten sind dem Paar über den Kopf gewachsen. 80 000 Mark Schulden aus dem Wohnungskauf sind eine bleischwere, nicht mehr zu stemmende Last.

Jasmina ist es nicht, die die Ansprüche ins Utopische schraubt. An Manfred selbst nagen die Zweifel, ob seine begehrenswerte Frau sich nicht einen Besseren suchen könnte, wenn er finanziell völlig ruiniert dasteht und eine klägliche Figur abgibt. Die Zeit drängt, der Besuch des Mannes mit dem Kuckuck steht kurz bevor.

»Ich hatte eigentlich viel Glück im Leben«, resümiert Manfred einige Jahre später. »Ich hatte eine gute Arbeit, eine hübsche Frau, nicht zu anspruchsvoll, und es ging immer weiter voran – und jetzt sollte mit einem Schlag alles vorbei sein. Ich habe die Arbeit verloren, jetzt wäre die Wohnung noch weg gewesen. Ich wollte wohl nicht zurückstehen, ich wollte nicht wieder zurück als einfacher Mensch …« Dem Makel, als »einfacher Mensch« dazustehen, will er sich nicht aussetzen.

Manfred spürt: »Das ging aber über meine Verhältnisse. Irgendwann sah ich keinen Ausweg mehr.« Er macht den ersten Schritt ins Abseits, noch nicht justiziabel, doch schon in eine Sackgasse. Bankraub – wäre das eine Lösung? Er wägt ab. Er weiß, dass die Sicherungsmaßnahmen immer ausgefeilter werden. Das Risiko, erwischt zu werden, ist hoch, zu hoch. Handtaschenraub – sicher, für einen Junkie mag dabei schon mal das Geld für einen Schuss rausspringen, aber eine Eigentumswohnung finanzieren?

Am 1. April 1984 wird in einer Wohnung im Berliner Bezirk Tempelhof eine Frauenleiche entdeckt. Hedwig Siebenstein war im Alter von 87 Jahren gewaltsam zu Tode gekommen. Sie lag mit Blutergüssen am Oberkörper und gebrochenen Rippen im Badezimmer ihrer Wohnung in der Borussiastraße. Als Todeszeitpunkt legt sich die Polizei auf den 30. März fest. Alle Ermittlungsergebnisse führen zu dem Befund: Es war ein Raubmord. In der Wohnung werden diverse Schmuckstücke vermisst. Über den Wert ist man sich nicht im Klaren. Umständlich formuliert im polizeilichen Amtsdeutsch fahnden die Ermittler nach möglichem Goldschmuck, der als »zwei Ringe aus gelbem Metall mit je zwei Steinen, bei denen es sich um Brillanten handeln könnte« bezeichnet wird. Neben weiterem Schmuck sei auch »Bargeld in unbekannter Höhe« verschwunden. Außerdem hätten »die Täter eine Flasche vermutlich weißen Krimsekt gestohlen, den die Frau zusammen mit anderen Dingen in einem Geburtstagspäckchen aus der DDR erhalten hatte«, brachte eine Tageszeitung in Erfahrung. Und dann verriet die Polizei noch ein Ermittlungsergebnis: Offensichtlich hatte das Opfer den »Mörder freiwillig in die Wohnung gelassen, denn Anzeichen für ein gewaltsames Eindringen waren nicht zu erkennen«. Die Polizei setzt für Hinweise, die zur Ergreifung des Täters führen, 5000 D-Mark aus.

Der Tag des Mordes an Hedwig Siebenstein war ein Freitag. Genau eine Woche später, es ist Freitag, der 6. April 1984, erstickt in ihrer Wohnung in der Kreuzberger Gneisenaustraße die 83 Jahre alte Gerda Schubert an einem Stoffknebel. Am 10. April schreibt die »Berliner Morgenpost«: »Gerda Schubert ist die vierte Berlinerin, die von einem ›Klingelgangster‹ in diesem Jahr umgebracht wurde.« Erst einen Monat später erfährt die Kripo, dass am selben Tag in der Charlottenburger Stülpnagelstraße das Leben der 74-jährigen Elfriede Dornbach ein gewaltsames Ende fand.

Vier Wochen vergehen, die Ermittler tappen im sprichwörtlichen Dunkel. Die Schreckensworte »Klingelgangster« und »Klingelmörder« ziehen ihre Kreise durch die Zeitungsspalten. Eine neue Verbrechensart scheint gekürt. Fünf Jahre später zieht das Nachrichtenmagazin »Der Spiegel« das Fazit dieser verbrecherischen Novität: »Raub und Mord an der Wohnungstür nehmen zu: Klingelgangster überfallen vor allem Alte und Schwache.« Inzwischen hatte sich das kriminalistische Phänomen ausgewachsen: »Als Klingelgangster, eine neue Spezies

von Kriminellen, betätigen sich Rauschgiftsüchtige in Geldnö-
ten sowie Profi-Räuber, die Hehlerware suchen. Bisher wurden Jahr für Jahr rund 1800 solcher Überfalle registriert. Doch
seit Spätherbst häufen sich in der Kriminalitätssparte ›Raub an
der Wohnungstür‹ die spektakulären Fälle: So starben allein
in Hamburg binnen einer Woche vier Menschen, darunter die
Sängerin Gerlinde Etschmann, unter den Hieben, Stichen und
Würgegriffen brutaler Besucher.« Erfahrungen, die die Berliner Kripo schon gemacht hatte.

Am 7. Mai 1984 wurde die Mordkommission in die Neuköllner Thomasstraße gerufen. Die 83-jährige Else Franzen war in
ihrer Wohnung tot aufgefunden worden. An einem »Fremdverschulden« bestand kein Zweifel. Die Frau war mit einem
Halstuch erdrosselt worden. Die durchwühlte Wohnung, in
der der Inhalt der Schränke und Schubladen auf dem Fußboden verstreut herumlag, ließ vor allem eine Schlussfolgerung
zu: Raubmord. Die Kripo vermutete, dass die Frau ihrer Er-
sparnisse beraubt worden war, und lag damit genau richtig.
Auch der Zeitpunkt des Verbrechens ließ sich schon vor dem
Befund des Gerichtsmediziners einigermaßen konkret bestimmen. Die Tat musste rund zwei Wochen zurückliegen und
während der Ostertage verübt worden sein. Eine Zeitung vom
21. April – dem Ostersamstag – machte die Eingrenzung wahrscheinlich, denn die folgenden Ausgaben fehlten.

Aber bislang gab es noch keine Spur vom Täter – bis zu diesem Verbrechen. Wie eine Visitenkarte lag in der Wohnung
ein Kassenbon über fünf Mark. Es war kein gewöhnlicher Kas-
senbeleg. Der sieben mal vier Zentimeter große Zettel lieferte
den Schlüssel zur Lösung des Falles. Das Papierscheinchen,
eine Gebührenquittung der polizeilichen Meldestelle des Ab-
schnitts 48 in der Tempelhofer Volkmarstraße, war datiert
vom 16. April. Wie in einem schlechten Krimi bekam die Polizei ihren Täter auf dem Silbertablett serviert. An besagtem

16. April waren nur zwei solcher Quittungen für sogenannte »Lebensbescheinigungen« ausgegeben worden. Ihre Empfänger konnten problemlos auf der Meldestelle namhaft gemacht werden. Zwei Männer erhielten daraufhin Besuch. Einer der beiden konnte seinen Beleg vorzeigen. Der andere musste also der »Klingelgangster« sein.

Am frühen Vormittag des 10. Mai klingelt es an der Wohnungstür von Jasmina und Manfred Fiedler – es ist die Kripo. Dem sichtbar irritierten Wohnungsinhaber wird der Tatvorwurf eröffnet. Dann findet die obligatorische Wohnungsdurchsuchung statt.

Wieder bekommen die Kripo-Beamten das Belastungsmaterial geradezu mundgerecht serviert. Persönliche Sachen von Else Franzen werden gefunden, wie beispielsweise ein Briefbogen, auf dem eine Bekannte der Ermordeten eine Nachricht hinterlassen hatte, oder ein Brief, der an Franzens 1977 verstorbenen Ehemann gerichtet war. Die weitere Suche fördert Schmuck zutage, der der Hedwig Siebenstein gehört hatte. Fast wie ein Karnevalsutensil machte sich eine imitierte »FBI-Marke« mit der Aufschrift »New York-FBI – Special Agent« aus, die sich Fiedler offensichtlich als »Türöffner« für seine Raubzüge beschafft hatte. Nicht zuzuordnen waren zunächst 1050 Schweizer Franken.

Am folgenden Tag präsentierte die Tagespresse den Fang der Polizei. Es gibt aber wenig Konkretes zu berichten, bislang war der Mann lediglich durch kleine Eigentumsdelikte bei der Polizei aktenkundig geworden.

Manfred Fiedler wurde nun von der 4. Mordkommission in die Mangel genommen. Die von der »Vierten« galten als Vorzeige-Spürnasen; ihr Chef, Manfred Vogt, ist ein besonders erfolgreicher Mord-Ermittler. Die Fakten sprachen gegen Manfred Fiedler. Der sah sich einer erdrückenden Beweislast gegenüber und schaltete auf simple Abwehr. Und die hieß: eisern schweigen.

Doch dann wurde – wie am 13. Mai der »Tagesspiegel« unter Berufung auf Kommissionschef Vogt berichtete – »Fiedler von einer nicht näher bezeichneten Vertrauensperson dazu gebracht, ein Geständnis abzulegen«.

Diese Person ist Karl-Heinz Brennecke, der als große Nummer in der Westberliner Ganovenszene galt und dennoch exzellente Kontakte zur Polizei hatte. Und er ist der Lebensgefährte von Jasminas Mutter. Als er von der Verhaftung Fiedlers erfuhr, bot er den Leuten der Mordkommission seine Dienste an. Er wolle ihnen helfen und müsse dazu mit »Manni« sprechen. Es wirft ein bezeichnendes Licht auf den schillernden Bordellwirt, dass die Kripo-Beamten ihm in dieser Ermittlungsphase den Zugang zu Fiedler erlauben. Als Brennecke mit dem Gespräch fertig ist, können die Beamten das Geständnis von Manfred Fiedler protokollieren.

Vier Morde an betagten Damen hatten die Ermittler in den zurückliegenden Wochen in Atem gehalten. Die Opfer: Gerda Schubert, Hedwig Siebenstein, Else Franzen und die 78-jährige Klara Ziegler, die am 9. März während eines Überfalls in ihrer Weddinger Wohnung einen tödlichen Herzinfarkt erlitten hatte.

Eine Verantwortung für den Tod von Gerda Schubert und Klara Ziegler bestritt Fiedler, die anderen beiden Taten, zu denen es eine Fülle an Beweismaterial gab, räumte er ein und – er lieferte der Polizei noch eine Leiche.

Fiedler über seine damalige Aussage: »Es wurden erst zwei gefunden, und ich habe dann die Dritte zugegeben, habe sie hingeführt. Aber erst nach dem zweiten Tag. Ich war natürlich voller Panik, voller Angst, habe kein Wort gesagt, zwei Tage lang. Dann kam noch der Herr Brennecke zu mir und sagte: Es ist ja sowieso alles vorbei, mach reinen Tisch. Was ich auch eingesehen habe, weil es ja verbohrt war – die Beweise waren da. Schlafen konnte ich sowieso nicht in der Gothaer Straße, es war ja doch alles … die Frau war weg, die Wohnung war weg, die Verhaftung … Die Erkenntnis , was ich getan hatte, was ich vorher verdrängte, kam jetzt auf mich zu. Ja, dann habe ich alles zugegeben, alles eingeräumt.«

Er führte die Kriminalbeamten zu einer Wohnung eines siebengeschossigen Wohnhauses in der Stülpnagelstraße in Charlottenburg. Die seit über einem Monat tot in ihrer Wohnung liegende Elfriede Dornbach war noch nicht gefunden worden. Jetzt rückte Fiedler auch mit Details zu seinen Morden raus. Die 74-Jährige habe er auf der Straße als potenzielles Opfer ausgemacht. Daraufhin sei er ihr gefolgt und sogar gemeinsam mit ihr im Aufzug in die fünfte Etage gefahren. Kaum hatte die Rentnerin ihre Wohnung betreten, habe er an der Tür geklingelt. Als sie öffnete, habe er die Frau in den Korridor gestoßen, von ihr Wertsachen und Bargeld verlangt und sie dann mit einer Strumpfhose erdrosselt.

Elfriede Dornbach war das zweite Opfer des »Klingelmörders«. Die Schweizer Franken, die die Ermittler zunächst nicht zuordnen konnten, stammten ebenso aus einem Schrank in ihrer Wohnung wie mehrere tausend Mark und Schmuck. Bei seinem letzten Opfer hatte Fiedler rund 20 000 Mark in Briefumschlägen erbeuten können.

Mit dem Geständnis drangen nach und nach weitere Einzelheiten zu den Verbrechen an die Öffentlichkeit. Ähnlich wie beim Mord an Elfriede Dornbach sei Fiedler auch bei den anderen beiden Überfällen vorgegangen, hieß es schon kurz nach seiner Festnahme. Else Franzen aus der Thomasstraße in Neukölln wurde sein letztes Opfer. Nach eigenen Angaben erdrosselte er die Frau am 18. oder 19. April in ihrer Wohnung mit einem Schal. Die Schilderungen der Taten offenbaren ein Maß an Brutalität, das selbst erfahrenen Mordermittlern die Schauer über den Rücken laufen ließ. Der 87-jährigen Hedwig Siebenstein aus der Borussiastraße, die dem Verbrechen am 30. März zum Opfer gefallen war, hatte er zunächst das Knie gegen den Kehlkopf gedrückt und dann die Schwerverletzte in die Badewanne gestoßen und Wasser einlaufen lassen.

Nach Jahren der Haft war Fiedler bereit, sich den Fragen eines Reporters für das SFB-Hörfunk-Magazin »Pulp« zu stellen. In der monatlichen Halbstunden-Sendung konnten Häftlinge über ihre Fälle und ihr persönliches Schicksal sprechen. Im Juni 1991 kam Manfred Fiedler dort zu Wort.

Auf die Frage, wie es zu diesen Verbrechen kommen konnte, erläuterte er: »Irgendwann wollte ich einen Raub machen, dann hat sich das zum Raubmord entwickelt. Und die anderen zwei Morde danach waren aus Gewohnheit, kann man schon fast sagen. Ich wusste danach, dass ich fähig war, einen Menschen zu töten, und habe das also billigend in Kauf genommen …« Es klingt salopp, wenn er zu sich selbst sagte: »Mensch, machst 'nen Raub. Einbrechen war nicht so mein Ding gewesen, also dachte ich: machst 'nen Raub. In dem Raub hat die Frau sich gewehrt, geschrien, alles. Ich bin in Panik geraten und habe die Frau erwürgt.«

Frage an Manfred Fiedler, ob es nicht eine innere Stimme gegeben habe, die ihn zu Umkehr hätte bewegen können: »Das war wie eine Einbahnstraße, man kann keinen klaren Gedanken mehr fassen, man sieht, dass das, was man getan hat, sowieso nichts gebracht hat, zurück kann man nicht mehr … Ich habe es nicht bewusst wahrgenommen, dass ich jemand getötet habe. Das war also weit weg. Ich kann mich heute nicht mehr an das Gesicht oder an die Wohnung der Frau erinnern … es fällt mir schwer, mich an Einzelheiten zu erinnern, das war alles wie ein Film. Ich war ja auch nicht betrunken, nichts.«

Am 29. Oktober 1984 begann vor einem Moabiter Schwurgericht der Prozess gegen den inzwischen 23-jährigen Manfred Fiedler. Zwar gab er auch vor den Richtern unumwunden seine Taten zu, die rechte Einsicht in die Schuld, die er auf sich geladen hatte, schien aber nicht aufzukommen. Er habe »hinterher zwar immer ein dumpfes Gefühl« der Leere gehabt, »aber Gewissensbisse in dem Sinne eigentlich nicht«. Er habe »trotzdem gut schlafen« können. So schilderte er den Richtern sein offensichtlich stark abgestumpftes Gefühlsleben. Weil ihm der Staat nicht geholfen habe, sei ihm klar geworden: »Legal geht nichts mehr.« Er habe nicht nach einem Plan gehandelt, sondern aus der Situation heraus getötet: »Ich bin immer davon ausgegangen, dass sie sich vernünftig benehmen und mir das Geld geben. Aber als sie schrien und sich wehrten – was sollte ich da machen?«

Da war sie wieder, die Schuldzuweisung an die Opfer, die zum unauslöschlichen Standardrepertoire von Mördern gehört.

»Warum brauchen alte Leute noch so viel Geld?«, stellte Fiedler als rhetorische Frage in den Raum. »Ist das etwa gerecht?« Wollte er damit andeuten, dass er nur der Gerechtigkeit etwas nachgeholfen hatte? Offensichtlich! Das Geld liege »doch bei denen nur rum. Manche von ihnen haben nur eine Ein-Zimmer-Wohnung mit Außentoilette, bewahren im Schrank zigtausend Mark auf und geben keinen Pfennig aus.«

Warum die alten Frauen? »Die wehren sich nicht und haben immer was zu Hause.« Fast hilflos wirkt dabei die Erwiderung des Vorsitzenden Richters: »Man hat Sie ja nicht gezwungen, sich eine Eigentumswohnung für 80 000 Mark zu kaufen.«

Fiedler konnte bei diesem Prozess keine Pluspunkte sammeln. Zwei Sachverständige hatten ihn begutachtet, eine schwere seelische Abartigkeit diagnostiziert und ihm eine verminderte Schuldfähigkeit zugebilligt. Das Gericht jedoch folgte diesen psychiatrischen Gutachten nicht und verkündete am 9. November 1984 das Urteil: dreimal lebenslänglich.

In einer Strafrechtsreform schaffte der Gesetzgeber aber bereits 1986 die mehrfach lebenslängliche Strafe ab. Für Manfred hieß dies, dass sein Strafmaß in eine einfache lebenslange Haft, also in der Regel 25 Jahre, umgewandelt wurde.

Er fügte sich in sein Schicksal. In der Justizvollzugsanstalt Tegel zeigte er sich als Mustergefangener. Er schaffte es sogar in den letzten Jahren seiner Haft in das Redaktionsteam der Gefangenenzeitung »Lichtblick«. Ein gewisses Privileg.

Am Grab von Jasmina stand Manfred neben dem Mann, der 25 Jahre zuvor vielleicht in mehrerlei Hinsicht schicksalsbestimmend für ihn war. Manfred hatte Karl-Heinz Brennecke einst bei seiner Schwiegermutter kennengelernt und ab und zu bei ihm übernachtet. Brennecke, Ex-Fremdenlegionär, Bordellbesitzer und Unterweltgröße, war gewiss nicht das Leitbild für ein tugendhaftes Leben. Als in dem einstigen »Pulp«-Gespräch ein Journalist fragte: »Es gibt ja von Brennecke immer so Aussagen, wenn er irgendwo auftritt: Töten ist wie Kaffeetrinken, wenn man sich daran gewöhnt hat«, hatte Fiedler erwidert: »Die Sprüche kannte ich von ihm. Er hatte eine lockere Einstellung zum Leben, sagen wir es mal so. Er wurde auch – wie er behauptete – öfters bedroht und schreckte vor nichts zurück. Bloß, ob mich das zu den Taten verleitet oder es mir einfacher gemacht hat, dass ich da nicht so tief drüber nachgedacht habe … Es wäre eine Möglichkeit, natürlich.«

Nachdem Brennecke Manfred zum Geständnis gebracht hatte, besorgte er ihm einen Verteidiger, den Rechtsanwalt

Wilfried Manthey. Erst einige Jahre nach dem Fiedler-Prozess kam bei ihm ein Doktor-Titel hinzu. Dr. Manthey war in vielen schlagzeilenträchtigen Strafverfahren mit und ohne Mandat zugange. Er wird uns in diesem Buch noch begegnen. Manfreds stille Minuten im April 2008 auf dem Gatower Friedhof erlebte er nicht mehr. Einen Monat zuvor war er mit 68 Jahren gestorben.

Die Gebrüder Pohl
vom Nollendorfplatz

Sieht man von der ungewöhnlichen Architektur des U-Bahn-hofes ab, fällt am Nollendorfplatz eigentlich nur ein Gebäude ins Auge: das 1906 erbaute »Neue Schauspielhaus«, das später als Kino, dann als Diskothek »Metropol« und heute als Club-lokal »Goya« genutzt wird. An der Rückfront des Baus befin-den sich die Häuser, die zur Nollendorfstraße gehören.

Der Musiker Franz Winnig war schon vor dem Ersten Welt-krieg hierher gezogen und hat bis zu seinem Lebensende in der Straße wohnte. Nur einmal ist er umgezogen. Von der Hausnummer 33 quer über die Straße in das Haus mit der Nummer 15.

In diesem Haus hatte die »NSDAP Ortsgruppe Nollen-dorf« ihren Sitz. Die Nazis hatten den Kiez schon vor Hitlers Machtübernahme zu einer ihrer Hochburgen gemacht. Als im Dezember 1930 der in den USA nach Erich Maria Remarques Roman gedrehte Film »Im Westen nichts Neues« im Mozart-saal am Nollendorfplatz seine deutsche Uraufführung erlebte, provozierte Berlins Nazi-Gauleiter Joseph Goebbels eine Saal-schlacht. Die damals 61-jährige Dichterin Else Lasker-Schüler schrieb in einem Brief: »Ich bin noch nicht geheilt von der Nol-lendorfschlacht. Noch eine Wunde am Oberarm und Unter-fußgelenk, so hab ich mich geschlagen mit den Nazis.«

Schicksalsstunden also hat der Musikus Franz Winnig im Kiez am Nollendorfplatz er- und überlebt. Anfang der siebziger Jahre ist er gestorben. Seine Witwe Margarethe blieb im Haus Nollendorfstraße 15 in einer bescheidenen Behausung in der dritten Etage des Seitenflügels wohnen.

Sie ist inzwischen hochbetagt, aber eine lebenslustige Frau. Hundert Jahre alt will sie werden, so sagt sie im Freundeskreis, und freut sich auf die Geburtstagsfeier zu ihrem 95., die am 26. Oktober 1979 stattfinden soll. In einem Restaurant hat sie dafür bereits reservieren lassen.

Im Haus Nollendorfplatz 15 pflegt die Dame allerdings wenig Kontakt mit ihren Nachbarn. Schon gar nicht mit der Familie, die vor einigen Jahren die Wohnung im Hochparterre bezogen hat. Bei der Familie Pohl, so heißen die Mitbewohner, geht es oft recht laut zu. Nachbarn hatten auch schon mal beobachtet, wie sich die Mutter an einem Strick aus dem Fenster hangelte. Man munkelte, sie versuche auf diese Weise, den Prügelattacken ihres grobschlächtigen und rabiaten Ehemannes zu entgehen. Dieser wird gewalttätig, wenn er dem Alkohol zugesprochen hat, und das passiert nicht selten. Trister Ehealltag im sozialen Abseits zwischen Suff und Schlägen. Dazu vier Kinder mit deutlichen Zügen zur Verwahrlosung. Mittlerweile sind sie im Teenageralter.

Günter und Marianne Pohl haben noch im Osten der geteilten Stadt, im Bezirk Köpenick, den Bund fürs Leben geschlossen. Dort waren ihre Familien zu Hause. Günter »schaffte« auf dem Bau, aber die körperlich schwere Arbeit ist seine Sache nicht. Das Zeug, sich auf anderen Wegen ein komfortableres Leben einzurichten, hat er allerdings auch nicht. Er flüchtet sich in den Alkohol. 1960 setzt er sich mit seiner Angetrauten in den Westen ab. Günter ist zu diesem Zeitpunkt 25, Marianne 23 Jahre alt und schwanger. Zunächst verschlägt es die beiden in den Ruhrpott. Im Oktober 1960 wird in Gelsenkirchen ihr erster Sohn, Daniel, geboren. Dann ziehen sie nach Köln. Dort will die noch kleine Familie den Neuanfang wagen. Der geht – wie fast alles in ihrem Leben – daneben. Sie können nicht Fuß fassen und kehren vom Rhein zurück an die Spree. Wieder in Berlin – jetzt im Westteil – schlägt Günter sich als Tagelöhner durch und verdient sein bisschen Geld mit Gelegenheitsjobs. Von dem Wenigen, das er verdient, wird einiges sofort in Alkohol umgesetzt. Ohne das Zubrot, das Marianne mit Putzjobs erwirtschaftet, hätte die Familie kein Auskommen.

Von seinem Gastspiel in Köln hat Günter noch ein Souvenir behalten – den westdeutschen Reisepass. Der konnte in jener Zeit zwar nicht Gold, doch Bargeld wert sein. Wer ein Reisedokument der BRD besaß, dem war es auch nach dem Mauerbau am 13. August 1961 möglich, in die DDR reisen, nur die West-Berliner blieben ausgesperrt.

Günter nutzt seinen Pass, um im kleinen Grenzverkehr mit Schiebereien zu Geld zu kommen. Zu Hause aber hat Marianne nichts zu lachen. Wegen Nichtigkeiten oder auch völlig unmotiviert prügelt er auf sie ein. Sie ist völlig wehr- und hilflos. In ihrer Verzweiflung fährt sie an die Grenze und gibt den DDR-Grenzern einen Tipp. Das führt dazu, dass sie für eineinhalb Jahre Ruhe vor dem Tyrannen hat. 1963 aber ist dessen Haftzeit um, das Familiendrama geht weiter. »Also wir hatten keinen guten Start hier in Berlin. Naja, und mein Mann, was soll ich da sagen, der ist Alkoholiker. Aber schlimmer noch war es, als er rauskam von drüben von den eineinhalb Jahren.« Das ist Mariannes trübe Bilanz einer verkorksten Ehe.

Dennoch bleiben die beiden noch eineinhalb Jahrzehnte ein Paar. Zuerst beziehen sie eine Wohnung in der Prinzenstraße in Kreuzberg, dann am Kiehlufer in Neukölln. Schließlich bekommt die Familie eine kleine Wohnung in der Nollendorfstraße 15.

Im November 1964 stellt sich bei der Familie Pohl wieder Nachwuchs ein. Der Neuankömmling bekommt den Namen

Klauspeter, wird aber nur Klausi gerufen. Den Kosenamen behält er auch, als er längst erwachsen ist. Marianne über ihren zweiten Sohn: »Der Klauspeter, o Gott! Das war ein Muttersöhnchen. Vom Vater wurde er abgelehnt. Also, der hat nur auf meinem Schoß gesessen bis mindestens zum vierten Lebensjahr, bis Matthias geboren wurde.«

Im August 1967 kam der dritte Sohn, Matthias, zur Welt. Im Jahr darauf folgte als Letzte in dem Kinderreigen die Tochter Susanne. Die sechsköpfige Familie wohnt in einer Wohnung mit nur zweieinhalb Zimmern. Die Eltern geben den Kindern keinen Halt. Zehn Jahre benötigt Marianne Pohl, wie sie selbst sagt, bis sie sich entschließt, die Scheidung einzureichen, die 1977 amtlich wird. Allerdings mit der absurden Konsequenz, dass der Familiendespot nicht auszieht und weiterhin mit ihr am Tisch sitzt und neben ihr im Bett liegt. Sie ist weiter den Gewalteruptionen des Ex-Gatten ausgesetzt, während die Kinder beginnen, die Gegend unsicher machen.

Auf Hunderten von Seiten, maschinell oder handgeschrieben, versucht sich Klauspeter Pohl in späteren Jahren während seiner Haft mit den verschiedensten Etappen seines Lebens auseinanderzusetzen. Nicht alle diese Schriftstücke verlassen auf dem offiziell bürokratischen Weg die Justizvollzugsanstalt. Vielleicht wäre sonst Justiz und Ermittlern schon früher aufgefallen, dass bis heute nicht der ganze Fall zu den Akten gekommen ist. An Journalisten, die er kennengelernt hat, schickt er zahlreiche Aufzeichnungen.

Es ist ein verklärter Blick, den Klauspeter Pohl auf seine Kinderjahre wirft: »Mein Vater war nicht gerade das, was sich ein Kind unter einem Vater vorstellen mag, er trank ganz gern und war mehr Kumpel als Vater. So kam es, dass auch die Familie nicht ganz so normal war wie jene, die ›völlig intakt‹ und in Ordnung zu sein scheinen … Ich fing schon an, die Zeit auf der Straße zu verbringen, da war ich noch in der dritten Klasse, und es hat auch mehr Spaß gemacht, mit einer ›Gang‹ durch die Gegend zu hetzen, zu schauen und zuzugreifen, wenn der Zeitpunkt günstig war – da war ich also zehn oder elf Jahre.«

Sein Verhältnis zum Vater ist aus der Sicht der Mutter weit spannungsgeladener, als es diesen Worten zu entnehmen ist. Der Vater, so erzählt sie, wollte aus dem Jungen einen Boxer machen. Vielleicht war er inspiriert von dem Faustkampf-Idol jener Tage, Bubi Scholz, der als schmächtiges Kerlchen eine erstaunliche Karriere im Ring gemacht und kurz vor Klausis Geburt 1964 noch einmal den Europameistertitel geholt hatte. Da Klauspeter aber von Geburt an einen Augenfehler hatte, war er für den Vater »gestorben«, wie die Mutter meint. Klausi suchte sich seinen Weg.

Das Wiegenlied seiner kriminellen Karriere hat er selbst verfasst: »Ich lernte schnell, wie man sich irgendwo einschleicht und was von Wert war, was man schnell mal verschwinden lassen konnte, wo es sich lohnt, mal nachzusehen, und wann die meisten Leute nicht zu Hause waren. Kurz, ich habe so vom einfachen Diebstahl bis zum Autoknacken alles gelernt und es dennoch verstanden, immer ein unschuldiger Junge zu bleiben, solange es angebracht war. Natürlich bekam man dann auch noch andere Fähigkeiten, die sich einfach entwickelten, weil sie notwendig waren.« Als kleiner Krösus vom Kiez haut er auf den Putz: »Ich habe meine Bedürfnisse damals auch ganz schön angehoben, im Verhältnis waren sie das sowieso schon, denn welches Kind in diesem Alter hat schon jeden Tag wenigstens zehn Mark zur Verfügung? Da ich erst später, so mit vierzehn, fünfzehn angefangen habe zu rauchen, hat es auch genügt am Anfang, aber ich habe mich schnell daran gewöhnt, und dann war es plötzlich nicht mehr so viel, wie es schien.«

Es ist der 16. Oktober 1979. Daniel, der älteste der Pohl-Brüder, wird an diesem Tag neunzehn. Er hat mit zwei Freunden ausgiebig in den Geburtstag hineingefeiert und einiges an Geld auf den Kopf gehauen. Doch auf dem Geburtstagsgelage lag ein langer Schatten.

Ein Bewohner des Hauses Nollendorfstraße 15 hatte am Morgen des 16. Oktober auf dem Weg zur Arbeit bemerkt, dass die Scheibe eines der Oberlichte an der Wohnungstür von Margarethe Winnig eingeschlagen war. Außerdem war, wie ihm im Vorbeigehen auffällt, das Namensschild von der Klingel abgerissen. Er stutzt, geht aber dann doch weiter. Auf dem Weg zur Arbeitsstelle lässt ihn das dumpfe Gefühl nicht mehr los, dass etwas Schlimmes passiert sein könnte. Vom Arbeitsplatz aus ruft er seine Lebensgefährtin an und schildert ihr seine Beobachtungen und Befürchtungen. Die Frau versucht sich zunächst ein Bild zu machen, was da los ist. Ohne Erfolg. In der Wohnung rührt sich nichts. Dann nimmt sie die Hilfe von Handwerkern in Anspruch, die gerade im Hause sind. Nach umständlichen, aber vergeblichen Versuchen in die Wohnung zu kommen, alarmieren sie schließlich die Feuerwehr. Über den Fortgang der Aktion ist am folgenden Tag im Berliner »Tagesspiegel« lesen: »In der kombinierten Wohn-/Schlafzimmer-Wohnung fand man Margarethe Winnig auf dem Bett liegend tot auf. Die Täter hatten ihr das Gesicht eingeschlagen. Bei einer gerichtlichen Untersuchung wurde festgestellt, dass auch mehrere Rippen gebrochen waren. Die Täter hatten jeden Winkel der Wohnung durchwühlt, sogar die Schränke von der Wand abgerückt und die Blumen aus den Töpfen gerissen.«

Sechs Stunden nach dem Überfall war die Frau gestorben.

Obwohl die Kripo zunächst noch nicht zu sagen vermochte, ob etwas geraubt worden war, kann sie bereits einen Erfolg vermelden. »Unter dringendem Tatverdacht sind in den Nachmittagsstunden drei Jugendliche im Alter von 17, 18 und 19 Jahren festgenommen worden.« Ihr unflätiges Benehmen hatte das Trio den Hausbewohnern sofort suspekt gemacht. Die Kripo bekam einen Fingerzeig, und die Beamten spürten schnell, dass bei denen nicht alles mit rechten Dingen zuging.

Einen Tag später folgt die Zeitungsnotiz vom »Mordgeständnis« der drei: »Während zwei die Wohnung durchwühlten, fasste der Dritte den Entschluss, die Frau zu töten, um sie am Schreien zu hindern. Er schlug sie auf den Kopf und erdrosselte sie.«

Brutal hatte der Älteste des räuberischen Trios gewütet. Es war Daniel Pohl. Er war auch derjenige gewesen, der Margarethe Winnig als Opfer ausgesucht hatte. Vielleicht meinte er, dass die alte Dame zur bevorstehenden Feier ihres 95. Geburtstages besonders viel Geld im Hause haben müsste.

Der »Entschluss, die Frau zu töten, um sie am Schreien zu hindern« stammte ebenfalls von ihm. Zur kargen Beute gehörten, wie ermittelt wurde, neben einigen Schmuckstücken 300 DM an Barem. Mit diesem Geld hatten die drei Halbwüchsigen noch in derselben Nacht in einer Kneipe auf Daniels Geburtstag angestoßen.

Für den ältesten der Pohl-Söhne war das brutale Verbrechen kein »Ausrutscher«, wenngleich ein schlimmer Tiefpunkt. Der nur einen Meter sechsundsechzig große Junge hatte schon zuvor bewiesen, dass Gewalttaten zu seinem Repertoire gehörten.

Als er sich für den Mord vor Gericht verantworten muss, bekommt er noch eine alte Rechnung präsentiert. Es ist noch eine 18-monatige Freiheitsstrafe wegen Raubes zur Bewährung offen. Der Mord an Margarethe Winnig war zudem mit solcher Kaltblütigkeit und Brutalität begangen worden, dass die Richter am 12. Mai 1980 gegen ihn die Höchststrafe von zehn Jahren Jugendhaft verhängen.

Aber es schien, als ließe sich der junge Gewalttäter nicht in die Schranken weisen. Nur zwei Tage nach dem Urteilsspruch gelingt es ihm zu fliehen. Während einer Sportstunde auf dem

Freigelände des Gefängnisses Plötzensee hüpfte er »mit einem Hechtsprung über die Mauer und konnte entkommen. Bei der Flucht muss er sich vermutlich an den Händen verletzt haben.« Denn auf der Mauerkrone waren Blutspuren gefunden worden, wie Tageszeitungen berichten. Das Boulevard-Blatt »Der Abend« meint sogar, er sei einer »der gefährlichsten Ausbrecher der letzten Zeit«.

In einer Tischlerei zieht er einem 37-jährigen Firmenangestellten ein Eisenwerkzeug über den Kopf. Der Mann, der sich auf einem Kontrollgang befindet, geht zu Boden, Daniel fesselt ihn mit einem Elektrokabel an einen Stuhl. Seelenruhig bleibt er noch zwei Stunden am Ort des Überfalls, durchwühlt zahlreiche Behältnisse und erbeutet schließlich wieder 300 Mark. Auch die Jacke des Opfers nimmt er mit.

»Der Täter kehrt immer wieder zum Tatort zurück«, besagt eine gewiss nicht wissenschaftlich belegte, aber oft angeführte kriminalistische Weisheit. Zumindest in den »Pohl-Fällen« werden wir diesem Sinnspruch auch an anderer Stelle erneut begegnen. Daniel jedenfalls schlägt einen Tag nach seiner Flucht noch einmal zu. Der Ort seines Überfalls liegt in der Winterfeldtstraße, die parallel zur Nollendorfstraße verläuft. Daniel ist also wieder im angestammten Kiez unterwegs, da kennt er sich aus, da fühlt er sich stark. Und tatsächlich ist er alles andere als selbständig, sucht immer wieder Kontakt zur Familie. So schafft am Ende Mutter Pohl, was die Polizei nicht schafft. Nach seiner viertägigen Flucht liefert sie ihren ältesten Sohn am Abend des 18. Mai 1980 wieder an der Pforte der Haftanstalt in Plötzensee ab. Er wird die Gefängnismauern nicht mehr lebend verlassen.

Der Fall des Daniel Pohl machte keine großen Schlagzeilen in der Presse. Die Aufklärung ging so schnell, dass es auch dem eifrigsten Sensationsjournalisten kaum möglich gewesen wäre, hier Nervenkitzel und Jagdfieber aufkommen zu lassen.

Der Mord an Margarethe Winnig war einer unter 53 Morden im Jahr 1979 in Westberlin. Daniel war einer von zehn Tatverdächtigen im Heranwachsenden-Alter. Dazu zählen Tatverdächtige im Alter zwischen 18 und 21 Jahren.

Für die Familie Pohl hat dieses Verbrechen fatale Folgen. In ihrem Briefkasten finden sie Zettel, auf denen sie als »Mörderbrut« beschimpft werden. Sie fühlen sich noch weiter ausgegrenzt – und sind es wohl auch. Die Kinder werden in der Schule isoliert, man meidet den Umgang mit ihnen. Das Leben im Kiez an der Nollendorfstraße wird vor allem für Marianne Pohl unerträglich. Die Frau, nunmehr getrennt von ihrem geschiedenen Mann, versucht sich mit den beiden Jungs und dem Mädchen in der Anonymität eines Neubauviertels zu verstecken. Sie bezieht eine Wohnung in der Treuenbrietzener Straße im Märkischen Viertel, in dem er sich »nie heimisch gefühlt habe«, wie Klauspeter meint. Es zieht ihn zurück in den angestammten Kiez zur alten Clique.

Marianne Pohl versucht, sich in der Öffentlichkeit nichts von der Familien-Geschichte anmerken zu lassen. Sie führt so gut es geht ein Leben inkognito und hadert mit ihrem Schicksal. Sie ist inzwischen Mitte Vierzig und steht vor dem Scherbenhaufen ihrer Existenz. Der Vater ist in der Gosse gelandet und vagabundiert durch Obdachlosenasyle. Er ist hochverschuldet. Einmal war er betrunken in ein Auto gelaufen und hatte einen schweren Unfall verursacht; in einem anderen Fall sprang ein Mann aus Angst vor seinen Gewaltattacken aus dem Fenster und verletzte sich schwer, wofür Günter Pohl ebenfalls zur Kasse gebeten worden war. Mindestens 56000 Mark hatten sich so auf seinem Schuldenkonto angesammelt. Für den Unterhalt der Kinder habe er keine müde Mark aufgebracht, klagt Marianne Pohl über ihre permanent verzweifelte Lage.

Der Umzug ins Märkische Viertel hätte ein Neuanfang sein und vielleicht sogar Daniels Geschichte vergessen machen können, wenn es nicht viel, viel schlimmer gekommen wäre.

***

»Eine unheimliche Mordserie versetzt Berlins Senioren in Angst und Schrecken«, wusste am 17. Juli 1986 ein Boulevardblatt zu melden. Innerhalb von nur vier Wochen waren »in Schöneberg und Wilmersdorf vier alte, alleinstehende Damen in ihren Wohnungen erwürgt, erdrosselt und ausgeraubt« worden. Die Opfer hatten ein durchschnittliches Alter von 81 Jahren. Der oder die Täter hatten sich wieder einmal wehrlose alte Menschen ausgesucht. Der »Klingelmörder von Tempelhof« saß schon seit zwei Jahren hinter Schloss und Riegel. Es musste sich also ein Nachfolger gefunden haben.

Immerhin schien einer der Fälle, als diese Meldung erschien, so gut wie aufgeklärt. Die 87-jährige Grete Singer aus der Schlangenbader Straße im Bezirk Wilmersdorf war am 7. Juli 1986 in ihrer Wohnung erwürgt worden. Da es keine Einbruchsspuren gab, geriet schnell der 46-jährige Altenpfleger Christian Kowalski unter Tatverdacht, der Zugang zu der Wohnung hatte. Er war wegen fahrlässiger Tötung und Vergewaltigung vorbestraft. Die 4. Mordkommission setzte ihn auf die Fahndungsliste und konnte den Fall in wenigen Tagen »eigenhändig« zu Ende bringen. Der Chef der Mordkommission über den Fahndungserfolg: »Wir kamen von Ermittlungen. Als wir mit unserem Auto von der Kurfürsten- in die Keithstraße einbogen, sahen wir den Pfleger auf dem Bürgersteig stehen. Wir sprangen sofort aus dem Auto und nahmen ihn fest.« Kowalski verschwand hinter Gittern, wo er wegen seines sozialen Engagements den Spitznamen »Honecker« erhielt.

Im Juli 2010 sorgte er ein letztes Mal für Aufmerksamkeit in der Presse: »Wenn es hinter Tegeler Gittern hieß, dass Gefangene bis zum Tode hier schmoren müssen, fiel immer der Name von Christian Kowalski. Seit vielen Jahren war er krank, hatte drei Herzinfarkte und zwei Schlaganfälle. Einmal musste er mit dem Rettungshubschrauber in die Klinik geflogen werden. Entlassen wurde er dennoch nicht. Nun ist er 70-jährig gestorben, erst vor wenigen Wochen hatte die Justiz ihn in ein Sterbehospiz überführt ... Kowalski hat ziemlich genau die Hälfte seines Lebens in Tegel verbracht. Mit 34 Jahren wurde er wegen fahrlässiger Tötung verurteilt, 1979 wegen Vergewaltigung. Schlagzeilen machte er 1986. Er ermordete und vergewaltigte eine 87-Jährige in deren Schmargendorfer Wohnung. Vier Tage später wurde er festgenommen, die Kripo hatte nicht viel Arbeit mit den Ermittlungen. Denn Kowalski hatte die Dame als Altenpfleger betreut. 1987 wurde er zu Lebenslang verurteilt.«

Vordergründig mochte es so aussehen, als seien alle vier Tötungen einem Täter zuzuschreiben. Aber der Mord an Grete Singer unterschied sich für das geübte Kriminalistengespür doch von den anderen Taten. Grete Singer war schwer gehbehindert, verließ ihre Wohnung kaum und wurde pflegerisch betreut. Sie konnte kaum ins Visier eines Täters geraten sein, der seinen Opfern auf der Straße nachstellte und sie dann an der Wohnungstür überfiel. So blieben zu diesem Zeitpunkt die Morde an Liselotte Güldenstern in der Fürther Straße in Wilmersdorf, an Adele Biedermann aus der Belziger Straße und an Marta König aus der Goebenstraße noch ungeklärt.

Aus den wenigen Details ihrer Lebensumstände ließ sich bei Liselotte Güldenstern ersehen, dass sie für einen gezielt kalkulierenden Raubmörder kaum als Opfer interessant sein konnte. »Die scheue, seit über 40 Jahren geschiedene alte Dame«, so eine Zeitungsnotiz, »besaß kein Telefon, kein Radio, keinen Fernseher, nicht einmal einen Kühlschrank.«

Gemeinsam mit der Rentnerin, die die Haustür aufgeschlossen hatte, habe der Mörder – wie die Polizei rekonstruiert – das

Haus betreten. Während Frau Güldenstern nach ihrer Post im Briefkasten schaute, sei der Täter im Treppenhaus nach oben gegangen und habe »das Nachfolgen der Rentnerin« abgewartet, wobei er sich versteckt gehalten habe. Nachdem die greise Dame »ihre Wohnungstür aufgeschlossen hatte, war ihr der Räuber gefolgt« und habe »unmittelbar darauf von hinten die insoweit völlig arg- und wehrlose Frau in den Würgegriff« genommen und sie schließlich mit einer schwarzen Strumpfhose, die er um den Hals des Opfers knotete, erdrosselt. Anschließend durchsuchte »er seinem Plan entsprechend« die Wohnung nach Bargeld. Die Beute des Raubmörders war kaum der Rede wert. Um die 50 Mark sollen es gewesen sein.

Knapp einen Monat später schlägt der Täter erneut zu. Am 10. Juli 1986 verfolgt er sein nächstes Opfer, die 84 Jahre alte Adele Biedermann, in ihre Zweieinhalb-Zimmerwohnung. Dort wird die Rentnerin durch »einen massiven Angriff gegen den Hals getötet«. Auch diesmal ist die Beute unbedeutend. Etwa 75 Mark, wird vermutet. Adele Biedermann wird von einer Pflegeschwester des Roten Kreuzes am Tag nach der Tat gefunden. Die Polizei geht zunächst nur von einem Unglücksfall aus, denn die Spuren lassen nicht eindeutig auf ein Gewaltverbrechen schließen. Der Befund des Gerichtsmediziners aber schafft Klarheit: Die Greisin war erwürgt worden.

Die weiteren Ermittlungen bestätigen: Auch hier liegt ein Verbrechen vor, und es ähnelt dem vorangegangenen bis ins Detail: Wieder war der Täter einer Rentnerin ins Haus gefolgt, hatte sich dort versteckt und abgewartet, bis sie die Wohnungstür aufgeschlossen hatte, um sie dann zu überrumpeln. Mit einem sogenannten Judogriff machte er die Frau, die sich zu wehren und zu schreien begann, bewegungsunfähig, hielt ihr zudem den Mund zu und erwürgte sie dann, um anschließend die Wohnung nach Geld zu durchsuchen.

Wenige Tage nach dem Mord in der Belziger Straße wird

das nächste Verbrechen entdeckt. Am späten Nachmittag des 15. Juli 1986 wird die 72-jährige Marta König tot in ihrer Wohnung in der Goebenstraße aufgefunden. Zu diesem Zeitpunkt sitzt Kowalski bereits seit drei Tagen in U-Haft. Sollten noch Zweifel bestanden haben, ob er nicht auch für die anderen Taten infrage komme, so sind sie damit ausgeräumt. Der 44-jährige Sohn der Ermordeten findet seine Mutter wenige Stunden nach dem Verbrechen. Im Gegensatz zu den anderen Mordopfern war Marta König nicht völlig mittellos. Es kann festgestellt werden, dass einige tausend Mark geraubt worden waren.

Dieser Mord aber führt schließlich dazu, dass dem Treiben des Serienmörders ein Ende bereitet werden kann. Während in Zeitungsmeldungen noch vom »Klingel-Gangster« und »Würger von Schöneberg« die Rede ist, kennt die Kripo bereits einen Namen.

Marta Königs Sohn hat vom ersten Augenblick einen konkreten Verdacht. Er berichtet den Beamten der Mordkommission, dass er am Vortag seine Mutter in Gesellschaft ihres Großneffen Klauspeter angetroffen habe. Es sei eine eigenartige Situation gewesen, denn Klauspeter hatte seit fünf Jahren keinen Kontakt mehr zu seiner Großtante gesucht. Er habe den unangenehmen Gast vor die Tür gesetzt.

Klauspeter Pohl steht nunmehr auf der Prioritätenliste der Mordkommission ganz oben. Seiner habhaft zu werden, bedarf es keines besonderen polizeilichen Aufwands mehr. Die Ermittler kennen Namen und Adresse. Zwei Tage nach dem Mord meldet die Kripo, dass ihr nicht nur der Mörder von Marta König ins Netz gegangen sei. Klauspeter Pohl habe insgesamt drei Morde – also die Verbrechensserie der zurückliegenden Wochen – gestanden. Dabei versäumte es der Leiter der Mordkommission, als er mit ersten Ergebnissen aus den Vernehmungen vor die Öffentlichkeit tritt, nicht, zu erwähnen, Pohl zerfließe »vor Selbstmitleid«.

Neben Daniel, der zu diesem Zeitpunkt seit fast sieben Jahren im Gefängnis sitzt, verschwindet nun auch der zweite der drei Pohl-Brüder hinter Gittern. Bis er sich vor Gericht verantworten muss, vergehen acht Monate.

Klauspeters Karriere war eine rasante Schussfahrt auf der schiefen Bahn. Im Telegramm-Stil hält er in seinen Notizen, die er Presseleuten zukommen lässt, die Stationen seines Abstieges aus dem Nichts ins Nichts fest: »Mit sechs Jahren wurde ich eingeschult. Vater Trinker. Mit acht Jahren erster Diebstahl. Siebente Klasse aus der Schule entlassen, zwei Jahre habe ich geschwänzt. Keine Lehre oder Ausbildung. Auszug von Zuhause mit 16. Mit 15 angefangen Hasch zu rauchen. Es folgten Einbrüche, Raubüberfälle. In eine Wohngemeinschaft eingezogen mit 16 ½. Freak und Punk gewesen. Handtaschen usw. geraubt.«

Als er 1982 in die Wohngemeinschaft zog, habe er schon »immense Mengen an Geld« für »Alkohol, aber meistens Haschisch-Konsum« aufbringen müssen, und das »steigerte sich von Woche zu Woche«, da er »auch die gängigen anderen Drogen« zu sich nahm, »wie Trips, Opium, Papers (LSD auf Löschpapier – d. A.), Speed, Mescalin, Psylos (berauschender Pilz – d. A.) und verschiedene Medikamente …« Seine Drogenkarriere nimmt einen immer größeren Raum in der Darstellung seines Lebens ein. Hinzu kommt der zwangsläufige zweite Aspekt – die unweigerliche andere Seite ein und derselben Medaille – das Beschaffen des notwendigen Geldes. »Dass das Geld knapp war, ist wohl in Anbetracht der Tatsache, dass ich niemals eine Pause einlegte, zu verstehen. Dabei ist das Geld, welches ich für Essen und Ernährung aufbringen musste, für Tabak und Benzingeld noch das kleinere Übel gewesen«, begründet Klauspeter Pohl seine »Anstrengungen«: »Ich bin deshalb auch täglich auf andere Art und Weise tätig gewesen, was sich von einem normalen Einbruch über Handtaschendiebstähle und Autoradios klauen bis hin zum Raub ausgeweitet hat. Es gab nichts, wovor ich haltgemacht hätte, Büros, Lebensmittelketten, Kaufhäuser, Hotels, Saunen, kurz: Ich bin überall eingestiegen, wo ich Geld oder Wertsachen vermutet habe, überall, wo ich ungehindert oder nicht sehr erschwerten Zugang bekommen konnte.«

Zu Klauspeters Programm gehört auch, ohne Führerschein mit gestohlenen Autos durch die Stadt zu fahren. »Es kam natürlich schon vor, dass ich dem einen oder anderen Wagen eine Beule reingefahren habe oder einem Fahrer, der unvorsichtigerweise seine Wagentür öffnete, als ich auf der rechten Fahrspur war, die Tür wegfetzte und einfach weitergefahren bin …«

Dann war etwas geschehen, was bei ihm zweifellos die Vorstellung hervorgerufen hatte, alte Leute würden stets eine Menge Geld in den eigenen vier Wänden aufbewahren. Eine Annahme, die auch den Klingelmörder Manfred Fiedler zu seinen tödlichen Umtrieben angeregt hatte.

1982, Klausi Pohl ist noch keine 18 Jahre alt, zieht er von zu Hause aus in eine Wohngemeinschaft in der Motzstraße im Nollendorf-Kiez: »In diesem Haus wohnte ein Paar, ein schwesterliches, welches schon an die 90 Jahre alt war. Beide waren sie senil, verschroben, hatten weder ein Radiogerät noch einen Fernsehapparat und schon gar keine anderen technischen Gerätschaften in ihrer Wohnung. Sie lebten mit nackten Glühlampen in der alten, fast schon verkommenen Wohnung, wie man sie aus der Fünfziger-Jahre-Zeit kennt. Beide hatten eine ›pralle‹ Rente von ihrer vergangenen Laufzeit als Beamtinnen und verbrachten ihren Lebensabend damit, Vögel zu füttern, am Fenster zu stehen und die Leute zu beobachten, an allen Tagen einkaufen zu gehen und das Eingekaufte in der Küche ohne Kühlschrank zu lagern, ohne es je verbrauchen zu können. Sie hatten ein dickes Konto auf der Bank und hätten es nie geschafft, all das Geld auch auszugeben. Reisen machten sie nicht, dazu waren sie, wie gesagt, zu senil, zu alt.«

Die Einschätzung der Lebenssituation dieses Schwesternpaares drängt die Vermutung auf, dass Klausi Pohl die beiden schon eine Weile ins Visier genommen hatte. Der Vergleich mit der Tat seines Bruders scheint geradezu zwingend. Offenbar spielte ihm dann der Zufall noch in die Hände.

»Eines Abends, als eine der beiden blutüberströmt auf den Flur des Hauses trat und mir in die Arme lief, hatten sie sich geschlagen, und eine wurde dabei am Kopf verletzt ... Ich rief die Feuerwehr; und die Schwester, welche noch in der Wohnung verweilte, wurde von mir, jedenfalls für diesen Abend, betreut. Ich hatte das den Leuten von der Feuerwehr versprochen, die die verletzte Frau in ein Krankenhaus brachten. Die Gelegenheit ergab sich, dass ich die Wohnung durchsuchen konnte, und es brachte mir Glück, denn ich fand 75 000 Mark in der Wohnung in sauberen, ungebrauchten Scheinen, die ich an mich nahm.« Im Tonfall rührender Fürsorglichkeit beschreibt er seinen Raub, der ihm einige Zeit hinter Gitter hätte einbringen können. Aber derartige gesetzliche Sanktionen beeindruckten Klausi Pohl schon lange nicht mehr.

Ein Ausweg aus seinem finanziellen Dilemma aber war der Coup nur für kurze Zeit: »Ich habe von diesem Geld drei Monate gelebt, und dann war es vorbei mit dem Segen.«

Der plötzliche »Reichtum« inspiriert Klauspeter zu weltanschaulichen Überlegungen. »Egal wie man aussieht, wenn man Geld hat, dann kann man mit absoluter Sicherheit davon ausgehen, sich Dinge und Verhaltensweisen zu erlauben, die ohne diesen finanziellen Aspekt nicht möglich gewesen wären«, fasst er seine tiefschürfenden Erkenntnisse zusammen. Auffallend, dass er zu keinem Zeitpunkt die Frage nach den Leiden der Opfer, der Trauer ihrer Angehörigen, nach der moralischen Verwerflichkeit solcher Taten aufwirft und schon gleich gar nicht zu problematisieren versucht.

Er betont stets seine Bedürfnisse, die er »an sich schon immer höher gestellt hatte«, als er es sich »hätte erlauben können«. Deshalb fühlte er sich auch nach diesen drei Monaten, nachdem das Geld verprasst war, »sehr unwohl und musste einfach, um den Lebensstandard weiterhin zu behalten, schon allein deshalb wieder straffällig werden«, um seine »›normalen‹ Wünsche, bzw. Bedürfnisse zufriedenzustellen«. Auch ohne die Drogen, die er konsumierte, »waren 200 DM am Tag völlig normal …«

Der Junkie vom Nollendorfplatz palavert über seine Aufwendungen wie ein vielbeschäftigter Geschäftsmann: »Klamotten, Taxi oder Benzingeld, das Ausgehen in Lokale, das Einladen von Leuten, entweder zum Essen, zum Kino, in die Disco oder zu irgendeiner Veranstaltung, es war einfach nötig, dass ich es tun konnte.«

Das tägliche »Heroin und Haschisch, das war ebenso ein ›Muss‹ wie das Zigarettenrauchen und Atmen«.

Klauspeter Pohl fächert die Kosten für seine Drogenabhängigkeit minutiös auf: »Ein Päckchen Heroin, das auf der Straße zu 50 DM im Mindestpreis angeboten wird, reichte schon nur noch für den Vormittag bis um zwölf Uhr, dazu brauchte ich zwei Gramm Hasch, was auch etwa 20 DM kostete … Da ich aber den ganzen Tag durchkommen musste, hätte ich entweder wenigstens 250 DM auftreiben müssen, um auf der Straße zu kaufen, oder aber, wenn ich eine Connection hatte, bei der ich grammweise Heroin kaufen konnte und bei der das Gramm zwischen 80 und 120 DM, je nachdem wie die Qualität war, und je nachdem wie weit ich mich hochgedrückt hatte, wenigstens 180 DM pro Tag besorgen musste.«

Sein Denken und Tun kreiste einzig und allein um das Leben mit der Droge und um deren Beschaffung. Beziehungen zu Frauen hat er nicht. Er versucht, einen Freund zu vereinnahmen, der die homophilen Neigungen von Klauspeter jedoch nicht teilt. »Meine Bindung zu Andreas war so fest, dass es ganz klar war, aus an sich nichtigen Gründen eifersüchtig zu werden. Ich wollte nicht, dass er zu lange nicht bei mir war, und er verbrachte manche Tage hintereinander mit seiner Freundin«, beklagt Klauspeter.

Seine Drogensucht finanziert er mit Handtaschenraub, Kiosk- und Kneipeneinbrüchen. Dabei geht er immer mal wieder der Polizei ins Netz und verschwindet für mehrere Wochen in Untersuchungshaft. Das kostet ihn das Zimmer in der Wohngemeinschaft. Es mag für ihn verschmerzbar gewesen sein, denn Klausi bekennt, er habe sich regelrecht geekelt, »weil der Dreck in dieser WG sich buchstäblich bis unter die Decke stapelte«. Er kommt bei einem Hausmeister am Nollendorfplatz unter.

»Und nun kam die Zeit«, notiert er, in der ihm die Idee gekommen sei, »um an das Geld zu gelangen, Leute in ihrer Wohnung zu überfallen«, vielleicht – so versucht er zu reflektieren – habe er auf einen Umstand gehofft, »wie bei der Frau in meinem Haus, wo ich diese große Summe fand, wahrscheinlich sogar; aber ich war benebelt in meinem Denken und achtete wohl auch nicht darauf, dass es ein einmaliges ›Glück‹ war und sich nicht mehr finden lassen würde«.

Die Idee, Menschen in ihren Wohnungen zu berauben, teilt Klauspeter mit Szene-Freunden. So beschreibt er, wie er mit Komplizen auf die Pirsch ging. »In einem Geschäft sahen wir eine Frau, die beim Einkaufen war und ihre Börse in der Hand hielt. Beim Bezahlen sahen wir, dass es nicht wenig Geld war, was sie in der Börse hatte, und beschlossen deshalb, ihr in ihre Wohnung zu folgen. Diese Frau ging aus dem Laden, sie war etwa 45 Jahre alt und wohnte gleich in der Nähe. Wir verfolgten sie und stiegen, da es nicht anders möglich war, mit ihr in den Fahrstuhl. Als sie ausstieg, schätzte sie uns als ›ungefährlich‹ ein, denn sie zählte wiederum Geld in ihrer Börse.«

Die Täter, deren Namen Klauspeter nicht preisgibt, taten so, als suchten sie ein ganz bestimmtes Namensschild in dem Haus, dessen Adresse er ebenfalls nicht verrät. Sie beobachteten, dass die Frau nicht an der Wohnungstür klingelte, sondern selbst zwei Schlösser öffnete, was die Jugendlichen sicher machte, dass sie alleine wohnte. Und so gingen sie, »als die Tür aufschwang, gleich hinterher«. Klauspeter zeigte sich in dieser Situation als der Kaltblütigste und zugleich Brutalste: »Ich stieß die Frau in den Flur, während mein Kumpel die Wohnung betrat und gleich ins Innere vorlief. Nachdem ich die Tür geschlossen hatte, sagte ich der Frau, sie solle sich ruhig verhalten und kein Theater machen. Was sie dann erwiderte, war: ›Ich habe kein Geld. Lasst bitte das Durchsuchen. Ihr könnt haben, was ich hier in der Börse habe.‹ Ich nahm also die Börse und den Inhalt in meine Tasche und sagte zu ihr, dass wir dennoch suchen und auch finden würden. Sie fing an Theater zu machen, wollte schreien, und ich nahm sie an den Armen und schob sie ins Badezimmer, wo ich sie unter Kontrolle hielt. Mein Kumpel durchsuchte die einzelnen Zimmer und fand etwa 3000 Mark, was er mir auch sagte. Als wir diese Wohnung dann verließen, sperrten wir die Frau in das Bad und gingen zum Treppenhaus, wo wir in aller Eile hinuntereilten und in der Nähe die Beute teilten.« Emotionslos der Erfolgsbericht eines Überfalls, der dem Opfer wohl lebenslang ein Trauma bleiben wird.

Die Schilderung macht den Eindruck, als sei hier eine geglückte Generalprobe über die Bühne gegangen. Tatsächlich wird sich dieses Tatmuster auch Jahre später wiederfinden. Vom »Erfolg« geblendet, wiederholt er solche Überfälle im Alleingang. Das Geld verjubelt er regelmäßig mit seinem Freund Andreas in kürzester Zeit, »bis dann auch nach einem weiteren

Überfall das Geld ausblieb«. Er habe alles Mögliche versucht, »Handtaschen und so weiter, aber es klappte nichts mehr«.

Offensichtlich zu allem entschlossen, macht sich Klauspeter wieder auf die Jagd. »Mit einem Rad fuhr ich durch die Straßen in Schöneberg und suchte ein Opfer. Dann sah ich eine Frau, welche in einem Zeitungsladen eingekauft hatte, und folgte ihr, bis sie zu einem Haus kam, in das sie offensichtlich gehen wollte. Als ich das Rad abgestellt hatte und diese Frau verfolgte, hatte ich den Vorsatz, sie zu fesseln und in Ruhe die Wohnung zu durchsuchen. Lief also an ihr vorbei ins dritte Geschoss und wartete, bis diese Frau ihre Wohnungstür aufschloss. Als sie öffnete, stürzte ich die Treppen herunter und lief quasi in sie hinein, damit ich die Tür schließen konnte. Als sie in dem Flur stand und ich mich umdrehte, um die Tür zu schließen, nahm sie eine Seltersflasche zur Hand und holte damit aus. Ich bekam es aus dem Winkel gerade noch mit und schlug ihr die Flasche aus der Hand. Dann nahm ich sie in einen Würgegriff und machte einen Schulterwurf. Sie war – so dachte ich – ohnmächtig, deshalb nahm ich erschreckt auch nur die Börse an mich, schüttete wohl auch den Inhalt ihrer Tasche auf das Bett, das in der Nähe stand, und verließ die Wohnung. Es waren nur zwanzig oder dreißig Mark, ich weiß es heute nicht mehr so genau. Wie ich später erfahren sollte, ist die Frau an den Folgen des Sturzes und meines Aufpralls auf ihren Körper gestorben. Ich hatte das nicht beabsichtigt, aber es war geschehen und nicht wieder rückgängig zu machen.«

Dass sein Opfer, Liselotte Güldenstern, eine kleine, 81-jährige, wehrlose Frau war, erwähnt Klauspeter in seiner Schilderung nicht. Stattdessen bejammert er seine missliche Situation und dass er »keine Illusionen mehr vom Leben« gehabt habe. Episch breitet er sich über Suizidgedanken aus, schreibt vom »Druck der Schulden bei meinen Dealern«, dass er eben Geld brauchte, weil es notwendig war, wieder »etwas zum Drücken« zu bekommen.

Und so bahnt sich der zweite Mord an. »Wieder verfolgte ich eine Frau bis in die Wohnung. Dort bin ich ausgeflippt, weil diese Frau um Hilfe schrie und sich heftig wehrte. Ich weiß nicht einmal mehr, wie das im Einzelnen ablief.«

Im Nachhinein hat er eine Abfolge des Geschehens rekonstruiert, wie es sich nach den Aktenlagen der Polizei und der Schilderung bei Gericht zusammengefügt und »in etwa den Tatsachen entsprechen« dürfte.

Es ist der 10. Juli 1986, als am Nachmittag Klauspeter Pohl der 84 Jahre alten Adele Biedermann in ihre Wohnung folgt. »Als sich die Frau wehrte und ich nicht mehr weiter wusste, habe ich ihr eine Strumpfhose um den Hals geschlungen und sie damit erdrosselt. Anschließend bin ich, nachdem ich die Börse an mich genommen hatte, in die Küche gegangen und habe dort den Spülkasten unter dem Waschbecken durchsucht. Mit Topf, Sieb und anderen Küchenartikeln bin ich zu meinem Rad zurück, womit ich dann zum Winterfeldtplatz gefahren bin, um in die Ruine zu gehen.«

Die »Ruine«, das war eine bekannte Szenekneipe, die sich als Kriegsruine lange Zeit gehalten hatte und manchem Künstler als Motiv diente. Dort, in dieser Kneipe, nur ein paar Schritte vom Nollendorfplatz entfernt, habe er gemerkt, dass das Zeug, das er in der Plastiktüte mitgenommen hatte, nicht zu verticken war, und die Sachen weggeworfen.

Wieder hatte er einen Menschen getötet. Die Gefühlskälte kann größer kaum sein. Klauspeter Pohl kennt nur noch sich. Die Sucht und die Geldnot bestimmen seine Handlungen. In seinen Notizen finden sich keine Überlegungen dazu, irgendwann einmal von den Drogen wegzukommen oder sich vielleicht sogar auf legalem Wege Geld zu erarbeiten. Sein ganzes Denken gilt der Effizienz der kriminellen Beschaffung. Er

schmiedet Pläne und verwirft sie wieder. Die bisherigen Raubüberfälle hatten ihm noch nicht einmal so viel an Beute eingebracht, um einen Tagesbedarf zu decken.

Doch dann fällt ihm eine Möglichkeit ein, »die vielleicht etwas bringen würde«. Er will seine Tante Marta aufsuchen, eine
Großtante, von der er weiß, dass »sie viel Geld besitzt und viele
Reisen macht.« Weil er angeblich »ihr Lieblingsneffe« ist, hofft
er, sie würde seine Lage verstehen, und da sie ihm »schon einmal 500 DM geborgt hatte«, wollte er »versuchen, sie rumzu-
kriegen«, ihm noch mal etwas zu borgen.

Er macht sich auf den Weg und trägt der Tante sein Anliegen
vor. Daraufhin sei er »erst einmal zum Trinken mit ihr eingeladen« worden. Man habe sich einige Stunden unterhalten. Dann
habe er, da sie ihm »zu viel Geld zum Einkaufen von Schnaps
und Bier mitgab und das nicht bemerkte«, noch ausreichend
Geld gehabt, um ein »50er Päckchen« zu holen. Das hieß, dass
er noch 50 DM für Heroin ausgeben konnte. Danach hätten sie
beide »wirklich gequatscht, bis schließlich ihr Sohn kam und
das ›Gelage‹ auflöste«.

Der Sohn sei ungehalten gewesen, weil seine Mutter wieder getrunken hatte – »so, das Saufen hört jetzt auf, Mutter, du
gehst schlafen« – und habe Klauspeter, für den er keine Sympa-
thie hegte, aus der Wohnung geworfen. Klausi verabschiedete
sich angeblich von der Tante mit der Ankündigung, am nächsten Tag wiederzukommen. Was er dann auch tat.

Relativ genau kann er sich später erinnern, was dann geschehen war. Er habe unten an der Haustür geklingelt und seine
Großtante habe geöffnet. Als er oben ankam, habe die Wohnungstür offen gestanden. Im Wohnzimmer habe er außer seiner Tante noch ein Fernsehmechaniker angetroffen, der dabei
war, den Apparat zu reparieren. »Wir haben uns dann hinge-
setzt auf die Couch und gesprochen, bis der Fernsehfritze fertig war. Sie wollte ihn mit einem 500-DM-Schein bezahlen, und

da er nicht wechseln konnte, gab sie ihm dann doch zwei Hunderter, dann ging er. Meine Tante ging in ihr Schlafzimmer. Wir waren genau wie am Vortag ebenfalls in diesem Zimmer, sie lag im Bett, und ich saß auf einem kleinen Stuhl. Ich dachte, dass es wieder so wird, und bereitete mich auf das nochmalige Fragen vor, als sie ihren Bademantel auszog und an eine Schranktür hängte. Ich hatte vorher beobachtet, dass sie den Fünfhunderter in die Tasche dieses Mantels gesteckt hatte. Sie ging jedoch noch nicht ins Bett, sondern in das Bad, um auszutreten. Dies nutzte ich, um das Geld in Gewahrsam zu nehmen. Ich wollte mir das Betteln ersparen und nicht erst fragen, da sie noch immer oder schon wieder angetrunken war, dachte ich, dann würde sie es erst merken, wenn ich schon wieder weg bin. Doch alles kam anders.

Als ich den Schein kniffte und ihn in meine Tasche stecken wollte, kam sie wieder aus der Toilette und ertappte mich dabei. Sofort stürzte sie auf mich zu, nahm mir den Schein aus der Hand und drohte mir aufgebracht damit, die Polizei und meine Mutter anzurufen und ging laut drohend zum Telefon. Ich riss das Kabel aus der Wand und versuchte sie daran zu hindern, auf den Flur zu rennen, denn das war ihre nächste Reaktion. Im Verlauf dieses Gemenges habe ich dann wohl den als Verschluss für meine Hose dienenden Schnürsenkel gezogen und ihr um den Hals gelegt. Ich weiß noch klar und deutlich, wie sie mit dem Band um den Hals am Boden lag, sich nicht mehr regte und keinen Ton von sich gab. In aller Eile rannte ich in die Küche und holte ein Messer, mit dem ich das Band durchschnitt, aber es war zu spät, sie war tot. Und ich war wie gelähmt. Es war alles aus. Ich wusste, dass man mich nun verhaften würde, und deshalb fasste ich den Entschluss, alles Geld, was ich finden würde, an mich zu nehmen, um meinen Plan durchzuführen. Ich fand etwas über 6000 DM und verließ die Wohnung.«

Außerdem nimmt er noch Schmuck mit, den er bereits wenige Minuten darauf bei seinem Dealer gegen Haschisch eintauscht, bei dem er zugleich seine Schulden bezahlt und fünf Gramm Heroin bestellt.

Seinen »Plan durchzuführen« heißt nichts anderes als Suizid zu begehen. Klauspeter ergeht sich in Selbstmordgedanken und beginnt mit den Vorbereitungen, um etwas zu zelebrieren, was er gar nicht ausführen will: seinen Freitod. Er fährt ins KaDeWe oder zu Wertheim, so genau ist ihm das nicht in Erinnerung geblieben, um sich einen Rekorder zuzulegen und anschließend mit seinem Hund »Marok« in den Tiergarten zu gehen, um dort seinen Entschluss auszuführen. Den Tod wollte er sich in die Vene jagen und dabei nicht gestört werden. Um den Eindruck der besonderen Weltvergessenheit zu erwecken und in aller Ruhe tot auf der Parkbank sitzen zu können, so hatte er gehört, wäre es notwendig, sich Kopfhörer überzustülpen. Also zieht er noch einmal los, sich dieses Requisit zum Suizid aus seiner Wohnung zu holen; als er dort ankommt, wartet schon die Kripo auf ihn.

Aus den suizidalen Träumen gerissen, findet er sich in der Wirklichkeit wieder: »Anfangs hoffte ich noch, dass sie mich laufen lassen, wenn ich alles abstreite …, aber sie ließen mich nicht gehen. Am zweiten Tag habe ich dann alles gestanden, ich räumte auch die Dinge ein, die ich sonst noch angestellt hatte. Auch den zweiten Mord. Als sie dann meinen ersten Mord nannten und mir beschrieben, was da war und an welchem Ort das geschehen sein soll, wusste ich, dass es insgesamt drei waren, und sagte dies dann auch aus.«

In der zweiten Nacht, die er in der Gefangenensammelstelle in der Gothaer Straße verbringt, unternimmt er noch einmal einen Versuch der Selbsttötung und will sich erhängen. Klauspeter: »Der aus einem Laken gefertigte Strick riss, und dann waren auch schon Bullen da, die das Gepolter hörten, als ich vom Fensterkreuz fiel.«

Obwohl Klauspeter keine seiner Taten mit besonderer Sorgfalt ausgeführt hatte, wäre der Ermittlungsaufwand für die Mordkommissionen um einiges höher gewesen, hätte er nicht seinen dritten Mord im persönlichen Umfeld begangen. Und noch dazu mit einer so auffälligen Vorgeschichte. Es lag also für den Sohn des letzten Opfers geradezu auf der Hand, ihn als möglichen Täter der Polizei zu nennen.

Am 18. März 1987, ein dreiviertel Jahr nach den Taten, wird über Klauspeter Pohl das Urteil gefällt. Obwohl volljährig, wird gegen ihn nicht das mögliche höchste Strafmaß, lebenslängliche Haft, verhängt.

»Das größte Problem des Prozesses lag darin, ein gerechtes Strafmaß zu finden«, betont zum Abschluss der Vorsitzende Richter Hans-Joachim Heinze. Heinze galt nicht als gnadenloser Mann in der schwarzen Robe. Er war bekannt dafür, dass er Justitias Waagschalen nach bestem Wissen und Gewissen gleichmäßig füllte. Aufgelistet wurde, welche Aspekte zugunsten des Angeklagten zu berücksichtigen waren: Die Tötungen seien Augenblickstaten gewesen, spontan, nicht von langer Hand vorbereitet. Außerdem habe sich der Angeklagte zu den jeweiligen Zeiten in einer Gefühlslage befunden, in der er sich selbst aufgegeben habe. Das Gericht konzedierte ihm, stark depressiv und selbstmordgefährdet zu sein. Im Reifegrad wurde er auf die Stufe eines Jugendlichen gestellt. Gegen ihn sprach jedoch vor allen Dingen die Habgier, die in allen drei Fällen Triebfeder der Verbrechen war. So wurde er wegen des Mordes an Liselotte Güldenstern zu zehn Jahren Haft und für die beiden folgenden Morde zu jeweils zwölf Jahren Haft verurteilt. In der juristischen Arithmetik wurde daraus eine Gesamtstrafe in Höhe von 15 Jahren addiert. Richter Heinze bezeichnete Klauspeter Pohl in seiner Urteilsbegründung als einen Menschen mit massiver Persönlichkeitsstörung. Er folgte in dieser Einschätzung dem psychiatrischen Gutachten des renommierten forensischen Sachverständigen Professor Detlef Cabanis (1921–2010).

»Mit der zeitlich begrenzten Strafe wollte das Gericht dem Angeklagten eine Chance für sein weiteres Leben offen lassen«, zitierte eine Tageszeitung den Kernsatz des augenfällig nachsichtigen Urteils. Drei Jahre zuvor hatte Manfred Fiedler für eine vergleichbare Mordserie dreimal lebenslängliche Haft erhalten. »Es liege also bei Klauspeter Pohl selbst, was er aus der ihm gegebenen Chance mache.«

Wir werden sehen.

***

Marianne Pohl ist verzweifelt, quält sich mit Selbstvorwürfen, hadert mit ihrem Schicksal – und kann einen Gedanken nicht verdrängen: Liegt das Verbrechen bei ihrer Familie im Blut? Gibt es so etwas überhaupt? Mutter Pohl kann sich diese Frage nicht beantworten, die über Generationen unter Wissenschaftlern heftig umstritten ist – je nach ideologischer Position.

Sie sinniert darüber, was ihr einst ihre Mutter erzählt hat und was wie ein Alb auf der Familie lastet. Mariannes Mutter sei nämlich eine Cousine der weit über die Grenzen Berlins berühmt wie berüchtigten Brüder Max und Walter Götze gewesen. Straßenräuber, die die Polizei über Jahre foppten und schließlich doch unterm Beil des Henkers endeten.

Blättern wir zurück. Berlin in den Jahren zwischen 1934 und 1938.

Die »Berliner Volks-Zeitung« berichtete am 24. Juni 1938 unter der Überschrift »Die typische Verbrecherfamilie« über einen damals viel beachteten Prozess, der noch lange Schatten auf die deutsche Rechtsgeschichte werfen sollte. Vor Gericht standen die Gebrüder Götze. Ganz der Nazi-Ideologie folgend, notierte der Gerichtsreporter: »Erschütternd ist das Gutachten des Gerichtsarztes Medizinalrat Ewers über den Geisteszustand der beiden Angeklagten: Sein Gutachten ist ein neuer Beweis dafür, wie notwendig das Gesetz über die Verhütung kranken Nachwuchses ist. Der Sachverständige bezeichnet nämlich die Familie als eine typische Verbrecherfamilie: Vater und Mutter seien Gewohnheitstrinker, der Vater ist sogar entmündigt worden. Aus der Ehe dieses minderwertigen Ehepaares sind sieben Kinder hervorgegangen: die sechs Söhne sind sämtlich Schwerverbrecher, die auch erheblich vorbestraft sind. Einer dieser Brüder … ist bereits gestorben. Nur das siebte Kind dieser Ehe, eine Schwester der Angeklagten, soll unbescholten sein. Der Sachverständige kommt zu dem Schluss, dass trotz dieser erblichen Belastung beide Angeklagte voll zurechnungsfähig sind.« Ein Fall, wie geschaffen für die braune Propaganda. »Kranker Nachwuchs«, »geborene Verbrecher«, »minderwertiges Ehepaar« und weitere Verbalinjurien, ganz nach dem Geschmack des »gesunden Volksempfindens«.

Solche »Wissenschaftler« schlussfolgerten, dass den Tätern das Verbrechen in den Genen steckt. Auf Grundlage ihrer Theorie war folgerichtig Sippenhaft sinnvoll und notwendig. Ein Gedankengebäude, das nicht 1945 mit dem Untergang des Nazireiches zusammenstürzte.

Der Kriminologe Armand Mergen (1919–1999) hatte sich in jenen Jahren der Beweisführung verschrieben, dass Verbrecher erblich vorbelastet seien. Noch 1995 versuchte er sich in seinem Buch »Das Teufelschromosom – zum Täter programmiert« noch einmal an diesem Thema. In dem Werk bezieht er sich auf seinen Doktorvater Friedrich Stumpfl. Dieser habe »1935 mit einer statistischen Methode versucht darzustellen, welche Beziehungen zwischen Erbanlage und Verbrechen bestehen« und habe dabei »unter anderem festgestellt, dass in Verbrecherfamilien die Zahl der Verbrecher unter den Nachkommen größer ist als in der übrigen Bevölkerung.« Interessant sei – so meint Mergen – »die biologische Partnerregel …

Danach suchen und finden Verbrecher ihre Frauen bevorzugt in ebenfalls mit Verbrechen belasteten Familien.« Außerdem verweist Mergen auf Arbeiten von zwei Autoren aus den Jahren 1938 und 1939, in welchen diese »das kriminelle Verhalten von Kindern verglichen, die zwar im gleichen familiären Milieu aufgewachsen sind, aber verschiedene Väter hatten, von denen der eine kriminell war. Beide Autoren kommen unabhängig voneinander zu der Schlussfolgerung, dass es eine erbliche Belastung mit Kriminalität gibt.« Natürlich seien »diese Untersuchungen nur sehr kritisch zu verwenden«, räumt Mergen ein, denn »sowohl das untersuchte Material als auch die Methoden sind durchaus fragwürdig«. Diesen kriminologischen Humbug zu Ende gedacht, müsste den Tätern aufgrund ihrer genetischen Bestimmung eine verminderte Schuldfähigkeit zuerkannt werden. Der »geborene Verbrecher«, das ist eine bequeme Phrase, um einer gesellschaftlichen Verantwortung aus dem Wege zu gehen. Soziale Umstände können dabei also vernachlässigt werden. So könnte man – Mutter Pohl macht sich solche Gedanken nicht – sagen, dass sich beispielsweise in der New Yorker Bronx eben mal alle erblich vorbelasteten Ganoven angesiedelt haben: Die Kriminalitätsrate belegt es. Und wenn die Kinder von Schauspielern wieder Schauspieler und die von Ärzten wieder Ärzte werden, so sagt man eben, es sei ihnen »in die Wiege gelegt worden«. Allerdings würde sich kaum jemand vehement dagegen wehren, wenn man behauptet, dass es das soziale Prestige und das Umfeld waren, die diesen Menschen den beruflichen Weg geebnet haben. Die äußeren Bedingungen, die im negativen Sinne auf die Entwicklung von Menschen Einfluss nehmen, werden dann jedoch gerne negiert.

Am 22. Juni 2011 meinte der Berliner »Tagesspiegel« anlässlich der Berichterstattung über einen Doppelmord, bei dem der Täter aus schwierigen Verhältnissen kam: »Eine schwere

Kindheit haben viele, Gewaltexzesse sind dadurch allein nicht erklärbar. Bei Gewaltverbrechen spielt die Veranlagung auch eine Rolle.« Das ist eine sehr einfache, wenn auch wie nach Art einer tibetanischen Gebetsmühle wiederholte Begründung. Natürlich wird nicht jeder, der aus schwierigen Verhältnissen stammt, zum Verbrecher. Es scheint aber besonders wichtig, die Frage von der anderen Seite zu beleuchten: Nahezu alle Schwerverbrecher kommen aus schwierigen Verhältnissen! Und noch ein Argument könnte gegen die Vertreter der Geborenen-Verbrecher-Theorie ins Feld geführt werden. Wie ist es um die Gene des deutschen Volkes bestellt, wenn man in Betracht zieht, dass es gerade ein Menschenalter zurückliegend Scharen von SA-Schlägern, SS-Schergen und KZ-Wärtern hervorbrachte, die sich millionenfacher Gewaltverbrechen schuldig gemacht hatten? Der kalte Schauer müsste denen über den Rücken laufen, die nach genetischer Vorbelastung fragen. Deshalb kann wohl mit Fug und Recht festgestellt werden: Alle rationalen Überlegungen führen dazu, die familiären Verhältnisse, das Milieu und das soziale Umfeld in erster Linie für die Entwicklung der Menschen verantwortlich zu machen. Kein Mensch wird als Verbrecher geboren.

Was ist das also für eine Geschichte, die Marianne Pohl so belastet?

Als sie 1937 geboren wird, hält seit fast drei Jahren das Götze-Räuber-Duo die Kriminalpolizei der Reichshauptstadt in Atem. Seit November 1934 machen Walter und Max Straßen und Plätze in Berlin und um Berlin herum unsicher. Die beiden sorgen nicht nur bei der Berliner Polizei für unruhige Zeiten, bis in die höchsten Spitzen der Nazi-Partei ist man nervös. Vom Wahn beseelt, alles unter völliger Kontrolle zu haben, müssen die hohen Chargen der NSDAP miterleben, wie Räuber die Reichshauptstadt unsicher machen. Auch wenn einige ihrer räuberischen Kabinettstücke im Rückblick eher zum

Schmunzeln Anlass zu geben scheinen, so waren ihre Überfälle für die Betroffenen alles andere als lustig. Und schon sie haben die Mixtur von der Kleinkriminalität bis zum Tötungsverbrechen in ihrem Repertoire vereint, die sich später bei den Pohl-Kindern wiederfand.

Walter Götze, Jahrgang 1902, und sein elf Jahre älterer Bruder Max begannen ihre Gaunerkarriere als Handtaschen-Räuber und Buntmetall-Diebe. Das hatte ihnen bereits einige Strafen eingebracht. Nun aber sattelten sie auf eine neue Masche um.

Obwohl die beiden im Südosten Berlins im Stadtteil Oberschöneweide wohnen, wählen sie zunächst die bei den Berlinern beliebte Ausflugsgegend im Grunewald im Westen der Stadt für ihre neuen Raubzüge. In der Nähe des Grunewaldsees belauern sie turtelnde Liebespaare, um diese im passenden Augenblick zu überfallen und ihrer Barschaft zu berauben.

In der Nacht vom 1. zum 2. November 1934 schlagen sie das erste Mal zu. Dort, wo sich Hüttenweg und Onkel-Tom-Straße kreuzen, liegt ein Platz, der Kleine Stern. Mancher stolze Automobil-Besitzer steuert in den dreißiger Jahren seine Benzinkutsche dorthin – für ein Tête-à-tête mit der Angebeteten in lauschiger Abgeschiedenheit. Was dann auf andere Weise zu regem Verkehr führt.

Gleich vier Liebespaare müssen in dieser Nacht die Bekanntschaft mit den Räubern machen. Mit einer Laterne blenden sie ihre Opfer – und verleihen ihrer Forderung nach Geld mit einer Pistole Nachdruck.

Noch laufen diese Überfälle unblutig und zum Teil mit grotesken Pointen ab. So soll bereits beim ersten Überfall der wackere Liebhaber nach einem Warnschuss der Ganoven das Hasenpanier ergriffen und seine Flamme allein den Räubern überlassen haben.

Und die Götze-Brüder bekommen einen Helfershelfer: den

Propagandaminister des Nazi-Regimes, Joseph Goebbels. Dieser weist nämlich nach den ersten Meldungen über die Raubzüge der Götzes an, dass die Presse in Zukunft über solche Vorfälle Stillschweigen zu wahren habe. Das offizielle Bild des Saubermann-Staates soll nicht beschmutzt werden. Zwei weitere Überfälle, die im Winter 1934 und im Frühjahr 1935 der Polizei angezeigt werden, finden in den Zeitungen keinen Niederschlag.

So gondelt manches Liebespärchen völlig ahnungslos, in welche Gefahren es sich begibt, zum Stelldichein. Bei einer Reihe von Überfallenen konnte man davon ausgehen, dass sie lieber auf den Inhalt ihres Portemonnaies verzichteten, als zur Polizei zu gehen. Denn nicht immer vergnügt man sich im Auto mit dem »legitimen« Partner. Dass die Götzes bei ihrem ersten Raub Anfang November 1934 gleich vier Gaunerstücke gelandet hatten, kam nur durch das Geständnis von Walter Götze ans Licht. »Von allen, in dieser Nacht überfallenen und beraubten Personen fand nur … ein Ingenieur D. den Weg zur Polizei. Denn nur er hatte ein gutes Gewissen«, heißt es süffisant in einer Beschreibung der Götze-Raubzüge. Mit geradezu grotesken Aussagen versuchten einige der Gebeutelten die peinliche Situation zu begründen, wie beispielsweise ein Bankdirektor, der angeblich gerade seiner Sekretärin auf der Avus Fahrstunden geben wollte.

Doch bis zur Klärung der Fälle – am Ende werden den Götze-Brüdern 157 Straftaten zur Last gelegt – vergehen dreieinhalb Jahre. Die Kripo stochert lange Zeit im sprichwörtlichen Nebel und kann sich keinen Reim auf die Überfälle machen. Und während die Polizei noch mit den Räubereien im Grunewald beschäftigt ist, werden Gewaltstreiche vom anderen Ende der Stadt gemeldet.

Die Götze-Brüder haben ihr Betätigungsfeld auf die Landstraßen im Südosten Berlins verlagert. Hier greifen sie zu einer neuen Masche. Sie fällen einen Baum und legen ihn – der erste Fall spielt in einer Sommernacht des Jahres 1935 – quer über die Fahrbahn der Landstraße Neuzittau-Friedersdorf in der Gegend von Erkner. Walter Götze stellt sich mit schussbereiter Pistole an dieser Falle auf, während Max Götze etwa 100 Meter davon entfernt steht, um den Kraftwagen durch einen Signalschuss anzukündigen. Gegen 23 Uhr kommt ein Wagen heran. Max gibt den vereinbarten Schuss ab, und Walter stellt sich in Positur, um das Gefährt gebührend zu empfangen. Der Autofahrer hört den Schuss, sieht auch das quer über die Straße gelegte Hindernis, stoppt, hält aber nur eine Sekunde an, um dann geistesgegenwärtig mit erheblicher Geschwindigkeit rückwärts an dem verdutzt dastehenden Max Götze vorüberzufahren. Er fährt so schnell rückwärts, dass den beiden Brüdern, die dem Wagen hinterherlaufen, der Atem ausgeht. Aus Wut geben sie einige Schüsse in Richtung des Wagens ab, die aber wirkungslos bleiben. Der Fahrer entkommt. Einige Abende später haben sie erneut Pech. Der in der gleichen Gegend über die Straße gelegte Baum ist anscheinend zu dünn. Der Fahrer, der das Hindernis bemerkt, gibt Vollgas und fährt im Hundertkilometertempo über das Hindernis hinweg, wobei das Auto mit einem gewaltigen Satz darüber springt.

Als einer der Überfallenen eine einigermaßen brauchbare Täterbeschreibung abgibt (»Graubraune Masken, Stabtaschenlampen, Revolver. Erster Täter 1,65–1,68. Zweiter Täter ca. 1,75, tiefe Stimme.«), werden Parallelen zu den Gangstern von Grunewald sichtbar.

Nach diesen Misserfolgen lassen die Brüder zunächst von den Überfällen auf fahrende Autos ab und und versuchen es mit einem Überfall auf ein spazierengehendes Paar. Der Vorfall ereignet sich am Schwarzen Weg in der Gegend des Müggelsees. Der Überfallene, ein Kaufmann setzt sich jedoch heftig zur Wehr; obwohl ihn die Verbrecher mit zwei Pistolenschüssen verwunden, kämpft er couragiert weiter und schlägt die Gauner in die Flucht.

Am 2. November 1935 kommt es zu einem spektakulären Überfall, den Walter Götze allein und ohne Mithilfe seines Bruders ausführt. Durch Beobachtungen und eingehendes Studium des Fahrplans hatte Walter Götze festgestellt, dass der letzte Omnibus der BVG-Linie 27, die zwischen Müggelheim und Köpenick verläuft, in der Gegend des Jagens 34, an jener Stelle, an der der Weg zum Restaurant »Waldschenke« am Fuße der Müggelberge abgeht, kurz vor zwei Uhr nachts vorüberfährt. Dieser letzte von Müggelheim ins Köpenicker Depot fahrende Wagen ist, wie Götze ausbaldowert hatte, fast immer leer.

Er zieht ein Drahtseil quer über die Straße und befestigt es an zwei Bäumen, um auf den heranfahrenden Omnibus zu warten. Mit einer Notbremsung kann der Fahrer den doppelstöckigen Bus kurz vor dem Hindernis zum Stehen bringen. Als der Schaffner aussteigt, um die Barriere zu beseitigen, springt Götze in den Wagen, bedroht den Fahrer mit der Pistole und fordert die Tageseinnahmen. Fahrer wie Schaffner weigern sich, der Aufforderung nachzukommen. Götze schießt. Als der Schaffner glaubt, Götze habe sein Magazin leergeschossen, ruft er dem Fahrer zu, so schnell wie möglich weiterfahren, worauf Walter Götze die Pistole auf den Schaffner richtet. Diese Kugel durchbohrt den Rockärmel des Schaffners, verletzt ihn jedoch nicht und bleibt wie die anderen zuvor einem Sitzpolster stecken. Als Götze merkt, dass alle seine Bedrohungen zwecklos bleiben, springt er trotz der rasanten Fahrt vom Wagen ab. Er stürzt zwar, verletzt sich jedoch nur geringfügig und kann im Walde verschwinden.

Während die Polizei fieberhaft ermittelt, gerät man in den oberen Etagen des Naziregimes geradezu in Panik. 1936 sollen die Olympischen Spiele in Berlin zum Aushängeschild der

braunen Machthaber für die Welt werden. Da sind solche Überfälle mehr als störend. Fahndungserfolge werden befohlen. Im
Inland druckt die Presse keine Zeile über die Verbrechensserie, aber an den Informationen, die unter der Hand zu erhalten
waren, weidet sich die Auslandspresse. Hitler, der so viel Wert
auf seine schönen neuen Autobahnen legte, hat das Problem,
dass noch nicht einmal die Straßen in der Reichshauptstadt sicher sind.

Die Ermittlungsbehörden machen keine gute Figur. Um der
beiden habhaft zu werden, setzt man sogar das Nationalsozia-
listische Kraftfahrkorps (NSKK) – sozusagen das motorisierte
»Fußvolk« der Nazi-Partei – in Bewegung, lässt die Schläger-
trupps der SA Streife laufen oder die SS nachts durch die Gegend radeln. Erfolglos.

Lange Zeit können sich die Götze-Brüder sogar als »Gen-
tleman-Gangster« gerieren. Einem Autofahrer beispielsweise,
dem sie 25 Reichsmark abgenommen haben, geben sie fünf
Mark zurück, als er sie um etwas Geld zum Tanken bittet.

Das ändert sich am 24. März 1937.

Es dämmert bereits an diesem Tag, als dem Polizeiwacht-
meister Artur Herrmann auf der Straße Adlergestell in Grünau
eine verdächtige Person auffällt. Es ist Walter Götze auf dem
Weg, eine neue Masche zu erproben, die eigentlich nur der ur-
alte Kinderstreich ist, eine an einem fast unsichtbaren Faden
befestigte Geldbörse auf den Weg zu legen und wegzuziehen,
wenn sich jemand nach ihr bückt. Götze will eine Aktentasche
als Köder auf der Straße auslegen. Wenn ein Autofahrer diese
entdeckt und anhält, so hofft er, hat er leichtes Spiel. »Wo kommen Sie her?«, will der Polizist wissen. »Von der Arbeit«, redet
sich Walter Götze heraus und fügt dann noch hinzu: »Aus
Adlershof.« Dann interessiert sich der Beamte dafür, was sich
in der Tasche befindet, die Götze bei sich hat. Der ist um eine
Antwort nicht verlegen: »Eine Thermoskanne mit Kaffee.«

Was dann geschieht, schildert Walter Götze rund ein Jahr später vor Gericht: »Als ich zögerte, die Tasche zu öffnen, sah ich, wie der Beamte nach seiner Pistolentasche griff. Schnell entschlossen griff ich im gleichen Augenblick in meine Tasche, in der meine entsicherte Walther-Pistole schussbereit war. Ich zog sie heraus und drückte sie in ungefähr einem Meter Entfernung auf den Beamten ab.« Darauf insistierte der Vorsitzende: »Dann wussten Sie ja, dass Sie ihn treffen würden.«

Götze: »Jawohl.«

Vorsitzender: »Was taten Sie nach dem Schuss?«

Walter Götze lapidar: »Ich bin über den Weg gehopst und ausgerückt. Bald danach hörte ich zwei Schüsse fallen und nahm darum an, dass der Beamte nur verletzt sei, aber ich wusste nicht, dass ich ihn getötet hatte.«

Der legendäre Kommissar der Berliner Kriminalpolizei, der schwergewichtige Ernst Gennat, mit den Ermittlungen im Mordfall Herrmann betraut, konnte feststellen, dass es dem Polizeioberwachtmeister trotz der Verletzungen noch gelungen war, den Täter in den Wald zu verfolgen. Er hatte noch einmal auf den Flüchtenden schießen können, dann versagte seine Parabellum 08. Schließlich, nach ungefähr 30 Metern, sei Herrmann dann zusammengebrochen.

Drei Tage nach dem Mord lobt der Berliner Polizeipräsident von Helldorff 3000 Reichsmark als Belohnung zur Ergreifung des Täters aus. Doch die Spurenlage ist dünn, und bis zur Aufklärung der Tat sollte noch ein Jahr vergehen.

Hatten die Gebrüder Götze mehr als zwei Jahre ihre Überfälle begangen, ohne Menschen zu töten oder ernsthaft zu verletzen, so war der Mord an dem Polizisten Artur Herrmann dennoch kein »Ausrutscher«. Da sie stets scharfe Munition in ihren Handfeuerwaffen hatten, war klar, dass sie immer auch mit der äußersten Konsequenz kalkulierten.

Im Prozess gegen die Straßenräuber entwickelt sich zwischen dem Vorsitzenden Richter und Walter Götze ein heftiger Wortwechsel, in dessen Verlauf, wie die Chronisten vermerken, »der Angeklagte in große Erregung« geraten sei. Götze meinte, bei den verschiedenen Raubüberfällen sei er oft auf Leute gestoßen, die eine geladene Waffe neben sich liegen hatten, aber keinen Gebrauch von ihr machten: »Hätte mich einer niedergeknallt, dann wäre ich nicht zu dem Mord an dem Polizeibeamten gekommen.« Der Vorsitzende Richter interpretierte den Satz richtig: »Das hört sich beinahe so an, als ob Sie sagen wollten, die von Ihnen Überfallenen trügen eine Schuld daran, dass der Polizeibeamte Artur Herrmann nicht mehr am Leben ist.« Der angeklagte Walter Götze daraufhin: »Die moralische Schuld tragen sie auf jeden Fall.« Der Vorsitzende verlor daraufhin die Fassung: »Das ist die größte Unverschämtheit, die ich je in meinem Leben gehört habe.«

Diese Einlassung von Walter Götze lässt in einer gewissen Weise ein Muster erkennen, wie sich Täter von einem Teil der Schuld reinwaschen wollen. Auch der weitläufig mit ihm verwandte Klauspeter Pohl wird ein halbes Jahrhundert später geradezu eine Virtuosität entwickeln, zufälligen Umständen oder auch seinem Drogenkonsum – völlig losgelöst vom eigenen Tatentschluss – die Schuld zuzuschieben.

Nur fünf Tage nach den tödlichen Schüssen von Grünau legen sich die Götze-Brüder wieder auf die Lauer. Diesmal wieder im Westen der Stadt. Es ist der Abend des 29. März 1937, Ostermontag. Der 21 Jahre alte Maschinenschlosser Bruno Lis schwingt in einem Lokal am Bahnhof Grunewald nach Klängen von Lilian Harvey, Heinz Rühmann und Johannes Heesters das Tanzbein. Gegen Mitternacht zieht er sich mit seiner Begleiterin an den Hundekehlensee zurück, wo es sich das Pärchen gemütlich machen will. Hier halten aber die Götzes Ausschau nach den nächsten Opfern.

Was dann geschah, konnte man ein Jahrzehnt später in einem Magazin lesen: »In der Nähe der Rot-Weiß-Tennisplätze ruhte sich das Pärchen auf einer Bank aus. Wie aus dem Erdboden gewachsen, stand da eine dunkle Gestalt vor ihnen. Taschenlampe, Pistolenlauf: ›Dein Geld, Freundchen, oder es kracht!‹ Das Mädchen blieb starr vor Schreck sitzen. Bruno Lis aber setzte sich zur Wehr. Kräftige, muskulöse Maschinistenarme versuchten, den Heimtückischen zu fassen. Walter Götze war an einen Stärkeren geraten. Er schoss. Das Mädel rannte davon. Ein zweiter Schuss. Bruno Lis war aus einer Entfernung von 5 bis 15 cm (!) durch den Hals geschossen worden. Den Sterbenden und Bewusstlosen beraubte der Bandit seiner Barschaft, bevor er das Weite suchte. Gennat übernahm auch diesen Mord. Die Hülse wurde nicht gefunden, ebenso wenig das Geschoss. Da es den Hals hinten nicht durchschlagen hatte, musste es Lis wohl ausgespukt haben.«

Mit der Beute von etwa 15 Reichsmark verschwindet Walter Götze in der Dunkelheit. Die Begleiterin des Opfers kann zwar Hilfe holen und den angeschossenen Bruno Lis in ein Krankenhaus bringen lassen, sein Leben aber ist nicht mehr zu retten. Walter Götze – der mit der größeren kriminellen Energie ausgestattete Kopf des Duos – hatte in weniger als einer Woche zweimal gemordet.

Wie fast immer bei solchen Verbrechensserien: Einmal kommt die Stunde, da unterläuft den Tätern ein Fehler, oder sie haben den Bogen überspannt. Die Götzes überfielen und raubten, was das Zeug hielt. Nun hatten sie die Stationskasse des S-Bahnhofes Hirschgarten im Stadtteil Friedrichshagen ins Visier genommen. Am 5. September 1937 zogen sie den Coup durch. Nach der Höhe der Beute betrachtet, war es allerdings wie so häufig ein Flop.

Nach den beiden Morden sind die Polizeikräfte, die sich um die Fälle kümmern noch aufgestockt worden. Rund 3000 Spuren müssen ausgewertet werden.

Eine Spur unter vielen ist die mit der Nummer 94, sie kommt aus dem 234. Polizeirevier in Niederschöneweide. Darin ist vermerkt: »Von vertrauter Seite wurde hier auf die Berufsverbrecher Max Götze, 3. 1. 1891 Köpenick geb., wohnhaft in Berlin-Adlershof, Arrasstr. 110, und dessen Bruder Walter Götze, geb. 14. 11. 1902, Oberschöneweide, wohnhaft ebenda, Marienstr. 1 bei Glander, hingewiesen. Beide sind wegen Eigentumsdelikten erheblich vorbestraft. Insbesondere Walter Götze ist hier in letzter Zeit dadurch aufgefallen, dass er nicht arbeitet und trotzdem in Kneipen viel Geld ausgibt. Nach dem Raubüberfall ist er im Besitz eines neuen Fahrrades gesehen worden. Es erscheint nicht ausgeschlossen, dass sie auch für die Autofallen-Überfälle infrage kommen.« Als die Polizei an den Wohnungen der Götzes aufkreuzt, sind die beiden nicht anzutreffen.

Während Max Götze einer Vorladung zur Vernehmung Folge leistet, verschwindet Walter von der Bildfläche und taucht unter.

Max mimt bei der Polizei den Unschuldigen, bekommt von seiner Frau ein Alibi für die Tatzeit des Überfalls auf die S-Bahn-Station und kann gehen; Walter wird zur Fahndung ausgeschrieben.

Nun werden die Verbrechen seltener, was die polizeiliche Ermittlungsarbeit nicht vereinfacht. Im Januar 1938 kommt es dann wieder zu einem Überfall, der mit den Landstraßenräubern in Verbindung gebracht wird. Walter taucht zu dieser Zeit gelegentlich in Gaststätten auf, bis jedoch die alarmierte Polizei vor Ort eintrifft, ist er stets wieder verschwunden.

In der Nacht zum 18. März 1938 aber wird in einer Laubenkolonie ein Mann festgenommen, der heftig Widerstand leistet. Auf dem Revier stellt sich heraus, dass der Gefasste Walter Götze ist.

Die Anschuldigung lautet zunächst nur, dass er als Täter für den Überfall auf die Station Hirschgarten infrage komme. Er geht in Haft. Nun beginnt das Räderwerk der Ermittlungen in Gang zu kommen. Im Verhör gesteht er lediglich einen Kiosk-Einbruch. Alles andere streitet er ab.

Ein winziges Detail wird ihm schließlich zum Verhängnis. Einer der überfallenen Autofahrer hatte bei der Polizei ausgesagt, dass ihm bei einem der Gangster ein verkrüppelter Finger aufgefallen war. Walter Götze hat einen verkrüppelten Finger. Die Schlinge zieht sich zusammen.

Am 8. April 1938 gibt Walter Götze ein (erstes) Geständnis zu Protokoll. Er will Max aus der Geschichte heraushalten und erzählt von einem Komplizen namens Willi, den er allerdings auf dem Müggelsee aus dem Boot geworfen und ersäuft haben will. Man glaubt ihm nicht. Schließlich wird auch Max überführt.

Die Nazi-Führung will beide Götzes dem Henker überantworten. Doch nach den geltenden Gesetzen kam die Todesstrafe nur für Walter Götze, den Täter bei beiden Morden, in Betracht. Max drohte maximal eine lebenslange Haftstrafe. Eine der schauerlichsten Figuren in der Naziführung, der Staatssekretär im Reichsjustizministerium Roland Freisler – später gefürchteter Präsident des sogenannten Volksgerichtshofes – will sich damit nicht zufriedengeben. Am 24. Juni 1938 – der Prozess gegen die Gebrüder Götze vor einem Sondergericht ist fast beendet – berichtet die »Berliner Volks-Zeitung« unter der Überschrift »Neues Reichsgesetz bestimmt: Todesstrafe für Autoräuber« über ein im Schnelldurchgang durchgepeitschtes Gesetz. Im Reichsgesetzblatt, so wird dort gemeldet, war ein Gesetz gegen Straßenraub mittels Autofallen vom 22. Juni 1938 verkündet worden. Nach diesem Gesetz wird rückwirkend zum 1. Januar 1936 mit dem Tode bestraft, wer in räuberischer Absicht eine Autofalle stellt. Ein rückwirkend in Kraft tretendes Strafgesetz, das war ein juristische Novum, und es ging als »Lex Götze« in die Justizgeschichte ein. Der Logik dieses Gesetzes entsprechend, wurden am 24. Juni 1938 Walter und Max Götze zum Tode verurteilt und nur sechs Tage später, am 30. Juni, hingerichtet.

***

Knapp fünf Jahrzehnte später. Weihnachten 1986. Ein tristes Fest für die Familie Pohl. Der ganze desolate Zustand wird mit einem Schlag sichtbar. Klauspeter sitzt seit einem halben Jahr in U-Haft in Moabit, sein jüngerer Bruder Matthias in der Jugendstrafanstalt Plötzensee, und Daniel, der Älteste, ist im Gefängnis Tegel und nun auch schon sieben Jahre hinter Gittern. Vater Pohl zieht von einem Obdachlosenheim ins andere. Und Mutter Marianne, die sich so sehr eine intakte Familie gewünscht hat, ist mit ihrer achtzehnjährigen Tochter Susanne heillos überfordert. Auch das Mädchen macht regelmäßig Bekanntschaft mit Richtern und Staatsanwälten. Einmal bittet die Mutter sogar das Gericht, die Tochter doch endlich einzusperren, damit ihrem Treiben Einhalt geboten werde. Während Daniel und Klauspeter wegen der vier Tötungsdelikte im Gefängnis sitzen, ist Matthias wieder einmal bei einem seiner Raubzüge erwischt worden. Alkohol und Drogen hatten alle drei Brüder ins Unglück begleitet.

Matthias, gerade 19 Jahre alt, stemmt sich zumindest noch verbal gegen sein Schicksal. Am 7. Dezember 1986 schreibt er seinem Bruder Klauspeter einen Brief, sozusagen von Zelle zu Zelle. Darin wünschte er ihm »auf jeden Fall erst mal ein (wenn schon nicht schönes) angenehmes Weihnachten und vor allem ein hoffentlich gutes und erfolgreiches Jahr 1987! Auf jeden Fall wünsche ich Dir alles, was Du dir auch selbst wünschst!«

Während Klauspeter wenig Gedanken an ein Leben in Freiheit verschwenden kann, macht Matthias Pläne – selbstkritisch: »In letzter Zeit denke ich viel nach und bin zu dem

Ergebnis gekommen, dass ich, wenn ich rauskomme, keine Drogen mehr nehmen darf und ich auch sonst einen Strich durch meine bisherige Lebensweise ziehen muss! Ich will erst mal eine eigene Wohnung haben und Realschule und danach auf eine Computerfachschule gehen, und ich weiß, dass ich es schaffen werde, denn ich will!« Er geht auf Distanz zu seinen Brüdern, deren Lebensläufe seien Abschreckung genug.

Zu Ostern 1987 bekommt Matthias zum ersten Mal Ausgang, er soll sich wieder an die Freiheit gewöhnen, mit der er aber offensichtlich nicht zurechtkommt. Zwar wird er bald darauf auf freien Fuß gesetzt, aber nur für kurze Zeit. Seine Pläne bleiben Pläne.

Am 29. März 1987, elf Tage nach dem Urteilsspruch gegen Klauspeter, hatte – nach Ansicht eines Gerichtes – Bruder Matthias in der JVA Tegel einen Mitgefangenen überfallen und beraubt. Am 2. Mai 1987 bekam dann ein 52-jähriger Häftling »Besuch« von Klauspeter Pohl und einem weiteren Häftling. Das Ganze hat ein juristisches Nachspiel. Im Januar 1988 stehen die drei Häftlinge wegen Raubes vor Gericht. Dort wird ihnen angelastet, ihr Taschengeld durch gemeinsame Raubzüge im Gefängnis aufgebessert zu haben. Matthias erhält 15 Monate, der andere viereinhalb Jahre; für Klauspeter lautet am 8. Januar 1988 das Urteil: weitere fünf Jahre Haft, die auf die 15 Jahre aufgeschlagen werden. Nun sind es zwei Jahrzehnte, die er – wie die Knackis sagen – »vor der Brust hat«.

Klauspeter hat kein Konzept für sein Leben hinter Gefängnismauern. Gegenüber Therapie-Angeboten zeigt er sich resistent. Er scheint unbelehrbar.

Die schwarzen Wolken über der Familie wollen sich nicht verziehen. Ein knappes halbes Jahr nach der weiteren Verurteilung von Klauspeter erreicht die Familie eine Hiobsbotschaft. Daniel war nach Moabit in den Hochsicherheitstrakt verlegt worden, nachdem man ihn in Tegel zunächst beim Ansetzen von Alkohol erwischt und daraufhin in eine Isolationszelle verlegt hatte. Als man dort bei ihm eine Schnur fand, die man ihm als Fluchtseil auslegte, wurde er von Tegel in den als absolut ausbruchssicher geltenden Hochsicherheitstrakt von Moabit umquartiert. Der 6,5 Millionen D-Mark teure Bau war im Januar 1980 fertiggestellt worden. Er war ein Produkt der Terrorismus-Hysterie der siebziger Jahre, »wurde später aber angesichts der geringen Belegung auch für andere Gefangene genutzt« (»Der Tagesspiegel«).

Kurz bevor er ab August 1988 völlig leer steht, stirbt dort Daniel Pohl. Sein Tod am 28. Mai 1988 passiert unter mysteriösen Umständen. Beim Training mit der Hantel bricht der als gut trainiert und kerngesund geltende 28-Jährige zusammen. Als man ihn nach zwei Stunden findet, ist er tot, gestorben an Herzversagen. Die genaueren Umstände des Todes werden nie offiziell bekanntgegeben. Daniel war Anfang Mai im Urban-Krankenhaus am Fuß operiert worden und musste sich am 24. Mai noch einer Nachbehandlung unterziehen. Eine gründliche Untersuchung seines Herzens war dabei nicht vorgenommen worden. Eine Herzmuskelentzündung, die den Tod verursacht haben soll, konnte deshalb nicht festgestellt werden. Die Krankenakte von Daniel bleibt unter Verschluss. Den Obduktionsbefund bekommt die Mutter nie zu Gesicht.

Eine junge Abgeordnete schaltet sich in den Fall ein. Sie ist Rechtsanwältin und für viele Häftlinge keine Unbekannte, weniger als Verteidigerin denn als Sozialarbeiterin. Ende der siebziger Jahre hatte sie im Tegeler Gefängnis gearbeitet. Seit 1985 sitzt sie für die Alternative Liste (später Die Grünen) im Westberliner Abgeordnetenhaus. Sie heißt Renate Künast. Aber auch sie erreicht die Herausgabe der Unterlagen nicht. »Rechtsanwältin Renate Künast äußerte jetzt den Verdacht, dass die Justizbehörden im Zusammenhang mit dem Tod eines Häftlings im Hochsicherheitstrakt in Moabit etwas zu verbergen haben«, meldet das »Volksblatt Berlin« am 8. September 1988. Beharrlich weigerten sich die Justizbehörden, Einsicht in die die Krankenakte von Daniel Pohl zu gewähren. Später erfährt Marianne Pohl, dass zwei Beamte, die für Daniel zum Zeitpunkt des Todes zuständig waren, versetzt worden sind.

Wenige Tage nach Daniels Tod tippt Klauspeter einen Brief an seine Mutter – sechs randvolle Seiten. Er klagt und bejammert sich selbst, es sei »schwer, sich damit abfinden zu sollen, was passiert ist, und noch schwerer ist es, wenn man dazu gezwungen wird, einen mehr oder weniger alltäglichen Tagesablauf mitzumachen, obwohl das fast unmöglich ist, weil mir die jetzige Situation keine Chance offen lässt, mich völlig auf etwas zu konzentrieren, ohne dabei irgendwie an Daniel erinnert zu werden.« In der Kirchengruppe, wo er als Keyboarder mitspielt, seien »einige Stücke bei«, die er »oft zusammen mit ihm gesungen habe«, wenn er bei Daniel war und dieser Gitarre spielte. So gesehen hätten sie sich »auch gerade erst neu kennengelernt und einander akzeptiert, wie es sein sollte«, und es sei, so fabuliert er, als habe sie »das Schicksal genau deswegen zusammengeführt«. Das Schicksal, das waren insgesamt vier ermordete alte Frauen, kein grausames Los einer höheren Macht.

Er übt sich in Selbstmitleid: »Was kommt eigentlich noch alles auf uns zu, haben wir denn nicht schon genug erlebt, dass uns das auch noch widerfahren muss?« In krudem Fatalismus beschwört er Weltuntergangsszenarien: »Wenn es so etwas wie ein Schicksal gibt, dann möge es uns doch bald alle erlösen, nicht nur unsere Liebsten, sondern die ganze beschissene Menschheit in ihrem Wahn, Hass und Zerstörungstrieb, der uns als Rasse langsam, aber stetig zersplittert und tötet. Wie lange geht das so, und wie lange wird es so weitergehen, bis mal einer aufwacht, der am längeren Hebel sitzt, so wie Hitler damals. Ich sehne mich nicht nach der braunen Zeit, aber nach einer Veränderung, auch wenn der Preis dafür sehr hoch ist.« Sich selbst attestiert er den Gutmenschen, denn »so dumm oder kurios das auch klingt, mein Schicksal ist es vielleicht, anderen zu helfen oder es zu versuchen ...«

Unerbittlich dreht sich die Abwärtsspirale für die Familie. Daniel ist tot, und Klauspeter muss noch fast zwei Jahrzehnte hinter Gefängnismauern zubringen. Nur Matthias ist wieder mal in Freiheit. Er genießt das Leben, fährt im Sommer 1989 nach Frankreich und schickt von dort Ansichtskarten an Klauspeter. Aber Matthias kann seine vollmundigen Absichtserklärungen von einst, sein Leben grundlegend zu ändern, nicht in die Tat umsetzen. Vom Alkohol enthemmt und des halbwegs klaren Verstandes beraubt, unternimmt er wieder Raubzüge. Und auch er sucht sich alte, wehrlose Damen als Opfer aus. Ende 1989 wird er wegen eines Raubüberfalls verhaftet, anschließend zu drei Jahren Haft verurteilt und in die Justizvollzugsanstalt Tegel eingeliefert. Keine zwei Jahre nach Daniels Tod sind die jüngeren Brüder wieder vereint.

***

Klauspeter muss in der Justizvollzugsanstalt Tegel zu einem nach dortigen Maßstäben halbwegs geregelten Leben finden. Er tut sich schwer. Angebote der Strafvollzugsorgane, sich mit dem Verbrechen und der eigenen Schuld auseinanderzusetzen, lehnt Klauspeter regelmäßig ab. Anders als Manfred Fiedler, der ebenfalls wegen der Ermordung von drei alten Damen hinter Gittern sitzt, versucht es Klausi gar nicht, ein »Muster-Gefangener« zu werden. Manfred Fiedler, der zum Ende seiner Haftzeit sogar eine Position in der Redaktion des »Lichtblick« bekommt, ist es vorbehalten, die Situation der sogenannten Langstrafer in der JVA Tegel gegenüber der Presse zu beleuchten. Was er zu sagen hat, trifft genau den wunden Punkt auch bei Klauspeter Pohl. Mit dem Sinken der Chancen »auf vorzeitige Entlassung sinke auch die Motivation der Gefangenen, mit ihrer Lage konstruktiv umzugehen«, meint er und spricht aus Erfahrung, wenn er kritisch anmerkt: »Um die knappen Resozialisierungsangebote müsse man sich kümmern, und das könnten schließlich nur diejenigen, die ohnehin bereits ›sozialisiert‹ seien. Für das Klientel, welches eigentlich ›resozialisiert‹ werden müsse, bleibe nur das Absitzen der Strafe bis zum Ende.« Es bedeute für die Häftlinge eine Menge Kooperation mit der Anstaltsleitung, um in den Genuss der sogenannten Zwei-Drittel-Regelung zu kommen, also bei einer lebenslänglichen Haftstrafe nach etwa 15–17 Jahren die Reststrafe auf Bewährung erlassen zu bekommen.

Zu den wenigen Vertrauensverhältnissen, die Klauspeter im Gefängnis aufbauen konnte, gehört das zum »verantwortlichen Redakteur« der Gefangenenzeitung, Michael Gähner. Gähner ist eine Ausnahmeerscheinung unter den Strafgefangenen von Tegel. Er überragt nicht nur an Körpergröße so ziemlich alle der rund 1400 Insassen. Mit seinem scharfen Intellekt und seiner Eloquenz spielt er hinter den Gefängnismauern eine gewichtige Rolle.

1982 war Michael Gähner vor Gericht gelandet. Ein Raub, bei dem eine betuchte alte Dame um eine Viertelmillion »erleichtert« werden sollte, war »aus dem Ruder gelaufen«. Ein Gauner-Trio baldowerte das Trickverbrechen aus, für das Gähner den Tipp gegeben hatte. Ein falscher Finanzbeamter sollte das bei der Frau zu Hause in bar deponierte Geld beschlagnahmen. Doch zum Schluss war die Frau tot. Gähner galt vor Gericht als geistiger Urheber der Bluttat. Er rechtfertige sich: »Der Tod der Frau war mir nicht anzulasten.« Das wurde ihm vom Richter bestätigt, dennoch – Gähner wurde härter bestraft als der Täter selbst. Er kam nach Tegel, leitete dort von 1985 bis 1988 die Geschicke der größten deutschen Gefangenenzeitung »Lichtblick«, der seit dem 25. Oktober des turbulenten Jahres

1968 erscheint, gemacht von Häftlingen der JVA Tegel. Es ist ein vier bis sechs Mal jährlich erscheinendes Magazin, für das es im Strafvollzug der Bundesrepublik Deutschland kein vergleichbares Blatt gibt. Im Impressum ist ausdrücklich vermerkt: »Eine Zensur findet nicht statt.« Die »Lichtblick«-Redaktion bescheinigte anlässlich des 40-jährigen Bestehens den Anstaltsleitern »ihre schützende Hand über die Redaktion gehalten und den Status ›unzensiert‹ (fast immer) eingehalten« zu haben. Die Auflage von rund 7000 Exemplaren findet bei den Gefangenen, aber auch unter Interessierten außerhalb der Gefängnismauern reißenden Absatz. »Der Lichtblick« finanziert sich neben einem festen Budget von Spenden.

Auch Gähner hatte »seine« Familiengeschichte. Sein älterer Bruder Ulrich war West-Berliner Landeschef des Bundes Deutscher Kriminalbeamter.

In eigenwilliger Art waren sie beide exponierte Spezialisten in Fragen des Strafvollzuges. Über den programmierten »Bruderkrieg« war im Mai 1991 – nach dem Tod Ulrich Gähners – im Sender Freies Berlin ein pointierter Nachruf zu hören: »Ulrich Gähner war ein Scharfmacher. Er forderte härtere Strafen, rigoroses Durchgreifen, er war für grobe Methoden der Verbrechensbekämpfung. Ulrich Gähner war ein Verbalradikaler, er stand rechts draußen. Der Polizist Ulrich Gähner hatte es nicht leicht, denn sein gewitzter Bruder Michael stand auf der anderen Seite des Gesetzes bzw. er saß als Häftling jahrelang in Tegel …«

Für Klauspeter, der schon allein körperlich eine weit weniger auffällige Erscheinung war, bedeutete die Freundschaft zu Gähner eine gewisse Sicherheit, um in der erbarmungslosen Gefängnishierarchie nicht unterzugehen. Aber die gemeinsame Zeit war limitiert. Für Gähner nahte bereits das Ende seiner Haftzeit. Als Klauspeter 1990 in den Monaten des politischen Umbruchs für Schlagzeilen im sich vereinenden Berlin sorgte, hatte sich Gähner schon wieder in der Freiheit und in einer Wohnung am Steglitzer Hindenburgdamm eingerichtet.

»Dreifacher Mörder verschwand aus der Strafanstalt Tegel«, so und ähnlich meldete am 23. Mai 1990 die Berliner Tagespresse über eine unglaubliche Flucht. Klauspeter Pohl war entkommen, auf eine gewitzte Art, die die Anstaltsleitung sprachlos machte. Relativ unbeholfen wirkten die ersten Reaktionen der Verantwortlichen: »Die Justiz vermutete zunächst nur, dass Pohl sich in einer Transportkiste auf einem Lkw versteckt hatte und so entkam«, so wurden die Erklärungsversuche in der Presse kolportiert. Den Lesern wurde nur verraten, dass der Entkommene »in einem der Betriebe innerhalb der Strafanstalt« gearbeitet habe und dabei »auch mit Ladearbeiten zu tun« hatte. »Die in der Strafanstalt hergestellten Produkte, in diesem Fall von Osram, werden mit Lastwagen abtransportiert ... Als ein Gefangener die Aufseher gegen Mittag darauf aufmerksam machte, dass Pohl ›weg‹ sei, wurde, wie in solchen Fällen üblich, gezählt.« Damit war es amtlich: Klauspeter war und blieb verschwunden.

Als er 1986 hinter Gitter gekommen war, gab es in Berlin noch eine Grenze, die als unüberwindlich galt und die ein Entkommen aus der West-Berliner Halbstadt ziemlich unmöglich erscheinen ließ. Die Entwicklung der letzten Monate vor seiner Flucht hatte Klauspeter gar nicht realisiert. Wie leicht es nun war, die nur noch pro forma bestehende deutsch-deutsche Grenze zu passieren, dazu reichte seine Vorstellungskraft offensichtlich nicht aus. Immerhin, in der Kiste, in der er so problemlos die Gefängnispforte hinter sich gelassen hatte, kam er einige Kilometer weit. Dann hielt der Lastwagen auf einem Betriebshof in der Lindower Straße im Bezirk Wedding. Der stabile Karton, in dem er in die Freiheit gefahren war, war zugeklebt und kaum als Fluchtversteck auszumachen. Klauspeters Bruder Matthias selbst hatte das Klebeband um den Karton gewickelt. Mit einer scharfen Klinge ausgerüstet, konnte Klauspeter den Karton von innen vorsichtig aufschlitzen. Ohne bemerkt zu werden, sprang er vom Lkw und schlich sich vom Firmengelände. Zu diesem Zeitpunkt war in Tegel noch nicht einmal Alarm ausgelöst worden.

Der Pressesprecher der Justizverwaltung gibt am selben Abend bekannt, man habe in Pohls Zelle einen Brief gefunden, in dem er seine »aussichtslose Situation« schildere. Es könne sich dabei um einen »angefangenen Abschiedsbrief« handeln. Die Sorge, der Flüchtige könne Selbstmord begehen, stellt sich als überflüssig heraus. Aber einen Plan für die neu gewonnene Freiheit hat er auch nicht.

Er irrt durch den Tiergarten und übernachtet auf dem Dach einer Rampe im Hof des Metropol-Theaters am Nollendorfplatz, seiner alten »Heimat«. Später erzählt er, wie er dort beobachten konnte, dass die Kripo nach ihm suchte. Tagsüber versteckt er sich in der anonymen Masse der Besucher des Katholikentages, der gerade in West-Berlin stattfindet. Dort schnorrt er sich etwas Geld für Essen und trifft nach einer telefonischen Verabredung seinen alten Freund Michael Gähner.

Gähner sieht sich vor eine schwierige Aufgabe gestellt. Er ist überzeugt, wenn er Klauspeter nicht wieder hinter Schloss und Riegel bekommt, gibt es Tote. Zunächst nimmt er den Flüchtigen zu sich mit nach Hause, macht ihm hier seine aussichtslose Lage klar, versucht aber, ihm eine goldene Brücke zu bauen. Er könne seinen Frust über die Drogensituation in der Haftanstalt öffentlich loswerden. Klauspeter willigt ein.

Es ist später Nachmittag des 24. Mai, als Gähner einen Reporter des SFB verständigt. Zwei freie Mitarbeiter des Senders und ein Kameramann machen sich auf den Weg. Man trifft sich in Gähners Wohnung. Am Abend findet das Gespräch vor der Kamera statt. Pohl erhebt in dem Interview vor allem gegen einen Mann der Gefängnisleitung schwere Vorwürfe. Es ist der

Leiter der Teilanstalt III. Das Tegeler Gefängnis untergliedert sich in sechs Teilanstalten. Die Teilanstalt III gehört zu jenem Bereich, der vor fast einem Jahrhundert im Sommer 1898 in Betrieb genommen worden war und immer noch jene Aura versprüht, die früher mit »Zuchthaus« beschrieben wurde. Der Teilanstaltsleiter befindet sich zu diesem Zeitpunkt gerade im Urlaub. Klauspeters gespanntes Verhältnis zu diesem Mann ist bereits bekannt und wird als so signifikant eingeschätzt, dass der Beamte sofort nach dem Verschwinden des Häftlings an seinem Urlaubsort unter Polizeischutz gestellt wird. Der Justizbeamte soll angeblich die Gefangenen mit Drogenproblemen – zu denen Pohl zählt – aufgefordert haben: »Tun Sie doch rein!« Das sollte heißen, Gefangene unter Drogeneinfluss gelten als pflegeleichter. Klauspeters Ausführungen zwingen in den folgenden Tagen sogar die sozialdemokratische Justizsenatorin Jutta Limbach, zum Drogenproblem in Tegel öffentlich Stellung zu nehmen. Selbstredend nimmt sie ihre Leute in Schutz.

Zu den Versorgungswegen der Häftlinge befragte Ex-Insassen gaben 2010 Auskunft: »Angehörige bringen an den Besuchstagen Geld und kleinere Gegenstände. Das meiste wird im Genitalbereich geschmuggelt. Im verspiegelten Besucherraum sind acht Tische, nur ein Schließer. Drogen, Alkohol, Handys kommen über Bedienstete und vor allem zivile Angestellte in die Anstalt.«

Nach dem ausführlichen Interview Klauspeters während der Flucht – das am kommenden Tag in der SFB-Abendschau gesendet wird – verständigt Gähner den Tegeler Anstaltsleiter und kündigt die Rückkehr Pohls zu später Stunde in der JVA an. Begleitet von Gähner, einem Rechtsanwalt und dem TV-Team, wird Pohl zur Haftanstalt gebracht. Kurz vor Mitternacht trifft er an der Pforte des Gefängnisses ein. Auch der Anstaltsleiter ist noch einmal gekommen, um den Ausbrecher – den die Polizei nicht zu fangen vermochte – in Empfang zu nehmen.

Klauspeter verschwindet in der Empfangsschleuse und ist wieder hinter Gittern. Die Zeitungen für den kommenden Morgen sind schon gedruckt. Erst am darauf folgenden Tag wird über die Rückkehr berichtet: »Der Mann aus der Kiste ist wieder da.« Eine zweitägige Eskapade ist damit beendet.

Aber Klauspeter verspürt wenig Lust, noch mehr als eineinhalb Jahrzehnte hinter diesen tristen Mauern zu verbringen. Zweieinhalb Monate nach seiner Kurzflucht wählt er den offiziellen Weg. Er setzt sich an die Schreibmaschine und formuliert auf drei Seiten ein Schreiben an die Justizsenatorin Limbach, in dem er ihr dargelegt, warum sie ihn laufen lassen soll.

Er erklärt der Senatorin schon im ersten Satz, er sei seit dem 16. Juli 1986 »in Polizeigewahrsam beziehungsweise in Haft«, weil er »unter nachgewiesener Heroineinwirkung drei Menschen getötet habe«. Damit stellt er gleich klar, nur vermindert schuldfähig zu sein. Trotzdem betont er sofort, er sei sich seiner Schuld »sehr bewusst und bereue dieses Geschehen von ganzem Herzen«, sei es doch auch für ihn eine Tat, die er »verabscheue« und die sein »ganzes Empfinden fast zerrüttet hat«, welches er »seinen Mitmenschen gegenüber aufbringe«. Sicher ein Satz, der Spielraum für Interpretationen lässt. Dann aber meint er, »es wäre weiß Gott niemals so weit gekommen«, hätte er »nicht am Heroin gehangen wie ein Egel am Wirtskörper«. Auch hier überlässt er es offensichtlich der Senatorin, zu entscheiden, ob nun dem Egel oder dem Wirtskörper die größere Schuld zukommt. Dann aber wird er konkret. »Die Taten, die ich erst nach den Jahren bis 1989 für mich persönlich verarbeiten konnte, haben aus mir einen Menschen gemacht, der diesbezüglich in seiner Reife einem Gleichaltrigen und älteren gewiss um Jahre voraus ist und dem die soziale Feinfühligkeit und dem Verständnis, um ein solches Gefühl zu begreifen, nicht abhandengekommen ist, sondern sich sogar verstärkt hat.« Der ondulierte Satzbau kann kaum darüber hinwegtäuschen, dass er offensichtlich hiermit sagen wollte, er hätte durch die Morde zu einer besonderen Reife gefunden. Dann betont er, dass er »der Versuchung widerstanden« habe, mit dem – wie er es formuliert – »mir todbringenden Gift (Heroin)« wieder in Berührung zu kommen. Todbringend war das Gift wohl in erster Linie für andere. Er stellt klipp und klar fest: »Ich bin mein eigener Therapeut gewesen ...« Und er fragt die Senatorin: »Wie kann ich in diesem Gefüge unter Beweis stellen, dass ich niemals auch nur mehr den Gedanken hegen werde, nochmalig einem Mitmenschen Gewalt anzutun, um mein Verlangen nach Materiellem oder etwas anderem zu stillen?« Dann bittet er – vier Jahre nach den Morden – um »die Chance«, die er zwar nicht ganz genau beschreibt, die aber unschwer als Entlassung aus dem Gefängnis zu deuten ist. Auf diese Einlassungen könnte man wohl am besten mit einem Zitat des Romanciers Tennessee Williams antworten: »Alle grausamen Leute beschreiben sich als Muster von Ehrlichkeit.«

Klauspeter bleibt hinter Schloss und Riegel, sorgt aber weiter für Wirbel. An dem jedoch die Anstaltsleitung auch ein gerüttelt Maß an Mitschuld trifft. Nach seiner gescheiterten Begnadigung dient er sich dem Sicherheitsverantwortlichen der JVA Tegel an – und belastet denjenigen, den er noch vor kurzem als einen seiner besten Freunde hochgehalten hatte: Michael Gähner.

Gähner blieb auch nach der Entlassung aus der Haft den Menschen hinter Gefängnismauern treu. Er arbeitet als Referent für die Berliner Aids-Hilfe und macht missliche Zustände für die Inhaftierten öffentlich, vor allem die Drogensituation. In den Gefängnissen in Berlin und dem Umland ist er ständiger Gast. Er kennt sich aus, und seine Stimme wird draußen gehört. Schon kurz nach seiner Haftentlassung hatte er in einem Rundfunk-Interview ein Tabuthema angesprochen. Die Gefangenen hätten »zum Teil Angst, nach Tegel zu kommen«, denn im Endeffekt würden »die Leute quasi völlig allein gelassen«. Dass »solch ein Mensch dann leicht in die Drogensucht verfällt, weil er mit seinen Problemen nicht fertig wird«, sei für ihn nachvollziehbar. Bis vor kurzem sei es noch undenkbar gewesen, »dass der Senat oder Mitarbeiter des Strafvollzugs davon sprachen, dass es Drogenprobleme im Strafvollzug gibt«. Inzwischen müssten alle Strafvollzugsbehörden zugeben, »dass Drogen im Knast konsumiert werden«. Noch 1987 habe »sich der Tegeler Anstaltsleiter vor die Tür der Anstalt gestellt und gesagt, also bei uns gibt's das nicht, dass hier Beamte vielleicht Heroin mit reinbringen«. Ein halbes Jahr später hätten sie dann den ersten Vollzugsbeamten »mit 30 Gramm am Wickel« gehabt. Gähner zeigte sich überzeugt, dass im Tegeler Gefängnis »der Heroinhandel, der ganze Drogenhandel in irgendeiner Form mit Beamten zusammenarbeiten muss«.

Das gefiel nicht jedem, der mit der Verwahrung von Strafgefangenen betraut wahr. Solche Kritiker wollte man sich liebend gern vom Halse halten. Dafür wurden Klauspeters Dienste wohlwollend in Anspruch genommen.

Pohl hatte Monate nach seiner freiwilligen Rückkehr nach Tegel zu Protokoll gegeben, seine Flucht sei bereits 1988 – als Gähner noch in Tegel einsaß – mit diesem verabredet worden. Gähner widerspricht den Anschuldigungen vehement. Dass sich die Justiz dennoch auf ein Verfahren auf Grundlage der Aussagen von Klauspeter einlässt, erscheint einigermaßen paradox. Die Anstaltsleitung in Tegel selbst ist es, die zu diesem Zeitpunkt Pohls Kontakt zur Presse unterbindet, da dieser völlig haltlose Anschuldigungen gegen sie vorbringe. Christoph Flügge, damals Referatsleiter in der Abteilung Justizvollzug bei der Justizsenatorin, seit 2008 Richter am Internationalen

Strafgerichtshof in Den Haag, scheut in jener Zeit nicht die Mühe, Journalisten persönlich zu empfangen, um sie von der Unglaubwürdigkeit Klauspeter Pohls zu überzeugen.

Dennoch sitzt Gähner am 25. September 1991 vor dem Moabiter Landgericht auf der Anklagebank. Beschuldigt der Beihilfe zur Gefangenenbefreiung. Aus Tegel wird als »Zeuge der Anklage« Klauspeter Pohl angekarrt. Die Inszenierung – die dazu führen sollte, nach einer Verurteilung Gähner per Hausverbot von Tegel und anderen Gefängnissen fernzuhalten – geriet zum Flop. Schon nach wenigen Minuten knickt Klauspeter Pohl ein und gesteht, dass die Anschuldigungen erstunken und erlogen sind.

Gähner hat für seinen ehemaligen Logiergast nur noch ein müdes Lächeln übrig, als der Staatsanwalt die Aufgabe der Verteidigung übernimmt und auf Freispruch plädiert.

Klausi aber rutscht auf der Leiter seiner Glaubwürdigkeit eine weitere Sprosse in den Keller. Die Rechtfertigung, er habe diese Aussage aus altruistischen Beweggründen abgegeben, um damit Hafterleichterungen für seinen Bruder Matthias zu erreichen, kauft ihm niemand mehr ab.

Matthias habe in der Haftzeit in Tegel – so erzählt seine Schwester – immer wieder versucht, aus dem Teufelskreis von Rauschgiftbeschaffen und -konsumieren herauszukommen. Unter Drogen gesetzt, war er vergewaltigt worden und wollte um keinen Preis in der Hölle von Tegel bleiben. Er schluckte Eisenstücke, um in das Krankenhaus Moabit verlegt zu werden. Die Hoffnung, später wieder nach Plötzensee zu kommen, erfüllt sich nicht. Mit einem 36-jährigen Mitgefangenen klettert Matthias in der Nacht vom 15. zum 16. Juli 1990 – rund sechs Wochen nach der Flucht von Klauspeter – auf das Dach der Tegeler Anstalt, um für bessere Haftbedingungen zu demonstrieren. Als Erster wirft der Ältere das Handtuch. »Zwei

Stunden später gegen 5.30 Uhr ergab sich auch … Matthias P. Er sprang in ein von der Feuerwehr bereitgehaltenes Sprungkissen«, heißt es dazu in einer knappen Pressenotiz.

Die Hintergründe der ganzen Sache zeigen ein widersprüchliches Bild. Denn Matthias Pohl hat sich indessen im Tegeler Gefängnis als Dealer etabliert. Ein offenbar einträglicher Job. Klauspeter selbst hatte während seiner Flucht preisgegeben, dass die Großdealer hinter Gefängnismauern monatliche Umsätze bis zu 40 000 DM erwirtschaften. Es ist ein lohnendes, aber auch gefährliches und bisweilen tödliches Geschäft. Matthias kann aus dem Gefängnis heraus seiner Mutter Geld zukommen lassen, damit ihn diese – selbst nahezu mittellos – mit Artikeln des täglichen Bedarfs versorgt.

In einem am 20. November 1991 angefangenen Brief an seine Mutter, der nie abgeschickt wurde, schildert Matthias seine Situation und die Drogenszene in Haus III des Tegeler Knastes. »Es ist mir auch unangenehm, wenn ›gestandene Mannsbilder‹ sich bei mir ausheulen und mich anbetteln«, malt er entwürdigende Szenen der Drogenabhängigkeit aus. »Hier bei mir in der ›Hütte‹ laufen so groteske Szenen ab, da fragt man sich, was in den Köpfen der Leute vorgehen muss. Kannst Du Dir beispielsweise vorstellen dass ein Mann, 47 Jahre alt, 211 cm groß, muskelbepackt, wie ein Schrank buchstäblich vor mir kniet und heult wie ein kleines Kind? Stolz und Würde haben die meisten schon beim 15.–20. ›Schuss‹ verkauft. Die meisten würden nicht davor zurückschrecken, ihre eigene Mutter zu verkaufen.« Gleichzeitig aber gesteht er: »Ich selbst habe das Zeug mal probiert … Ich wollte wissen, wie es ist, ich hab gedacht, wenn so viele Leute für dieses Zeugs geradezu ihr Leben ›wegwerfen‹ muss es, kann es doch nur ›geil‹ sein, aber ich kann, Gott sei Dank, nichts aber auch gar nichts dafür empfinden, was dies lohnenswert oder gar Rechtfertigen könnte. Ich hatte vier Tage lang einen sogenannten ›Turkey‹, das heißt

Entzug, alles hat mir wehgetan, ich hab keinen Schlaf gefunden, Schüttelfrost hat sich mit Wahnvorstellungen und Fieber abgewechselt. Ich konnte nichts essen, musste dennoch laufend erbrechen ... Ich wünsche das niemandem ... Diesen physischen Entzug hatte ich miterlebt und hinter mich gebracht, aber wohl noch schlimmer muss der psychische Entzug, der mir absolut erspart geblieben ist, sein.«

In dem siebenseitigen handschriftlichen Brief doziert er über die Lage im Gefängnis und lässt durchklingen. »Heroin baut nicht nur Hemmschwellen ab und drückt Komplexe und Probleme beiseite, sondern gibt den Leuten auch psychische Kraft und Selbstvertrauen. Die Leute (Fixer oder auch Junkies genannt) sind völlig verändert, sind gelöst, lustig und bequem, (gerade durch diese Bequemlichkeit wird seitens der Anstalt der Handel hier zwar nicht direkt gefördert, aber mit Wohlwollen geduldet! – Wenn die Leute ›zu‹ sind, herrscht Ruhe, keiner hat Lust, irgendwelche Dummheiten zu machen!) ...« Matthias hat den Brief nie abgeschickt, vielleicht noch nicht einmal vollendet, denn es fehlt auch jeglicher Gruß am Ende.

Minutiös schildert er die »Spiele« der Junkies im Gefängnis, die dem Tod ins Auge schauen wollten. Es geht um Heroin, das mit dem Rattengift Strychnin gepanscht wird und dem Häftlinge bereits zum Opfer gefallen waren. Die Erkenntnis des Paracelsus »Alle Dinge sind Gift, und nichts ist ohne Gift; allein die Dosis machts, dass ein Ding kein Gift sei« traf natürlich auf das Rauschgift zu: »Alle wussten von der Giftigkeit, aber was auch alle wussten, war, dass es auf die Dosis ankam! Der ›Dealer‹ machte daraus winzige ›Päckchen‹, und ein Fixer, welcher im wahrsten Sinne des Wortes lebensmüde war (ihm war alles egal, er scherzte noch und sagte, wenn, dann soll es wenigstens schnell gehen!), setzte sich den ›Schuss‹ und fiel prompt in sich zusammen. Die bereitliegende Spritze mit Kochsalz (hebt die Wirkung vom Heroin auf und neutralisiert es) wurde ihm sofort von zwei Leuten gesetzt und er kam auch wieder zu sich. Das Erste, was er sagte, war: ihr Idioten, das war absolut geil! Die Dosis wurde noch mal verringert und ein anderer, ganz schlauer, setzte sich die Nadel und drückte sich erst die Hälfte und wartete, die Nadel noch im Arm, auf das, was passieren würde. Der Turn soll wohl wie ein Flash, d. h. von einer Sekunde zur anderen ›richtig geil‹ gekommen sein. Als er so ›angegeilt‹ war, wollte er natürlich mehr und spritzte sich den Rest und kippte genauso um wie der andere.

Wieder wurde schnell Kochsalzlösung in die Vene eingeführt, aber nicht abgedrückt! Die drei Leute, die dabei waren, setzten sein Leben einfach aufs Spiel und warteten ab, wollten, falls er aufhört zu atmen, abdrücken und ihn so (nach dem Motto: Das werden wir schon schaffen) falls nötig ins Leben zurückzuholen.

Der Typ hatte ›Glück‹, er brauchte die Salzlösung nicht, nach etwa 15 Minuten kam er wieder zu sich und berichtete, die ›geilste Abfahrt‹ seines Lebens gehabt zu haben. Es wurden also ›korrekt dosierte Päckchen‹ gemacht, und als die Nachricht der ›geilen Abfahrt‹ die Runde gemacht hat wurde der Dealer auch viele von seinen ›Roulette-Päckchen‹ wie sie hier im Haus genannt wurden (wohl vom russischen Roulette abgeleitet) los, trotzdem alle wussten, was los war! Stell dir das vor, die meisten waren begeistert! Bis am nächsten Tag gegen Nachmittag wieder einer draufgegangen ist. Das ganze Haus bekam Einschluss, und der Zoll kam mit Hunden. Das Heroin wurde gefunden und wohl auch analysiert, aber in den Zeitungen stand davon wieder mal nichts …«

Abscheu oder schöner Nervenkitzel? Der beklemmende Report von Matthias Pohl bekommt seine Steigerung dadurch, dass man den Verfasser, eine Woche nachdem er den Brief zu schreiben begonnen hatte, leblos in seiner Zelle Nr. 357 im Haus III C 3 findet.

Der beherrschende Großdealer im Haus III ist Lars Wittkugel, der die Nachfolge des »allmächtigen« Drogenbosses von Tegel, Hayel Khashroom, angetreten hat. Lars war für einen klitzekleinen Augenblick ein West-Berliner Held gewesen, als am 14. Juli 1977 die Zeitungen über eine spektakuläre Aktion berichteten. »Ein Mann im Zelt – er hungert für die Liebe«, titelte ein Boulevard-Blatt und ergänzte: »Protest-Aktion eines 23-jährigen Westberliners am Checkpoint Charlie gegen die Willkür der SED-Behörden.« Medienwirksam richtete Wittkugel seine Forderung gen Ost-Berlin: »Lasst meine Braut und mein Kind endlich frei!« Er fand sogar Gehör im Bundestag. Aber das mit der Freiheit war für ihn so eine Sache. 1986 gewann er einen Rundfunk-Preis für Kurzkrimis. In der Laudatio wurde ausdrücklich vermerkt, dass ein Strafgefangener der JVA Tegel die Meriten erhalten habe. Räubereien hatten den Mann vom Checkpoint Charlie hinter Gitter gebracht. Dorthin, wo die ganz schweren Jungs eingesperrt waren. Auch dort also hatte Lars Wittkugel offensichtlich ein sicheres Händchen, sich in den Vordergrund zu spielen.

Bei Lars, »der zu den maximal fünf Königen des Drogenhandels in Tegel zählt«, wie Klauspeter vermerkt, habe Matthias' Passmann – so bezeichnen die Gefangenen ihren engsten Partner – 2400 DM Schulden gehabt.

Am 27. November – einen Tag vor Matthias Pohls tödlichem Schuss – sei dieser Passmann »von seiner Schwester mit 25 Gramm Heroin versorgt« worden. Der habe dann versucht – ein Sakrileg in den Knast-Spielregeln – »einen Deal auf eigene Kappe« durchzuziehen. Es kam zu einer Aussprache zwischen Pohl, seinem Passmann und einem weiteren Dealer. Es wird beschlossen, den Passmann aus dem Geschäft rausfliegen zu lassen. Hinter Matthias' Rücken aber einigen sich die anderen beiden. Das ist sein Todesurteil.

Eine Überdosis Heroin soll ihm zum Verhängnis geworden

sein. Aber die Geschichte hat mehrere Haken. Jemand, der sich den »goldenen Schuss« setzt, ist nicht mehr in der Lage, die Spritze abzuwaschen. Im Fall von Matthias Pohl aber liegt das Spritzbesteck gereinigt am Rand des Waschbeckens. Das ergibt nur einen Sinn, wenn ein anderer seine Spuren beseitigen wollte. Zweiter Punkt bei den Ungereimtheiten ist die Zellentür, die von außen verriegelt war. Damit zeigen die Häftlinge normalerweise an, dass sie nicht in der Zelle sind.

Matthias' Bruder Klauspeter beschreibt in einem Interview für das Hörfunk-Magazin »Pulp« seine Sicht der Dinge: »Soviel ich rausgekriegt habe, hat Matthias von seinem früheren Passmann ... einen Druck«, eine aufbereitete Dosis Heroin, bekommen. Dieser »kam rein in seine Zelle, ›Komm, ich will dir was ausgeben!‹ Matthias hat nichts gehabt, hat Ja gesagt, dann ist er rausgerannt, hat sich eine Pumpe besorgt.« Mit Pumpe ist eine Spritze gemeint. Sein Passmann habe »in der Zeit aufgekocht, das Dope, das er dabei hatte und auch ausgeben wollte.« Unter Dope versteht man in der Drogenszene jedwede Art von Rauschgift.

»Matthias kam wieder mit der Pumpe, hat das Dope aufgezogen und selber versucht, sich den Druck zu setzen, ist zweimal abgerutscht« und habe dann seinen Passmann gefragt, »ob der ihm den nicht machen könnte«. Klauspeter räumt ein, es könne auch so gewesen sein, dass der Passmann »gesagt hat: ›Soll ich dir den nicht machen, das ist einfacher‹, weil Matthias nervös war.« Der habe ihm dann den Schuss gesetzt. »Zu dieser Zeit waren insgesamt drei Leute in der Zelle«, meint Klauspeter. Einer sei rausgegangen, kurz nachdem der Passmann Matthias den Dope gesetzt habe. Nach dem, was Klauspeter in Erfahrung bringen konnte, ist Matthias nach diesem ersten Schuss zusammengebrochen. Der Passmann habe dann »noch eine Pumpe gefüllt, noch mal einen Löffel aufgekocht« und »Matthias den zweiten Druck gesetzt«. Anschließend müsse

dieser »die Pumpe abgewaschen« und »ins Waschbecken ge-
schmissen haben«. Matthias lag da schon leblos in der Zelle.
Der Passmann habe das nicht gemeldet, sei rausgegangen,
habe den Riegel vorgeschoben und ihn liegen lassen.

Klauspeter weiter über das, was ihm zum Tod seines Bruders
zu Ohren gekommen ist: »Das war gegen 16 Uhr. 17 Uhr ist in
Haus III normaler Einschluss. 17.15 Uhr kam dann mal ein Beamter auf die Idee, in die Zelle zu gucken, und hat ihn da gefunden. Dann wurde der Haussani geholt, der kam etwa 10 Minuten
später und hat mit Elektroschocks versucht, Matthias wieder ins
Leben zurückzuholen, was dann auch gelungen ist. Dabei sind
die Körperfunktionen zwar wieder gelaufen, aber das Gehirn
hat schon keinen Sauerstoff mehr gehabt. Offiziell bekam ich
gesagt, am Donnerstagabend um 21.50 Uhr vom Teilanstaltsleiter III, dass Matthias wegen einer Überdosis im Krankenhaus
liegt und wahrscheinlich stirbt. An der Herz-Lungen-Maschine
wird er im Humboldt-Krankenhaus bis Samstagabend am Leben erhalten. Dann setzt die Herztätigkeit aus«, berichtet Klauspeter und erzählt weitere Details.

Ihm war bekannt, dass sich im Bett von Matthias ein »Bun-
ker«, ein Drogenversteck, befunden habe. Matthias hätte mit
diesem und jenem gehandelt und auch gedealt. In diesem Bun-
ker wird wohl auch das von besagtem Lars gelieferte und vom
Passmann aufbereitete Rauschgift gelagert worden sein, mut-
maßt Klauspeter. Bevor gegen fünf Uhr nachmittags ein Beamter Matthias leblos findet, sei das Bett ausgetauscht worden,
ist sich Klauspeter sicher: Die Spuren des Giftes sollten besei-
tigt sein.

Dreieinhalb Jahre nach dem nicht völlig geklärten Tod von
Daniel stirbt der zweite Pohl-Sohn im Gefängnis unter dubi-
osen Umständen. Den Fall einfach zu den Akten legen, das
wollte man wohl in Tegel Gefängnis doch nicht riskieren.
»Ist in der Justizvollzugsanstalt Tegel ein Häftling von Mitge-

fangenen ermordet worden? Justizsprecherin Jutta Burghart bestätigte ... auf Anfrage Informationen ..., wonach bei der Staatsanwaltschaft des Landgerichts ein Ermittlungsverfahren zur Prüfung eines entsprechenden Verdachts anhängig ist«, meldete eine Berliner Tageszeitung fast zwei Monate nach Matthias' Tod. Die Ermittlungen führten jedoch nicht zu Ergebnissen, das Verfahren wurde am 24. Juli 1992 eingestellt.

Marianne Pohl beauftragte Anfang 1992 Rechtsanwalt Dr. Wilfried Manthey, sich um Aufklärung in diesem Fall zu bemühen. Dieser beantragt mehrfach bei der Staatsanwaltschaft Akteneinsicht, bleibt aber ohne Erfolg. Mit welcher Energie er das Mandat wahrnahm, ist schwerlich zu beurteilen. Dabei ist Manthey tatsächlich ein Spezialist in Sachen »ungewöhnliche Todesfälle in Haftanstalten«.

Als Manthey im April 2008 im Alter von 68 Jahren stirbt, hinterlässt er eine lange Liste dubioser Vorgänge. Er war ein Mann der Selbstinszenierung, für den das Anwaltshonorar nicht nebensächlich war. Es waren ihm viele Mittel recht, um an sein Ziel zu kommen.

Da war zum Beispiel der Selbstmord des Yassar Kaymaz. Ein junger Türke, dem 1987 ein Raub zur Last gelegt worden war. Das Urteil in dieser Sache lautete auf 26 Monate Jugendstrafe. Im März 1990 wurde Kaymaz auf Bewährung entlassen. Schon vier Wochen später, am 19. April, klicken in der Empfangshalle des »Hotel Berlin« bei ihm und seinen beiden Freunden Cemal und Igor wieder die Handschellen. Die drei Festgenommenen sollen sich »des bandenmäßigen Betäubungsmittelhandels« schuldig gemacht haben. Bis zuletzt beteuerte Yassar Kaymaz seine Unschuld. Er schwört Stein und Bein, nur aus Kameradschaft zu diesem Treffen mitgekommen zu sein. Bei dieser Begegnung sollte den Ermittlungen zufolge etwa ein Kilo Heroin den Besitzer wechseln. Die Dreierbande fliegt auf, Kaymaz und die anderen kommen in Haft. Er wird von der Spezialabteilung für die Bekämpfung der Organisierten Kriminalität bei der Staatsanwaltschaft »weichgekocht«. »In der Hoffnung, an die Hintermänner zu kommen«, heißt es in einer Rundfunkdokumentation zu dem Fall, »und eine große Zahl von Straftaten aufzuklären, versuchte die Staatsanwaltschaft, den Mitläufer Kaymaz zu veranlassen, sein Wissen über Straftaten der Komplizen preiszugeben. So manövrierte sich der sensible und suizidgefährdete Yassar Kaymaz in eine ausweglose Lage.« Dann erfährt er, dass es ein leeres Versprechen war, ihn nach der Beichte schnell wieder auf freien Fuß zu setzen. Am 4. Juli 1990 liegt Kaymaz tot in seinem Bett.

Wie durch eine besondere Fügung hatte es sich ergeben, dass sich Kaymaz mit der West-Berliner Unterweltgröße Karl-Heinz Brennecke (einem der besten Mandanten von Rechtsanwalt Manthey) ein Zimmer im Haftkrankenhaus teilen musste. Brennecke, für den der Aufenthalt hinter Gitter kein Novum ist, war Anfang April in U-Haft gekommen. Mit diversen Zipperlein schafft er es auf die Krankenstation und teilt mit dem jungen Türken das Zimmer. Der begeht Selbstmord mit rund 100 Schlaftabletten. Dies werfe, so überlegen die Hörfunk-Dokumentaristen, die Frage auf: »Wie konnte der labile Yassar Kaymaz, der wegen Suizidgefahr im Krankenhaus der Untersuchungshaftanstalt lag, rund 100 Tabletten sammeln, um sich damit das Leben zu nehmen?«

Die Hintergründe des »Freitodes« werden verständlicher, wenn man in Betracht zieht, dass Yassar Kaymaz vor allem den Kopf der Dealergruppe, einen Mann namens Cemal Arslan, schwer belastete. Dieser Arslan war Mandant von Rechtsanwalt Manthey und hatte nach dem Ableben von Kaymaz nun weit weniger zu befürchten.

Viel später gaben Brennecke und Manthey – die es nach Kaymaz' Tod nicht an Bekundungen der Betroffenheit mangeln ließen – Teile ihres Geheimnisses preis. Manthey hatte wohl einen Mandantenbesuch bei Brennecke in der U-Haftanstalt Moabit genutzt, um diesem die einschläfernden Pillen zukommen zu lassen. Dieser überzeugte dann seinen Zimmergenossen davon, dass eine Verzweiflung in Form eines Suizidversuches schon »echt« aussehen müsse, wenn sie bei der Justiz Wirkung zeigen solle. Kaymaz nahm die Tabletten, wohl in der Annahme, dass sein Mithäftling schnell Hilfe holen werde, die ihm ein Weiterleben garantieren werde. Doch als Brennecke die Justizbeamten rief, war Kaymaz längst tot und Manthey eines lästigen Belastungszeugen gegen seinen Mandanten entledigt. Später meinte er in einem kleinen Kreis: »Beihilfe zum Selbstmord ist ja wohl nicht strafbar.«

Manthey galt als besonders virtuoser Strippenzieher. Vieles funktionierte nur im geübten Zusammenspiel mit Brennecke. Da gab es zum Beispiel den Fall Martin Schuster. Der 59-Jährige hatte seine Eltern, ein betuchtes Juwelierehepaar, ermordet, um an das Millionenerbe zu kommen.

Brennecke, Chef des exklusiven Etablissements »Xanadu«, kannte Schuster bestens. So war er schon an den mörderischen Überlegungen seines Kunden beteiligt, bevor dieser im Oktober 1987 gegen seine betagten Eltern zur Tat schritt. Als Eingeweihter entlockte er dem Doppelmörder nach der Tat ein Geständnis. Ein Tonband läuft mit, als sich die beiden nach dem Mord auf einem Friedhof treffen. Brennecke schlüpft in eine ganz andere Rolle und verdeutlicht Schuster die Ausweglosigkeit seiner Lage. Er besorgt dem in die Enge Getriebenen rechtlichen Beistand; Manthey kommt ins Spiel. Dieser begleitet Schuster zur Mordkommission und überredet ihn zum Geständnis, macht ihm aber Hoffnung, mit Totschlag in einem minder schweren Fall davonzukommen. Anschließend übernimmt er dessen Verteidigung. Die Rechtsauskunft für seinen Mandanten entbehrte zwar jeder juristischen Grundlage, aber nichts sollte dem Zufall überlassen werden. Bereits zuvor hatte

Brennecke – als die polizeiliche Fahndung noch auf Hochtouren lief – dem Heilpraktiker Schuster empfohlen, ein Kopfgeld für die Ergreifung des Mörders auszusetzen. Damit sollte eine falsche Fährte gelegt werden. Da er später tatsächlich derjenige ist, der den Hinweis auf den Täter geben kann, kassiert der clevere Bordellchef dann die Prämie von Schuster konsequenterweise selbst. Stets mit sachkundiger Unterstützung seines Anwalts.

Der Prozess gegen »Matty« Schuster geriet zu einem großen Auftritt für Brennecke und Manthey und einem Spektakel für die Boulevard-Presse. Manthey konnte nicht – wenn er es denn gewollt hatte – verhindern, dass Schuster lebenslänglich hinter Gittern verschwand.

Mehr als einmal in seiner Anwaltskarriere brauchte Manthey selbst einen Verteidiger. Mehrfach saß er selbst auf der Anklagebank, kam aber meist mit einem blass-blauen Auge davon.

Zur Aufklärung des rätselhaften Todes von Matthias Pohl konnte er nicht beitragen. Man munkelte jedoch, dass seine stets guten Beziehungen zur Presse dem einen oder anderen Medienvertreter zu exklusiven Informationen verholfen haben.

Als im Sommer 1993 der private Fernsehsender RTL wieder einmal das Modethema »Mafia« unter dem Titel »Tödliche Macht…« ins Programm genommen hatte, zeigte sich Michael Gähner sichtlich erbost. Inzwischen freier Autor, veröffentlichte er mit dem Kürzel »gäh« weiterhin im »Lichtblick«. Die Sendung, die nicht den Hauch eines Beweises für die Macht der Mafia in unseren Breitengraden erbrachte, bezeichnete Gähner als »Schmarren von RTL!«

In dem Bericht ging es auch um die drei Brüder Pohl. Und Gähner stellte fest: »Was die nun allerdings mit der Mafia zu tun haben sollen, ist nicht nachvollziehbar.«

Nachdem die Ermittlungen zum Tod von Matthias Pohl zunächst eingestellt worden waren, da keine Anhaltspunkte für ein Fremdverschulden erkennbar gewesen seien, wusste Gähner im Sommer 1993, dass zwischenzeitlich »in diesem Verfahren die Ermittlungen erneut aufgenommen worden sind. Der ›Lichtblick‹ vertrat seinerzeit schon die Meinung, dass bei diesem Tod nicht alles mit rechten Dingen zugegangen ist. An dieser Meinung hat sich bei uns bis heute nichts geändert«, unterstreicht Gähner, der über viel Insiderwissen verfügt. Als »Ausbund an Geschmacklosigkeit« empfand er es in dieser Sendung, »Obduktionsbilder im Fernsehen zu veröffentlichen, die Matthias mit völlig aufgeschnittenem Bauch auf dem Obduktionstisch zeigten«.

Unausgesprochen blieb die Frage, ob sich ein Anwalt per Akteneinsicht Zugang zu den Fotos verschafft haben konnte.

Bereits am 29. November 1991 – als Matthias noch im Krankenhaus künstlich am Leben erhalten wurde – hatte Klauspeter in dieser Sache Strafanzeige gestellt, die er am 6. Dezember 1992, nach dem Tode von Matthias, noch erweiterte. Sie richtete sich gegen Bedienstete der JVA Tegel und die beiden mutmaßlichen Tatbeteiligten. Am 24. Juli 1992 erhielt er die Antwort des federführenden Staatsanwaltes, der ihm mitteilte, dass er »das Verfahren mangels hinreichenden Tatverdachts« eingestellt habe. Seine Ermittlungen hätten »keine Anhaltspunkte für eine (Mit-) Verantwortlichkeit eines konkreten JVA-Bediensteten am Tode Ihres Bruders ergeben.« Die im Zuge der umfangreichen Ermittlungen, so führte der Staatsanwalt wortreich aus, »gewonnenen Zeugenaussagen stellten sich durchweg als Angaben von Zeugen vom Hörensagen dar. Angaben von Tatzeugen liegen nicht vor.« Das war zu erwarten, denn es waren ja nur zwei mögliche Täter im Gespräch, die die kaum als Zeugen infrage kamen. Das gesteht auch der Staatsanwalt, indem er Klauspeter ausdrücklich erläutert, dass die Beschuldigten vor seiner Anzeige bei einer »Vernehmung als Zeugen eine Tatbeteiligung am Tode Ihres Bruders bestritten«. Kurz und bündig, die Täter sind nicht geständig, Zeugen nicht vorhanden – Aktendeckel zu. Ein bezeichnendes Licht fällt durch diesen Vorgang auf Justiz und Strafvollzug.

An dem Tag, an dem Matthias Pohl mit der Überdosis Heroin im Blut gefunden wurde, hatte ein Berliner Rechtsanwalt ein Schreiben an den Leiter der Teilanstalt VI der JVA Tegel diktiert. Der Advokat zeigte an, dass er einen Häftling mit Namen Klaus Arnsberger vertrete. Dann schildert er einen Vorgang, der zur Beunruhigung Anlass gebe und Maßnahmen erfordere.

Sein Mandant habe ihm mitgeteilt, »dass er infolge eines Vorkommnisses am 20. November 1991 gegen 11.45 Uhr, sowohl seine Tätigkeit als Hausarbeiter eingebüßt hat, als auch beabsichtigt ist, ihn innerhalb der Justizvollzugsanstalt Tegel in eine andere Teilanstalt zu verlegen«. Das wäre nun ein alltäglicher Vorgang, der kaum anwaltliche Mühen rechtfertigen würde. Aber der Mandant habe dem Advokaten im Einzelnen mitgeteilt, »dass am späten Vormittag des 20. November 1991 in seiner Haftzeit Bargeld in Höhe eines Betrages von 70 DM sowie vier kleine Päckchen mit Heroin aufgefunden wurden, wobei er angibt, dass ihm sowohl das Geld als auch die das Rauschgift enthaltenden Päckchen in der Zelle untergeschoben worden sind.« Hier geht es also um Tricks und Machenschaften, mit denen offensichtlich hinter Gefängnismauern gerechnet werden muss.

Was könnte der Grund für solche Intrigen gegen einen Mitgefangenen sein? Der Advokat wies »in diesem Zusammenhang ausdrücklich darauf hin«, dass sein Mandant »als Informant für die Kriminalpolizei im Zusammenhang mit dem Handel mit Rauschgiften tätig ist«, ohne sich davon »Vorteile im Hinblick auf Erleichterungen beim Strafvollzug oder eine

Verkürzung der Freiheitsstrafe verschaffen zu wollen«. Diese Dienste erklärten »allerdings, warum Mitgefangene dessen Verlegung oder das Ergreifen anderweitiger Maßnahmen, einschließlich solcher der Anstaltsleitung, gegen ihn wünschen«. Klaus Arnsberger bekennt immer wieder, dass er um sein Leben fürchtet.

Er wurde tatsächlich später in die Justizvollzugsanstalt »Schwarze Pumpe« im brandenburgischen Spremberg verlegt. Dort bekam er in der Folgezeit auch Ausgang. Arnsberger war wegen Betruges und einer Körperverletzung verurteilt. Drogen spielten bei ihm keine Rolle. Und dennoch: Am 29. August 1994 kurz vor Mitternacht wird Arnsberger von einer Polizeistreife im Berliner Grunewald entdeckt. Die Streife benachrichtigt als Erstes den Notarzt, der kann aber nur noch den Tod des 30-Jährigen feststellen. Der Notarzt-Einsatz hat jedoch zur Folge, dass die Kripo keine brauchbare Beschreibung der Auffindesituation besitzt. Es gibt lediglich die Aussage des Polizeibeamten, der den Toten fand und angibt, dieser habe eine Spritze in der Hand gehabt.

Zunächst sah also alles so aus, als habe ihn ein »normaler« Drogentod ereilt. Die Leiche wurde sogar freigegeben. In Gifhorn, wo die Ehefrau und Witwe lebt, bereitete man die Bestattung vor. Während der Leichnam auf dem Transport von Berlin dorthin unterwegs war, kamen jedoch erhebliche Zweifel an einem »ganz normalen Btm-Tod« (Btm steht für Betäubungsmittel und meint umgangssprachlich Drogen) auf. Die Staatsanwaltschaft verfügte eine Beschlagnahme der Leiche und eine erneute Obduktion. Resultat: Die festgestellte Heroinmenge hätte für den Tod nicht ausgereicht. Äußerliche Gewaltspuren aber waren nicht zu erkennen.

Die Ungereimtheiten gehen noch weiter: Zum Zeitpunkt seines Todes hätte Arnsberger sich – wollte er nicht leichtfertig seine Vollzugslockerungen gefährden – längst wieder in der

JVA zurückmelden müssen. Überhaupt gibt es keinen Grund, weshalb er an diesem Tag nach Berlin fuhr. Arnsberger hatte als Freigänger eine Stelle als Maler in Cottbus erhalten. Suizid-Anzeichen lassen sich nicht erkennen. Er hatte den nächsten Tag bereits normal verplant.

Hinzukommt: Arnsberger war nicht heroinabhängig. Die typischen Anzeichen für einen Fixer fehlen völlig. Ein Dealer für Arnsberger konnte nicht ausgemacht werden. Der Tod des Klaus Arnsberger wird trotzdem kein Fall für die Mordkommission, die örtliche Kripo muss sich der Sache annehmen. – Der ermittelnde Kripo-Beamte meinte salopp, aber offen: »Die Sache stinkt an allen Ecken und Enden, aber wir können den Gestank nicht lokalisieren.«

Im Nachlass von Arnsberger finden sich diverse Notizen. Ein kurzer Eintrag bezieht sich auf den Tod von Matthias Pohl: »Pohl stirbt an Überdosis! Auftraggeber Nikolai Falk Haus VI, St. 7« Der Name dieses Nikolai war bis dahin noch nirgendwo ins Gespräch gebracht worden. Er hatte im August 1988 in Westberlin für Schlagzeilen gesorgt, als er für 500 DM »Anzahlung« einen Auftragskiller anheuerte, der seine 23-jährige Geliebte und den gemeinsamen zweijährigen Sohn bestialisch hinmetzelte. Im Mai 1989 war er dafür lebenslänglich hinter Gitter geschickt worden. Nikolai hatte also eine gewisse Erfahrung in Sachen Auftragsmord.

Sein Wissen um diesen Hintergrund des Todes von Matthias Pohl nahm Arnsberger mit ins Grab. Sicher zum Vorteil gewisser Leute.

***

In der JVA Tegel zählt Klauspeter Pohl indessen die Sekunden bis zu seiner Entlassung. 1994 errechnet er 377 Milliarden. So oft müsse der Sekundenzeiger noch weiterspringen, bis er im Jahr 2007 die Gefängnistore hinter sich lassen kann. Mit dem

Leben hinter den Knastmauern findet er sich nicht ab: »Die hier erzwungene Zeit des Wartens kostet so viel Energie, Kraft meines Lebens, so viel – für was?« Die Ungerechtigkeiten, von denen er glaubt, dass sie ihm widerfahren, haben von seinem Denken Besitz ergriffen.

Am 24. September 2001 besucht ihn der bekannte Kriminalist Stephan Harbort in der Haftanstalt. Harbort befasst sich mit dem Phänomen Serienmörder. Er lässt sich von Klauspeter die Situation während der Taten beschreiben. Harbort sieht in seinen Morden mehr als »nur« Beschaffungskriminalität eines krankhaft Drogenabhängigen.

»Die Schilderung seines dritten Mordes«, schreibt Harbort, »ließ eine fortschreitende innere Verrohung und Gleichgültigkeit erkennen: ›Das war sehr kalt, überlegt. Ich legte ihr meine Hand um den Hals. Das war der Kick. Wie in Zeitlupe. Ich habe gefühlt, wie die Lunge aufgehört hat zu arbeiten. Da fließt noch mal Urin. Kristallklar.‹ Er hatte das empfunden, was insbesondere sadistische Serienmörder auskosten: ›Macht zu haben‹. Es war demnach nicht nur die schlichte Gier nach ›Kohle‹, die ihn antrieb, sondern auch das pathologisch eingefärbte Verlangen, seelische und emotionale Fesseln zu sprengen, die eigene Bedeutungslosigkeit, das Nicht-Beachtet-Werden zu kompensieren. Dieses von Enthusiasmus, Euphorie und narzisstisch-autarkem Selbstempfinden getragene Hochgefühl war der zusätzliche ›Kick‹, den er sich verschaffte – zumindest bei seinen letzten beiden Morden. Begünstigt wurde diese ausgeprägte Kaltblütigkeit sicher auch durch seinen fortwährenden Drogenmissbrauch …«

Klauspeter Pohl, der mit seinen Morden zweifellos einen Machtwahn auslebte, opponiert innerlich gegen alle Zwänge im Gefängnisalltag. In einem Schreiben, das er Harbort zur Verfügung stellte, kehrt er seine Befindlichkeit nach außen: »Ich hasse es, dass sie mit dir machen können, was sie wollen.

Dass sie nach dem Gesetz für dich verantwortlich sind, es aber nicht berücksichtigen. Dass sie dich behandeln können, mit der Begründung, Sicherheit und Ordnung im Vollzug – wie sie wollen. Dass du dich ausziehen musst, dich bücken. Dir in den Arsch sehen lassen musst, dass sie dir in die Schnauze hauen können, wenn sie wollen. Dass sie darüber entscheiden, was du dir kaufst, wann und wie lange du telefonierst, wann und wie lange du Besuch haben darfst. Dass sie sich nicht an die Gesetze halten, es aber von dir verlangen. Und obwohl sie wissen, dass der Knast dich schädigt, lassen sie dich hier langsam vor die Hunde gehen.«

Der Mann, der sich zehn Jahre zuvor attestiert hatte, sich selbst der beste Therapeut gewesen zu sein, antwortet auf die Frage des Kriminalisten, was er denn machen wolle, wenn rauskomme: »Ich werde ein Atomkraftwerk in die Luft sprengen.«

Mit fast drohendem Unterton lässt er sich über die Haft aus: »Ich bin verbittert über diese Justiz, über diesen Staat, über die Leute, die sich einbilden, mit Knast und Gefangenschaft, mit Repressionen und Unterdrückung könnten sie einen Menschen ändern. Das Einzige, was hier erreicht wird, ist, dass ein jeder Gefangener, der hier viele Jahre seines Lebens verbringen muss, entweder psychisch zugrunde geht, moralisch-seelisch und geistig ›angeknackst‹ oder aber skrupelloser wie zuvor ist und wieder entlassen wird. Hier trägt dann wirklich ›der Mann von der Straße‹ den ›schwarzen Peter‹. Denn er ist am schnellsten das erste Opfer oder das schnellste mögliche Aggressionsventil. In diesen Menschen züchtet der Staat sich seine ›Zeitbomben‹.«

Und so kam es (wie es kommen musste?), dass der Berliner »Tagesspiegel« am 30. Juli 2008 einen Bericht mit »Eine tickende Zeitbombe …« überschreiben konnte. Ein gutes halbes Jahr zuvor hatte Klauspeter seine Strafe abgesessen und war entlassen worden. Nach über zwei Jahrzehnten Haft konnte er nicht auf ein Netz von Sozialkontakten zurückgreifen, das ihn beim Start in die Freiheit aufgefangen hätte. So zog er nach Hamburg. Dort wohnte in der Straße Am Exerzierplatz ein Rentner, mit dem er in den letzten Jahren seiner Haft in Kontakt gekommen war und seither in Briefwechsel stand. Bei ihm kam er nun unter und war dort einer Führungsaufsicht unterstellt. Die Führungsaufsicht hat Straftätern mit ungünstiger Sozialprognose nach Verbüßung der Strafhaft eine Lebenshilfe für den Übergang in die Freiheit zu geben und zu überwachen – soweit die juristische Theorie. »Doch seinen Bewährungshelfer trickste der Killer offenbar aus«, recherchierte die »Hamburger Morgenpost«: »Nicht ein einziges Mal traf der Mitarbeiter Klauspeter P. an. Auch die Polizei fand den gefährlichen Verbrecher nicht. Das Einzige, was die Helfer hatten, waren zwei Nachrichten auf dem Anrufbeantworter. Darin bat der ›Würger‹ um Hilfe, da er Probleme mit einer Drückerkolonne habe.«

Wenige Tage nach diesen telefonischen Lebenszeichen kehrte Pohl nach Berlin zurück. Sein Gespiele Sascha, ein Drogenhändler, mit dem er seit den letzten Jahren des Gefängnisaufenthaltes ein Liebesverhältnis hatte, war inzwischen ebenfalls entlassen. Wieder treibt es Klauspeter in »seinen« Kiez – Nollendorfplatz, Winterfeldtplatz, Motzstraße …

Am 15. Juli 2008 meldet ein Bekannter die Malerin Susette Prockart aus der Motzstraße 1 – direkt am Nollendorfplatz – vermisst. Die Polizei entdeckt die 59-jährige Frau in ihrer Wohnung völlig bekleidet tot in der Badewanne. Die Wohnung ist durchsucht, ein Raubmord gilt als wahrscheinlich. Die Spezialisten können DNA-Spuren sichern, der Spurenverursacher ist den Ermittlern kein Unbekannter – es ist der wegen Betruges und anderer Delikte vorbestrafte Alkoholiker Sascha. Am 24. Juli wird Sascha am Bahnhof Zoologischer Garten festgenommen. In der Vernehmung legt er ein Teilgeständnis ab, schiebt jedoch die Hauptschuld auf Klauspeter.

Angeblich lauerten die beiden am 12. Juli 2008 gemeinsam Susette Prockart vor ihrer Wohnung in der Motzstraße auf. Sie reißen die Malerin zu Boden, als sie gerade die Tür aufschließen will. Für den Mord sei allerdings Klauspeter allein verantwortlich.

Am Nachmittag des 1. August wird dann die 83-jährige Mathilde Dürer tot in ihrer Wohnung in der Sigmaringer Straße im Bezirk Wilmersdorf gefunden. Wie die Obduktion ergibt, war die Rentnerin am Vormittag des 25. Juli erwürgt worden. Sascha kommt als Täter nicht infrage, er saß zu diesem Zeitpunkt bereits wieder in Haft. Dass der Mord im wahrsten Sinne des Wortes die »Handschrift« von Klauspeter Pohl trägt, stellt sich nach wenigen Tagen heraus. Der Täter war der alten Dame nach einem Friedhofsbesuch gefolgt und hatte sie an der Wohnungstür angegriffen, in den Flur gestoßen und mit einer Strickjacke erwürgt.

Nach Pohl müssen die Beamten der Mordkommission aber nicht fahnden. Er war bereits am 26. Juli, zwei Tage nach seinem Freund Sascha, der Polizei ebenfalls am Bahnhof Zoo ins Netz gegangen.

2009 mussten sich beide für die Morde vor Gericht verantworten. Sascha, angeklagt wegen Raubes mit Todesfolge, kam mit einer Haftstrafe von sieben Jahren und sechs Monaten davon. Gegen Klauspeter erging am 20. November 2009 die Höchststrafe: lebenslange Haft mit anschließender Sicherungsverwahrung.

Auf Nachsicht konnte er nun nicht mehr setzen. »Solange er gesunde, kräftige Hände hat, besteht die Gefahr, dass er derartige Taten zulasten von Frauen begeht«, begründete der Vorsitzende Richter das Strafmaß. »Es gibt keine Anhaltspunkte, dass sich daran auf absehbare Zeit etwas ändern wird.«

***

Zum Prozessauftakt im Juni 2009 bezeichnete ein Berliner Boulevardblatt die beiden ermordeten Frauen als »mutmaßliche Opfer 4 und 5 des ›Würgers von Schöneberg‹.« Hier dürften die Artikelschreiber irren. In einem seiner zahlreichen Traktate lüftete Klauspeter Pohl ein Geheimnis.

Bei der Materialsichtung für dieses Buch sah der Autor ein Konvolut von weit über 100 Blatt Papier mit autobiografischen und reflektierenden Notizen durch, das Klauspeter Pohl vor mehr als eineinhalb Jahrzehnten einem Journalisten zukommen ließ, und stieß auf aufregende Sätze.

Auf zwei mit Schreibmaschine verfassten Seiten hatte Pohl seine Beziehung zum Tod niedergelegt. Das Schriftstück stammt etwa aus dem Jahr 1988, hat die Überschrift »Mein staendiger Begleiter ...«, trägt aber kein Datum. In der Abhandlung (die im Original wiedergegeben werden soll) heißt es: »Nicht jeder hat das Pech oder das Glück mit dem Tod konfrontiert zu werden, ob es nun Selbsterfahrung bei einer Tötung ist oder einfach bloß die reine beobachtung eines Kampfes oder eines Sterbenden. Das naheliegenste waere jetzt mit der ersten erfahrung anzufangen und mit Tieren und Pflanzen zu beginnen, aber damit habe ich leider zu viele Eindrücke, um alle zu schildern, deshalb möchte ich gleich beim Menschen bleiben.

Das erste mal bewußt Angst vor dem Tod, hatte ich wohl schon als siebenjaehriger Junge, als ich einen gruselfilm sah, in dem Menschen geschlachtet wurden. In meiner Phantasie bildete ich mir Angst ein, Angst das der Mörder auch zu mir kommen könnte.

Mein jetzt verstorbener Bruder tötete eine Frau, und ich bekam erst mal mit, was ein Tod für Folgen haben kann, wenn er ›unnatürlich‹ ist. Ich hatte einen Kumpel, bei dessen tod ich als einziger Anwesend war, und bin ziemlich erschreckt gewesen, als ich es bemerkte, seitdem glaube ich daran, das ein Toter das friedlichste Gesicht haben kann, das man sich vorstellen mag. Ich war zwar erschreckt, aber nicht aus der Fassung. Daraufhin bekam ich den Gedanken, wie es wohl waere, stürbe ein Bekannter, ein Familienangehöriger. Dann folgten einige Depressive stimulanzen, und der Wunsch zu sterben. Damals warf ich meine Scheu vor dem sterben ab. Ich versuchte einige Male mir das leben zu nehmen, und muß heute sagen, nur ein einziges mal meinte ich es ernst, aber es hat, wie man sieht nicht geklappt, und froh bin ich darüber keinesfalls. Jahre später tötete ich den ersten Menschen in meinem leben, und ich bin der Überzeugung gewesen der Mann hat das verdient, heute weiß ich das es richtig war. Ich erschlug ihn, mit einem Bronzeguß eines nachten Mannes, weil er versuchte mich für seine sexuellen Gelüste zu Mißbrauchen.

Nur etwa ein Jahr spaeter erwürgte ich versehentlich eine Frau, die sich eines Angriffs meinerseits erwehrte. Es folgten noch zwei alte Frauen, und dafür bekam ich eine lange Freiheitsstrafe …«

Dieses versteckte Geständnis ist keine Marginalie. Hat also Klauspeter Pohl bereits getötet, bevor ihm Liselotte Güldenstern zum Opfer fiel? Ist er also ein sechsfacher Mörder? Wäre das Urteil gegen ihn anders ausgefallen, wenn man ihm auch dieses Tötungsdelikt hätte nachweisen können? Wahrscheinlich! Bleibt also die Frage: Wurde von den Ermittlern alles unternommen, um sein Vorleben auszuleuchten? Zumindest seine beiden letzten Opfer könnten noch leben.

Der Fund am Grazer Platz

Wenn in einem Verbrechen ein abgetrenntes menschliches Haupt eine Rolle spielt, scheinen sich Abgründe an Bestialität aufzutun. Abgeschlagene Köpfe vermitteln archaische Grausamkeit.

Bei Tötungsdelikten kommt es – eine Statistik darüber gibt es nicht – immer wieder vor, dass der Kopf vom Rumpf getrennt wird. Aber das Köpfen ist fast nie todesursächlich, wie es in der Fachsprache der Gerichtsmediziner heißt. Dieser Akt erfolgt in der Regel post mortal, also nach der Tötung. Zwei Gründe gibt es im Wesentlichen, warum ein Mensch, der umgebracht wurde, schließlich noch seines Hauptes beraubt wird. Zum einen versucht der Täter, seinem Opfer das Essenziellste seiner Identität zu nehmen. Eine Identifikation soll verhindert oder um ein Vielfaches erschwert werden. Oder – zum anderen – soll ein Enthaupten das Opfer auf besondere Art erniedrigen. Dann erhält der Vorgang einen rituellen Charakter.

Wie im Mittelalter, als die Köpfe der Gerichteten zwecks Abschreckung auf Stangen gespießt und an einem öffentlichen Ort zur Schau gestellt wurden, so verbirgt sich noch heute hinter dem Enthaupten ein besonderer Machtakt. Allerdings sind die »Mächtigen« nahezu ausnahmslos psychisch deformierte Personen.

In der Nacht zum 4. Juni 2012 hat in einem Mehrfamilienhaus in der Köthener Straße im Berliner Stadtteil Kreuzberg ein 32-jähriger Mann seine Frau ermordet, weil sie sich von ihm trennen wollte. Der Toten schnitt er den Kopf ab, präsentierte ihn wie eine Trophäe und warf ihn dann in den Hof des Hauses. Während der Tat soll der psychisch kranke und tiefgläubige Mann »Allahu Akbar« gerufen, was »Allah ist groß« bedeutet. Ein Richter verfügte, dass er in die Psychiatrie eingewiesen wurde. Tödlicher Machtwahn eines Geisteskranken, der – wie häufig in solchen Fällen – seine Tat religiös verbrämt.

Ein besonders demonstrativer Akt in einem solchen Fall ist vielen Berlinern lange im Gedächtnis geblieben. In riesigen Lettern konnten sie auf der Titelseite eines Boulevardblattes lesen: »Berlins grausigstes Verbrechen – Millionärs-Tochter geköpft«. Ein anderes Blatt fragte: »Ritualmord eines Geistesgestörten?«

Barbara Frey hieß die Getötete, soviel war 24 Stunden nach dem Entdecken des Verbrechens ermittelt.

Die junge Frau hatte sich trotz eines betuchten Elternhauses – ihr Vater war ein erfolgreicher Bauunternehmer – dafür entschieden, als Kindergärtnerin ein bodenständiges Leben zu führen. Barbara galt bei Freunden, Bekannten und Kollegen als überzeugter Single, die viele Kontakte pflegte, aber ihre Unabhängigkeit schätzte. Sie war sportlich und wollte auf ihren winterlichen Skiurlaub ebenso wenig verzichten wie sie ihre musischen Begabungen pflegte und Klavierspielen lernte.

Es geschieht am 25. Januar 1994 im Bezirk Schöneberg. Seit Stunden ist es dunkel, als gegen halb neun Uhr abends ein junger Mann seine Schritte über die von mattem Laternenlicht spärlich erhellte Grünfläche des Grazer Platzes lenkt. Drohend finster im Hintergrund die Silhouette der Nathanael-Kirche. Es liegt kein Schnee, deshalb nimmt der Mann die übliche Abkürzung über den Platz von der Bushaltestelle am Grazer Damm nach Hause.

Plötzlich stutzt er. »Kurz nachdem ich diese Grünfläche betrat«, so erzählt er, »sah ich, dass fast in der Mitte des Geländes irgendetwas Helles lag. Als ich näher kam, konnte ich erkennen, dass es ein rot-weißes Handtuch war. Dann sah ich daneben auch schon den Kopf. Ich ging erst ein paar Schritte weiter, weil ich mir dachte, das ist bestimmt der Kopf einer Puppe. Aber dann wollte ich mich doch vergewissern, ging zurück, machte mein Feuerzeug an und sah, dass es sich doch um einen menschlichen Kopf handelte.«

Der zu Tode Erschrockene rennt nach Hause, verständigt seine Schwester und einen Bekannten. Gemeinsam alarmieren sie die Polizei. Gegen dreiviertel neun trifft eine Funkstreife am Ort des grausigen Fundes ein. Die Polizisten protokollieren ihre ersten Eindrücke. Es seien »ein offenbar weiblicher, menschlicher Schädel beziehungsweise Kopf, daneben ein weißes, beblutetes T-Shirt, eine Strumpfhose und ein weißes/rotes beblutetes Frotteehandtuch vorgefunden« worden.

Das ist eine Sache für die Spezialisten. Gut eine Stunde später übernimmt die 3. Mordkommission den Tatort, besser gesagt die Fundstelle. Dass man es hier mit einem Gewaltverbrechen zu tun hatte, daran bestehen keine Zweifel, ebenso sicher aber ist auch: Die schreckliche Tat ist nicht hier an der Kirche verübt worden.

Um sich ein brauchbares Bild vom Geschehen zu machen, sind schnellstens die Fragen zu klären. Wo ist der Torso der Leiche, wo der Tatort? Es wird das Naheliegende angeordnet. Die Suche beginnt in der unmittelbaren Umgebung, vor allem Mülltonnen werden inspiziert. Die nächtliche Aktion aber zeitigt keinen Erfolg. Man beschließt, bei Tagesanbruch damit fortzufahren.

Fünf Hundertschaften der Polizei mit Hunden und Hubschraubern werden für den kommenden Morgen zur Suche nach der Leiche abkommandiert. Für die Leute von der Mordkommission wird es eine kurze Nacht. Gegen halb drei wird ein Telex aufgesetzt, das unter anderem an das Bundeskriminalamt in Wiesbaden geht.

Die ersten Ergebnisse sind darin zusammengefasst: »Die sofort durchgeführte Obduktion ergab, dass das Opfer durch massive Gewalteinwirkung gegen den Kopf und massiven Angriff gegen den Hals getötet wurde. Die Abtrennung des Kopfes vom Rumpf erfolgte postmortal.« Das Opfer lebte also schon nicht mehr, als es geköpft wurde.

Unschwer zu ersehen, dass die Tat der zweiten Kategorie – dem Zurschaustellen eines Machtgebarens – zugerechnet werden kann. Hier hatte jemand den Schädel seines Opfers demonstrativ abgelegt. Das macht den Fall vom ersten Moment an für die Berliner Kriminalgeschichte so außergewöhnlich.

Die Mordkommission resümiert in ihrem nächtlichen Telex: »Zum Opfer ist bisher Folgendes bekannt: Mögliches Alter 25 bis 35 Jahre; braune, mittellange, leicht gelockte Haare; blau-graue Augen …« Die Jagd nach dem Täter oder den Tätern musste mit der Suche nach der Leiche und deren Identifizierung beginnen. Viel lässt sich in diesen späten Nacht- und frühen Morgenstunden des 26. Januar nicht mehr erreichen.

Ahnungslos warten an diesem Mittwochmorgen die Erzieherinnen einer Kindertagesstätte in einer kleinen Zehlendorfer Seitenstraße vergeblich auf ihre Kollegin Barbara Frey. Sie hätte um halb neun Uhr vormittags ihren Dienst antreten sollen. Seit rund acht Jahren ist Barbara in dieser Kita beschäftigt und genießt den Ruf, korrekt und pünktlich zu sein. Unentschuldigt dem Dienst fernzubleiben, ist ihre Sache nicht. Die Leiterin der Einrichtung, die an diesem Tag etwas später kommt, spürt, dass etwas nicht in Ordnung ist. Sie greift zum Telefon, will sich bei Barbara nach dem Grund ihres Fehlens erkundigen. Aber sie erreicht ihre Kollegin nicht. Dann hofft sie, bei Barbaras Schwester etwas zu erfahren. Wieder Fehlanzeige.

Da schon am Abend zuvor ein Anrufversuch ohne Erfolg geblieben ist, wird die Kita-Chefin unruhig. Sie will nun nicht länger warten. Es gibt keine andere Möglichkeit, als sich ins Auto zu setzen und zu Barbara zu fahren. Deren Wohnung liegt in der Friedrichsruher Straße im Bezirk Steglitz. Barbara wohnt im Haus Nr. 28, in der dritten Etage. Einer Nachbarin hatte sie irgendwann einmal einen Schlüssel zu ihrer Wohnung gegeben; fürs Blumengießen, wenn sie mal verreist war. Barbara reiste gerne.

Auch die Nachbarin ist beunruhigt, sie hatte schon bei Barbara geklingelt, ebenfalls ohne Erfolg. Die beiden Frauen entschließen sich, auf eigene Faust die Wohnung zu öffnen. Den Schlüssel haben sie ja.

Ihnen gefriert schon nach wenigen Schritten das Blut in den Adern. Sie sehen nur die Beine einer am Boden liegenden Person, von der sie annehmen müssen, dass es Barbara ist. »Wir beide gingen dann ganz langsam in die Wohnung hinein«, schildert Barbaras Kollegin und ergänzt, dabei sei ihr »gleich das Telefonkabel aufgefallen, welches quer über dem Fußboden lag«. Sie habe auch gesehen, »dass der Stecker aus der Dose gezogen war«. Unmittelbar darauf habe sie »auch schon die Beine der Barbara im Schlafzimmer« erblickt. Die Nachbarin wollte noch weiter gehen, sei jedoch von ihr zurückgehalten worden. Schnell verließen beide gemeinsam die Wohnung und alarmierten die Polizei.

Was die Frauen noch nicht sahen, entdecken die Beamten: Der Leiche in der Wohnung fehlt der Kopf. Nun bedurfte es keiner besonderen kriminalistischen Kombinationsfähigkeiten mehr, um das makabre Puzzle zu lösen. Beide Funde sind so signifikant, dass es kaum einen Zweifel daran geben kann, dass zwischen dem Kopf vor der Kirche und dem Torso in der Wohnung ein Zusammenhang besteht. Die Tote ist die Wohnungsinhaberin Barbara Frey, und es ist ihr Kopf, der am

Abend zuvor auf dem etwa einen Kilometer entfernten Grazer Platz gefunden worden war.

Jetzt bekommen die Ermittlungen eine konkrete Richtung. Barbaras persönliches Umfeld muss unter die Lupe genommen werden. Erfahrungen besagen, dass mit großer Wahrscheinlichkeit der Täter im engsten Bekanntenkreis zu finden ist.

Die Suche rund um die Nathanael-Kirche kann aber noch nicht abgeblasen werden. Um möglichst viele Spuren zu sichern, ist weiterhin ein großes Areal zu inspizieren. Schließlich musste der Kopf von der Friedrichsruher Straße zum Grazer Platz gebracht worden sein.

Die Suche erweist sich als sinnvoll. In einem Aktenvermerk werden von der Mordkommission die möglicherweise brauchbaren Spuren festgehalten: »Im Rahmen der Absuche der Örtlichkeiten zwischen Tatort und Fundort ... wurde zunächst auf dem Mittelstreifen der Thorwaldsenstraße in Höhe des Knaus Platzes ein Bettbezug mit blutsuspekten Anhaftungen aufgefunden. Der Bettbezug lag am Fahrbahnrand (links in Fahrtrichtung Insulaner) an einem Baum. In einem Gebüsch in der Knausstraße ebenfalls in Höhe Knausplatz wurden durch die Absuchkräfte zwei Fotos gefunden. Abgebildet sind darauf zum einen eine Kindergruppe und zum anderen zwei erwachsene Frauen und einige Kinder. Bei einer der Frauen könnte es sich möglicherweise um das Opfer handeln. ... Beide Fundsituationen wurden fotografisch dokumentiert und die Gegenstände gesichert.«

War hier jemand zu Fuß den Kilometer vom Tat- zum Fundort gelaufen? Für den Täter war das mit einem hohen Risiko behaftet.

Eine mögliche Spur bringen die Aussagen von Barbaras Kolleginnen. Schon die Kita-Leiterin gibt einen vagen Tipp. Sie wisse von Barbaras Wunsch, Klavierspielen zu lernen und dass wohl der Klavierlehrer »in sie verliebt war«.

»Klavierlehrer«, das wird zur Chiffre dieses Verbrechens.

Knapp zwei Stunden nach diesen Andeutungen wird Barbaras Schwester mit der schrecklichen Nachricht konfrontiert. Trotz eines tiefsitzenden Schocks gibt auch sie Hinweise und weiß unter anderem, dass »es einen Klavierlehrer mit Vornamen ›Gerald‹ gebe, bei dem die Barbara Unterricht habe«. Sie sei über einen Aushang an der Pinnwand der Musikbücherei Steglitz an ihn geraten.

Die Schwester erinnert sich auch, »dass er etwas von der Barbara gewollt hat« und in seinem Unterfangen »nicht locker ließ«. Barbara habe ihr erzählt, »dass er mit Geschenken vor ihrer Wohnungstür stand, ohne dass sie ihn einließ. Aufgrund ihrer sozialen Ader hat sich Barbara aber immer wieder dazu hinreißen lassen, mit ihm zu reden. Einmal sind beide essen gegangen und haben sich die ganze Nacht über unterhalten«. Barbara soll auch schon in der Wohnung des ›Gerald‹ gewesen sein und dabei die Ehefrau kennengelernt haben. Aufgrund der Aufdringlichkeit des ›Gerald‹ habe sich Barbara bedroht gefühlt, habe auch geäußert, dass sie Angst vor ihm habe. Auch sei ihre Schwester die Meinung gewesen, dass er psychisch nicht ganz gesund sei.

Das waren zweifellos brauchbare Hinweise.

Es ist inzwischen vorgerückter Nachmittag des 26. Januar. Seit dem Auffinden des Kopfes sind noch keine 24 Stunden vergangen. Die Suche rund um den Grazer Platz wird immer noch fortgesetzt. Gegen halb sechs Uhr Abends fährt ein Lautsprecherwagen der Polizei durch die angrenzenden Straßen: »Achtung, Achtung! Hier spricht die Polizei. Wir bitten um Ihre Mithilfe! Gestern wurde gegen 20.30 Uhr ein Leichenteil auf dem Grazer Platz aufgefunden. Wer hat zu diesem Zeitpunkt oder unmittelbar davor Wahrnehmungen gemacht, die in diesem Zusammenhang stehen? Wenden Sie sich bitte vertrauensvoll an diesen Lautsprecherwagen oder rufen Sie eine Polizeidienststelle an. Wir danken Ihnen für die Mithilfe. Ende der Durchsage.«

Ein junger Mann meldet sich, aber sein Hinweis ist für den Fall ohne Belang. Ansonsten ist an dieser Stelle tatsächlich »Ende der Durchsage!« Die Klärung muss auf andere Weise erfolgen, das zeichnet sich bereits ab.

Am Abend gibt eine gute Freundin Barbaras zu Protokoll, was sie aus Erzählungen weiß: »Sie hatte vom September bis Dezember 1993 eine Affäre, so würde ich es bezeichnen, mit einem Klavierlehrer, zu dem sie über eine Zeitungsannonce Kontakt bekommen habe. Ich weiß, dass er auch zu ihr nach Hause gekommen ist.«

Der Kripo-Beamte hakt nach: »Was hat Ihnen Barbara über diese Beziehung erzählt?«

Die Freundin weiß einiges: »Es fing an, dass sie ihm nach einer Klavierstunde einen freundschaftlichen Kuss auf die Wange gegeben hat, zum Abschied. Und offensichtlich war er so beeindruckt davon, dass er das als Aufforderung aufgefasst hatte. Ich weiß auch, dass sie ihm zum Nikolaus was geschenkt hatte, sie war sowieso sehr freigebig mit Geschenken, das war so ihre Art. Dann haben sie zusammen geschlafen und es entwickelte sich eine Beziehung … Soweit ich mitbekommen hatte, ist er auch bei ihr zu Hause aufgetaucht und hat sie irgendwie schon bedrängt. Sie hat dann darauf bestanden, dass sie ein Gespräch mit der Frau führt. Aus den Schilderungen der Barbara hatte ich den Eindruck, dass er mir unheimlich, damit meine ich extrovertiert, vorkam.«

Diese Charakterisierung weist auf eine Beziehungstat hin. Und die Sache bekommt noch eine okkulte Nuance: »Ein Raum in der Wohnung war irgendwie ganz leergeräumt und er führte … da so komische Gespräche mit Gott oder so«, erinnert sich die Frau und sagt, dass Barbara über den Abend, »an dem sie in der Wohnung des Klavierlehrers war, sehr ausführlich erzählt hat und es ihr merkwürdig, unheimlich erschienen war«.

Der Klavierlehrer rückt ins Fadenkreuz. Die Kripo sucht die Bibliothek auf, an deren Pinnwand er seine Anzeige ausgehängt haben soll. Aber hier lässt sich keine Spur finden. Barbaras Freundinnen und Kolleginnen tragen ihr Wissen über diesen Klavierlehrer namens Gerald zusammen. Eine weiß, wie alt er ist, die andere kennt Zahl und etwaiges Alter der Kinder, wieder eine andere kann die Wohnung beschreiben und die ungefähre Lage.

Es dauert noch die Nacht hindurch, dann hat die Kripo genügend Puzzleteile zusammen, um dem Klavierlehrer eine Adresse und einen Namen zuweisen zu können. Am Morgen ist sein Geheimnis gelüftet. Gerald Lautermann, freiberuflicher Klavierlehrer und Sozialhilfeempfänger, der mit seiner Frau und zwei Kindern in der Schöneberger Hauptstraße wohnt, bekommt Besuch von der Polizei. Sie hat gegen den Mann noch nichts in der Hand, was den unterschwelligen Verdacht zu einem Beweis erhärten könnte. Alles, was bisher vorliegt, sind Eindrücke, Gefühle, vielleicht auch naheliegende Annahmen. Aber im Moment ist auch er nur Zeuge.

Der 33-Jährige wird für den Vormittag zur Vernehmung geladen. Man will wissen, wann und wie er Barbara Frey kennengelernt hat, wann, wie oft und wo der Unterricht stattgefunden habe und dergleichen mehr. Erst in der Mitte der etwa zweieinhalbstündigen Vernehmung kommt der Beamte auf die fraglichen Stunden zu sprechen, in denen der Mord an Barbara geschah, das heißt, zu Lautermanns Alibi.

Die Frage macht den Klavierlehrer nicht verlegen. Er listet auf, wer wann an diesem Nachmittag zu ihm in den Unterricht kam und wie lang dieser oder jener blieb. Wichtig für die Polizei ist der Abend. Barbara war am Tattag nach Zeugenaussagen noch bis mindestens 18.15 Uhr in einem Sportstudio in Berlin-Lankwitz zum Fitnesstraining. Vor 18.30 Uhr konnte Barbara kaum in ihrer Wohnung gewesen sein. Die folgenden zwei Stunden sind für die Ermittler von entscheidender Bedeutung. Später erst stellt sich heraus, dass Barbara bereits gegen halb sechs wieder zu Hause war.

Lautermann kann sich genau erinnern, wie dieser Abend bei ihm abgelaufen ist. Bis 17.45 Uhr war der Schüler Serge bei ihm. Dann machte er eine Stunde Pause. Über den weiteren Verlauf des Abends gibt er zu Protokoll: »Um 18.45 Uhr erschien meine Schülerin Corinna Krüger, wohnhaft Müllerstraße 156 a. Die Stunde dauerte bis 19.30 Uhr. Wir verabredeten nun, zu ihr nach Hause zu fahren, da ich mit ihr über einen Vertrag sprechen wollte. Der Grund, weshalb wir dieses Gespräch nicht bei mir machten, ist der, dass ich aufgrund der gesamten Situation manchmal etwas Abstand brauche und Corinna ein sehr netter Mensch ist, mit ihr kann man sich gut unterhalten.«

»Besteht zwischen Ihnen und der Corinna irgendeine private Beziehung?«, will der Beamte wissen.

»Keine intime Beziehung, einfach eine freundschaftliche Beziehung.«

Der Kripo-Mann scheint zu spüren, dass hier mehr als nur ein Zeuge vor ihm sitzt. Er insistiert: »Wie sind Sie zu ihrer Wohnung gekommen?«

»Wir fuhren mit der U-Bahn, ich habe nämlich kein Auto.«

»Wann sind Sie bei Corinna angekommen und welche U-Bahn-Linie haben Sie benutzt?«

Lautermann hat keine Schwierigkeiten, sein Alibi zu konkretisieren: »Wir sind etwa 20.00/20.15 Uhr angekommen. Ich orientiere mich nach meinem Zeitgefühl, den genauen Weg, den wir nahmen, kann Ihnen die Corinna besser sagen als ich. Ich kenne mich nicht so aus und habe mir den Weg nicht genau gemerkt. Wir sind meiner Erinnerung nach am U-Bahnhof

Leopoldplatz ausgestiegen und danach zu Fuß weitergelaufen. Wir gingen dann zu Corinna in ihre Wohnung, sie lebt allein und hatte an diesem Abend auch keinen weiteren Besuch. Ich war das erste Mal in ihrer Wohnung.«

Der Vernehmungsbeamte will wissen, ob er die Hinfahrt mit der U-Bahn bezahlt habe – hinter der Frage steckte wohl das Ansinnen, das Ticket sehen zu dürfen. Doch das bringt nichts. Lautermann: »Ich habe eine Monatskarte vom Sozialamt.«

Die Tatzeit scheint damit lückenlos dokumentiert, das Alibi wasserdicht zu sein. Obwohl Lautermann damit als Täter scheinbar schon ausscheidet, bohrt der Kriminaler weiter: »Wie lange blieben Sie und was haben Sie danach gemacht?«

»Ich bin etwa gegen 22 Uhr von ihrer Wohnung aus mit einem Taxi nach Hause gefahren, soweit ich mich erinnere, habe ich zwanzig DM inklusive Trinkgeld bezahlt.«

Noch will sich der Ermittler nicht geschlagen geben, zu viel spricht gegen diesen Mann. Einiges in seinen Aussagen deckt sich nicht mit den bisherigen Ermittlungsergebnissen. Auf die Frage, ob zwischen ihm und Barbara intime Beziehungen bestanden hätten, kam von dem Klavierlehrer ein auffallend forsches »Nein«.

Er muss sich deshalb vorhalten lassen: »Barbara hat von sich aus verschiedenen Personen berichtet, dass sie zu Ihnen eine intime Beziehung unterhielt. Sie erklärten mir ja vorhin, dass genau dies nicht der Fall war. Was sagen Sie dazu?«

Lautermann gerät nun doch ein wenig aus der sonst so souveränen Fassung: »Hundertprozentig nein. Ich hatte mit ihr keine intime Beziehung.«

»Können Sie mir denn erklären, wieso Barbara ihren Freunden bzw. Verwandten so etwas erzählt?«

»Ich kann mir das nur aus einer Geltungssucht erklären, vielleicht wollte sie sich damit wichtig machen.«

Wichtigtun? Das widerspricht dem Bild, das sich die Mordkommission in der kurzen Zeit von dem Mordopfer machen
konnte. Irgendetwas ist hier faul. Aber Lautermann als Täter
zu überführen, dazu hat man zu wenig in der Hand, und seine
Einlassungen sind noch nicht widerlegt.

Während der Vernehmung nahm die Kripo Lautermanns
Wohnung unter die Lupe. Seine Frau hatte einer Durchsu-
chung zugestimmt. Das Fazit war ernüchternd: »Zu Ver-
gleichszwecken wurden diverse Faserproben genommen, ansonsten gab es keinerlei tatrelevante Auffälligkeiten.«

Im nächsten Schritt wird Corinna Krüger an ihrer Arbeitsstelle am Kurfürstendamm ausfindig gemacht. Am Vormittag
des 28. Januar – 24 Stunden nach der Aussage Lautermanns –
wird sie zur Zeugenvernehmung geholt.

Ohne große Umschweife entwickelt sich der Dialog zwischen Vernehmer und Corinna über die Stunden, die in Lautermanns Alibi von Bedeutung sind: »Wann war die letzte Klavierstunde, die Sie bei Gerald hatten?«

»Am vergangenen Dienstag, dem 25. Januar, zirka 18.45 Uhr.«

»Wie lange dauerte diese Klavierstunde?«

»Zirka 45 Minuten.«

»War während dieser Klavierstunde noch jemand anderes
anwesend?«

»Ja, seine Frau und die beiden Kinder.«

»Was haben Sie nach der Klavierstunde gemacht?«

»Gerald und ich sind gemeinsam zu mir nach Hause gefahren. Wir sind mit der U-Bahn von der Station Eisenacher Straße
bis zur Berliner Straße und dann bis zum Leopoldplatz gefahren, und den Rest gingen wir zu Fuß.«

»Wann sind Sie losgefahren und wann kamen Sie dort an?«

»Kurz nach 19.30 Uhr sind wir los, mit einer etwa 30-minüti-
gen Fahrzeit kamen wir gegen 20 Uhr bei mir zu Hause an.«

»Was war der Grund, weshalb Gerald Sie begleitete?«

»Der hauptsächliche Grund war die Vereinbarung eines Vertrages, da ich bisher nur mit einer mündlichen Vereinbarung mit Gerald zusammenarbeitete. Außerdem sind wir durch den Klavierunterricht etwas befreundet, sitzen nach dem Unterricht gern noch etwas zusammen und unterhalten uns. Gerald war interessiert an meinem Klavier, wollte sich dies gern mal anschauen. Er war übrigens das erste Mal in meiner Wohnung.«

»Wie lange blieb er bei Ihnen?«

»Ich glaube, so gegen 22 Uhr ist er weg.«

Bevor Corinna Krüger um 10.35 Uhr ihre Unterschrift unter das Protokoll setzt, werden am Schluss der Vernehmung noch ausdrücklich zwei Sätze aufgeschrieben: »Ich betone, die Wahrheit gesagt zu haben, nachdem ich nochmals auf die Richtigkeit meiner Aussage hingewiesen worden bin. Ich habe dem nichts hinzuzufügen.«

Das reichte aus: An Lautermanns Alibi war nicht zu rütteln. Seine und Corinnas Aussagen stimmten bis ins Detail überein. Ein Tatverdacht gegen ihn konnte nicht erhärtet werden. Die vorhandenen, belastenden Indizien reichten nicht aus, einen Tatverdacht zu rechtfertigen und schon gleich gar nicht, einen Haftrichter zu überzeugen.

Die Tinte unter der Niederschrift war noch nicht trocken, da ging bei der Polizei mittags an diesem 28. Januar 1994 ein Notruf ein. Es war wenige Minuten nach zwölf Uhr, als der Betreiber des »Cafés Schöneberg« meldete, in seinem Lokal säße ein Mann, der behauptet, im Namen Allahs getötet zu haben.

Als die ersten Polizisten in der Gaststätte eintreffen, sitzt der Mann immer noch da, und er redet noch immer. Man belehrt ihn, dass er ein Aussageverweigerungsrecht habe, aber das scheint den völlig Geistesabwesenden nicht zu interessieren. Er spricht davon, dass hier im Hinterhaus – es ist die Hauptstraße 20 – im ersten Obergeschoss ein Toter liege. Außerdem könne er auch noch Hinweise zur Sache mit dem Kopf vom Grazer Platz geben.

Einige Polizisten überprüfen, ob an dem Gerede etwas dran sein kann. Die anderen nehmen die Personalien des Sonderlings auf. Während um 12.17 Uhr die Leiche des nur wenige Minuten zuvor ermordeten Gerhard Seidel gefunden wird, notieren die Beamten: »Gerald Rudolf Lautermann, geboren am 16. Oktober 1960 in Köln-Worringen, wohnhaft Hauptstraße 20.«

Nach zwei Morden innerhalb von drei Tagen war nun das Schicksal von Lautermann besiegelt. Er wurde zum Polizeiabschnitt 42 gebracht.

Nur zweieinhalb Stunden nach dem Ende ihrer Zeugenvernehmung sitzt Corinna Krüger wieder bei der Mordkommission, diesmal als Beschuldigte. Man wirft ihr vor, mit einem falschen Alibi einen Mörder gedeckt zu haben. Schon auf der kurzen Fahrt von ihrer Arbeitsstelle am Kurfürstendamm zum Dienstgebäude der Mordkommissionen in der Keithstraße revidierte sie ihre Aussage, die sie noch wenige Stunden zuvor ohne mit der Wimper zu zucken zu Papier bringen ließ. Jetzt erzählt sie, was am Abend des 25. Januar tatsächlich geschehen war: »Ich bin nach der Arbeit, also nach 18 Uhr, zum Klavierunterricht, wie jeden Dienstag, weil um 18.45 Uhr die Klavierstunde beginnen sollte, in der Wohnung des Herrn Lautermann. Seine Frau hat mir die Tür geöffnet und meinte, Gerald müsse gleich kommen. Ich habe mich in der Zwischenzeit ins Klavierzimmer gesetzt und ein bisschen geübt. Seine Frau kam dann rein und war selbst darüber erstaunt, dass er noch nicht da war, da er sonst sehr pünktlich sei. Als er das Haus verlassen hat, es war gegen 18 Uhr, sagte er, dass er gleich zurückkommen würde, weil er ja Klavierunterricht geben müsse. Ich wartete dann bis ungefähr 20 Uhr ... und bin dann nach Hause gefahren. Ich denke, dass es zirka 21 Uhr gewesen ist, ich telefonierte gerade, als es an der Tür klopfte. Als ich öffnete, stand Gerald vor der Tür ... Ich war darüber erstaunt, weil er bis dahin noch nie bei mir zu Hause gewesen war. Er meinte, dass er mir dringend etwas erzählen müsse, was er bisher nur seiner Frau erzählt habe, und ob man in meiner Wohnung sprechen könnte, ohne dass jemand mithöre. Dann erzählte er mir, dass er halt jemanden umgebracht hätte.«

Corinna weiß zu diesem Zeitpunkt noch nichts von Lautermanns zweitem Mord, der, zumindest teilweise, auch auf ihr Konto geht. Ohne ihre entlastenden Lügen hätte der Klavierlehrer keine zweite Chance zum Morden gehabt.

Sie berichtet von den wirren Reden ihres Klavierlehrers, als er sie um das Alibi bat: »Er sagte, er hätte durch seine Gedanken oder sonstige Dinge so eine Art Zeichen erhalten, dass er die Aufgabe hätte, diese Frau umzubringen. Er erzählte mir dann noch irgendwie, dass – so wie Adam und Eva früher ursprünglich ein Wesen waren und sich dann getrennt hätten – die tote Barbara seine zweite Hälfte sei. Warum es Probleme mit dieser Frau gab, hat er nicht näher beschrieben. Er erzählte nur, dass sie etwas über ihn weiß, womit sie ihm und seiner Familie schaden könne – und deswegen hätte er das machen können. Worin dieses Wissen besteht, hat er nicht erzählt.«

Der paradoxe Vortrag Lautermanns veranlasste die 26-jährige Frau also keineswegs, alle Register zu ziehen, um weiteren Schaden zu verhindern. Sie sagt nur, sie habe ihm ihr Versprechen gegeben und sich daran bei ihrer Falschaussage gebunden gefühlt.

Im Juli 1995 wird Corinna wegen dieser Falschaussage vom Amtsgericht Tiergarten zu einer Geldstrafe von 7700 Mark verurteilt. Juristisch wiegt ihre Schuld nicht so schwer wie vielleicht im moralischen Sinn. Aber der Fall des falschen Alibis bleibt den Kripo-Beamten im Gedächtnis.

Die Fragen nach den Motiven, den Hintergründen und nach dem genauen Hergang konnten die Mordkommissare dem Täter noch an diesem 28. Januar 1994 selbst stellen. Kurz nach Mitternacht stapeln sich 40 Blatt Vernehmungsprotokoll auf den Schreibtischen der 3. Mordkommission.

Der Wortschwall eines psychisch kranken Mannes stellte alle Beteiligten auf eine harte Geduldsprobe. Kurz vor sechs Uhr abends eröffnete ein Beamter von »M I 3«, so die damalige polizeiinterne Bezeichnung für die 3. Mordkommission (heute LKA 4113), den Vernehmungsmarathon: »Sie sagten ja vorhin schon mir gegenüber, dass Sie die beiden Taten begangen haben. Erzählen Sie doch einfach mal von ganz vorne, wie es überhaupt dazu gekommen ist und was Ihre Beweggründe waren. Fangen wir am besten mit der Tat gegenüber der Barbara an.«

Die Antwort des 33-jährigen ließ erkennen, dass das Ganze wohl nicht einfach werden würde: »Die Tat fing an, indem ich sie liebte und sie liebte mich auch. Nur hatte sie Angst, für diese Liebe zu kämpfen, weil damit viele Schwierigkeiten verbunden gewesen wären. Denn ich habe Familie und damit eine große Verantwortung, meine schwangere Frau und zwei Kinder. Und anfänglich war Barbara bereit, in dieser Form mit zu kämpfen, zusammen für die Liebe zu kämpfen, indem sie sich mit meiner Frau und mir und den Kindern zusammen bei mir zu Hause zu einem wunderbaren Gespräch traf.« Das Pathos strapaziert die Geduld der Kripo-Leute. Es ist schwer – wenn nicht unmöglich –, den krausen Erzählungen des Mannes zu folgen. Fast unvermittelt verzeichnet das Vernehmungsprotokoll den Satz: »Das wird eine lange Nacht!« Ob es ein Stoßseufzer des Vernehmers war, ist nicht zu erkennen.

Das kranke Gehirn des Mannes, der zwei Menschenleben

ausgelöscht hatte, produziert Lehr- und Leitmaximen: »Das ist eine Sünde, das ist eine große Sünde, das Geschenk der Liebe nicht anzunehmen, es abzulehnen. Das ist ein schlechtes Beispiel. Und das Gesetz ist, aus Sünde resultiert Sünde. Insbesondere, wenn man nicht weiß, wen und wie man um Vergebung zu bitten hat.«

Paranoide Schizophrenie wird später bei Lautermann diagnostiziert. Diese Krankheit ist weiter verbreitet, als allgemein angenommen wird. Allerdings führt sie nicht zwangsläufig zu solchen Gewalttaten. Als ein bekanntes Symptom gilt das Stimmenhören, von dem oftmals Täter die Erklärung ableiten, sie hätten von einer inneren Stimme Befehle erhalten. Dabei zeigt sich in der Geschichte der Erforschung der Schizophrenie, dass diese Stimmen je nach Epoche der höchsten Autorität zugeordnet werden. Verweisen in den letzten Jahrzehnten Schizophrene vor allem auf die Stimme von Jesus (oder Gott), so glaubten vor rund hundert Jahren viele Schizophrene, die Stimme des Kaisers gehört und seine Befehle befolgt zu haben.

Im Fall Lautermann steht die Polizei vor der Aufgabe, das Verbrechen an Barbara Frey im Detail aufzuklären. Deshalb versucht der Vernehmer zur Sache zu kommen: »Erzählen Sie doch bitte, Herr Lautermann, was sich letzten Dienstag, am 25. Januar 94, zugetragen hat.«

Und Lautermann erzählt: »Ich bin mit dem Taxi gefahren, ich war zirka 17.25 Uhr bei Barbara, ich habe auf die Uhr in Barbaras Wohnung geschaut. Sie kam gerade vom Fitness. D. h., ich bin an der Ecke aus dem Taxi gestiegen und habe an einem Friseurladen geguckt und dann habe ich mich doch entschieden, Barbara aufzusuchen und hatte die Absicht, dann pünktlich zur nächsten Klavierstunde 18.45 Uhr wieder da zu sein. Weil ich keinen Schüler einfach nur kommen lasse, wenn ich vorher das weiß, dann sage ich ab. Es muss 17.15 Uhr gewesen sein, als wir uns trafen. Wir kamen so gut wie gleichzeitig an der Haustür an. Ich sagte, ›Hallo Barbara‹, ich trug eine Brille, die habe ich heute verschenkt, die brauche ich nicht mehr, ich kann wieder sehen.«

Er beschreibt, wie beide in die Wohnung gingen und Barbara ihm die Meinung sagte und klarmachte, dass es zwischen ihnen aus sei: »Es war so ein Mischgefühl bei mir, ich muss meine Klavierstunde wahrnehmen als Lehrer, und da spricht nicht die Barbara, so dachte ich, sondern da spricht der Satan selbst.«

Lautermann spricht es nicht aus, aber es deutet vieles darauf hin, dass Barbara ihm klipp und klar gesagt hatte, dass sie ihn für psychisch krank hielt. Vielleicht war dies sogar ihr Todesurteil. Er beschreibt dann die Tat: »Meine Hand führte ich schon in die Nähe ihres Halses, es war eine Zärtlichkeitsvortäuschung, hundertprozentig. Ich wollte mit ihr nicht ins Bett. Je mehr Druck, ich hab ihr nicht wehgetan, bis zu diesem Zeitpunkt, wobei ich mich aber in eine Position brachte, dass sie mir nicht entwischt. Aber sie ahnte nichts, sie ahnte überhaupt nichts. Sie sagte dann plötzlich: ›Aber vielleicht klappt es ja noch mit uns beiden.‹ Ganz zart und liebevoll, wie zu dem Zeitpunkt, als wir uns auch körperlich liebten. Dann habe ich gesagt: ›Was habe ich da eben gehört. Was hast du da gesagt, warum sagst du das, was soll das bedeuten?‹ Ich hielt sie dann fest, mit der rechten Hand, ich weiß nicht mehr, was sie dann gesagt hat, wieder dieses Gewäsch. Aber ich war die ganze Zeit ins Gebet vertieft. Und aus dem Jakob-Lorber-Evangelium hatte ich die Information, dass man eine Seele davor retten kann, sich weiter zu versündigen und so zu versündigen, dass ewige Hölle das Gericht wäre. Und diese Information bewirkte auch, dass ich dazu in der Lage war, den Körper von Barbara, den Körper, der diese kleine zarte Seele gefangen hielt, zu töten.«

Lautermann, der sich noch wenige Stunden zuvor auf Allah als Auftraggeber für sein irdisches Zerstörungswerk berufen hatte – er gab an: »Am 6. November 1991 bekannte ich mich oder besser konvertierte ich zu dem sogenannten Islam ...« –, bezieht sich nun auf den selbsternannten österreichischen Evangelisten Jakob Lorber, der seinen kärglichen Unterhalt als Klavierlehrer verdiente. Der einstige Musikus Lorber wirkte vier Jahrzehnte in Graz. Lautermann hat nie davon gesprochen, ob er vielleicht deshalb den Grazer Platz als demonstrativen Ort für die Vollendung »seines Werkes« ausgewählt hat. Er scheint die verschiedensten religiösen Strömungen, mit denen er gerade in Berührung kam, in seiner Philosophie zu vermengen. 1980 hatte er für kurze Zeit Kontakt zur Scientology-Sekte aufgenommen, in den Jahren danach fühlte er sich zu den Zeugen Jehovas hingezogen, um anschließend im Swedenborg-Zentrum im Grunewald nach dem rechten Weg zu suchen. Sein späteres Bekenntnis zum Islam wurde von Fachleuten dem Umstand zugeschrieben, dass dort die Vielweiberei erlaubt sei und Lautermann damit für seine außereheliche Beziehung auch noch religiöse Weihen in Anspruch nehmen konnte. In einer Befragung durch einen Gutachter erzählt er an anderer Stelle, dass auch seine Frau »telefonisch« zum Islam konvertiert sei.

Doch Lautermann spielt nicht nur den gutherzigen Wohltäter. Mit heiligem Zorn straft er jene, die ihm Böses wollen: »Seit dem 5. Februar 1991 warte ich darauf, dass ich sprechen kann, es ist jetzt das erste Mal, dass ich sprechen kann. Ich habe niemals eine Straftat begangen. Am 5. Februar 91 bin ich in die psychiatrische Klinik Havelhöhe zwangseingewiesen worden, diese Schweine ...« Alles kommt artig ins Protokoll. So wird dieses nicht nur die Niederschrift eines Geständnisses, sondern auch zu einem Psychogramm eines kranken – und in seinem Zustand höchst gefährlichen – Menschen.

Nach einigem Abschweifen kommt Lautermann wieder auf den Kern zurück: wie er das Töten eines Menschen zelebriert hat. »Nachdem sie die Äußerung gemacht hatte, ›vielleicht klappt es ja doch zwischen uns beiden‹ und ich sie fragte, was das soll … und sie wieder begann, diese Aussagen, ihre eigenen Aussagen, hinter Lügen zu verstecken … packte ich mit meiner rechten Hand plötzlich ihren Hals und drückte kräftig zu, von vorne, so doll ich konnte, im Gebet.

Doch wenn ich in Liebe zu dem einen Gott bete, wird mir alles gegeben, was ich dazu benötige, meine Pflicht zu tun. Hätte ich dies nicht getan, hätte die Seele der kleinen Barbara niemals mehr gerettet werden können. Ich habe gedrückt, gedrückt, gedrückt und gedrückt. Sie probierte zu schreien, ich ließ meine Hand nicht mehr los … ich hatte das Gefühl, ich habe einen Riesenwurm, mit dem ich kämpfen musste und der sich schlängelte und wand …, dass das ihr Ende war, das wurde ihr regelrecht bewusst. Jetzt kommen wir dazu, was sie noch gesagt hat, was der Wurm gesagt hat, ich meine damit nur den Körper der Barbara, nicht im Entferntesten Barbara. Der Wurm hat gesagt: ›Gerald, du willst mich doch nicht umbringen.‹ Und dann muss noch etwas in der Art geäußert worden sein, wobei ich mir sicher bin, dass dies noch einmal Barbara war. ›Du kannst doch nicht.‹ Und ich drückte und drückte und drückte.«

Dann macht Lautermann einen bemerkenswerten Exkurs in seinen langatmigen Ausführungen und beweist damit, dass er sich mit dem Gedanken des Enthauptens seines Opfers offensichtlich schon eingehend vertraut gemacht hatte: »In Fulda passierte etwas Ähnliches«, doziert er. »Der amerikanische Soldat Stephen J. Schap köpfte den Liebhaber seiner schwangeren Frau in der Nähe einer Telefonzelle. Er traf ihn in der Telefonzelle, während dieser mit seiner Ehefrau, die schwanger im Krankenhaus lag, telefonierte. Zuerst muss er ihn getötet und dann geköpft haben. Den Kopf brachte er in das Krankenhaus und legte ihn seiner Frau auf den Tisch. Diese bekam einen hysterischen Schreianfall. Doch Stephen war ganz ruhig.«

Der Fall Schap scheint Lautermann beeindruckt, vielleicht sogar inspiriert zu haben. Im Dezember 1993 hatte der 26-jährige Schap, Sergeant auf dem Sickels Army Air Field in Fulda, seinen Nebenbuhler, den 21-jährigen Gregory Glover ermordet und ihm anschließend mit einem Militärmesser den Kopf abgetrennt. Die Trophäe seiner Tat legte er seiner im siebten Monat schwangeren Frau im Krankenhaus auf den Nachttisch. Schap wurde im Sommer 1994 von einem US-Militärgericht in Hanau zu einer Haftstrafe von 45 Jahren verurteilt.

Lautermann ergeht sich in der Beschreibung des Mordes: »Während und schon von Anbeginn des Zudrückens oder Zupackens betete ich laut für Barbara. Und natürlich auch für mich. ›Allah ist ein großer Gott, Allah ist ein mächtiger Gott, Allah ist ein gnädiger Gott und Allah vergibt alles. Allah ist groß und mächtig, Allah liebt alle Menschen.‹ Und ich fühlte, dass dieses laute Gebet der kleinen Barbara das Verlassen ihres Körpers ermöglichte und sehr erleichterte. Immer wieder bemerkte ich, dass ich nicht loslassen darf mit meiner rechten Hand. Der Körper wollte einfach nicht tot sein. Als ich einmal losließ, gab es einen Reflex im Körper, so dass die Lungen wieder voller Luft waren. Und ich merkte, dass auf diese Art und Weise der Körper nicht zu töten war.

Ich musste mir etwas einfallen lassen, um sicherzugehen, dass Barbara nicht wieder zurück in diesen Körper muss. Ich zog mein Leatherman Tool, das ist ein amerikanisches Militärwerkzeug. Ich hatte mit dem rostfarbenen Tuch noch einmal probiert zu würgen und schlang dieses Tuch mehrfach um ihren Hals. Und probierte noch einmal, durch Strangulieren, den Körper zu töten. Da auch dies nicht gelang, probierte ich, dem Körper, zu diesem Zeitpunkt war es nur noch Körper, der aber mit Sicherheit noch lebensfähig gewesen wäre, durch Umdrehen das Kopfes die Halswirbel zu brechen. Doch auch dies gelang nicht. Dann blieb mir nur noch eine Möglichkeit: Den

Kopf abzutrennen. Ich hatte die Brille wieder auf, um präziser meine Arbeit zu verrichten. Muss ich das jetzt alles noch erzählen? Es war eine Operation. Ich fing dann an, oberhalb des rostfarbenen Tuches die Halsmuskeln zu trennen, bis ich nur noch die Wirbel trennen musste. Ich weiß nicht, wie lange das gedauert hat.«

Obwohl Lautermann den Mord wortreich als Erlösungswerk erscheinen lässt, zeigt er doch, dass er eine Vorstellung einer Unrechtstat hatte und deren Bestrafung fürchtete: »Dann fing ich an, die Wohnung zu säubern. Ich wischte drei bis viermal sowohl den Teppich als auch den Dielenfußboden und auch das Badezimmer und nahm jeweils neue Handtücher, die ich dann mit Wasser tränkte. Das Wasser nahm ich im Bad vom Waschbecken. Ich war darum bemüht, alle Spuren zu vermeiden, zu beseitigen, Fußabdrücke oder Fingerabdrücke. Im Nachhinein fällt mir ein, dass ich während des Anfangs-Gespräches mit ziemlicher Sicherheit noch nicht einmal den Glastisch berührt haben muss mit meinen Fingern wegen eventueller Fingerabdrücke. Ich wurde regelrecht bewahrt, irgendeine Spur direkt in der Wohnung zu hinterlassen. Denn ich habe keine Ausbildung als Kriminalbeamter z. B. oder Ähnliches. Als ich die Wohnung verließ, meine Schuhe standen auf der Fußmatte, mein Mantel lag darüber, richtete ich es so ein, dass ich mit dem letzten Wischgang, ob es der dritte oder vierte war, weiß ich nicht, den letzten besonders feucht, an der Wohnungstür angelangt bin. In der Zwischenzeit hatte ich … andere Dinge, wie z. B. nasse Handtücher, und Barbaras Anziehsachen, die ich ausgezogen hatte, dem Körper ausgezogen hatte … in den Rucksack gesteckt. Dann verließ ich die Wohnung und fasste auch die Türklinke nur mit Schal an.«

Lautermann wird in der Vernehmung nicht gefragt, was ihn bewogen hatte, den Kopf aus der Wohnung zu schaffen. Er schildert lediglich seinen Weg: »Ich löschte das Licht in der

Diele, öffnete die Tür, dann schloss ich die Tür wieder. Das Hausflurlicht machte ich nicht an, sondern ging im Dunkeln die Treppen runter und verließ so auch das Haus. Wenn ich hier gefragt werde, ob ich weiß, wie spät es war, so muss ich dies verneinen, denn das interessierte ja nicht. Im Haus bin ich niemandem begegnet. Dann ging ich aus der Haustür nach links, nach zwanzig Metern wieder nach links, da ist ein Weg, eine Einfahrt. Jetzt kommt der Weg, der hinter dem Haus entlang führt, an den Müllcontainern vorbei.«

Lautermann malt die Szenen aus, als er mit dem Kopf durch die Straßen läuft: »Dann bin ich nur noch intuitiv gegangen, den Grazer Damm bin ich langgelaufen, das weiß ich noch. Mir fällt der komplette Weg ein. Ich ging über die Insulaner Kreuzung zum Grazer Damm und hatte den Rucksack über meine rechte Schulter gehängt. ... Und ich vermied sämtliche Konfrontationen mit irgendwelchen Menschen oder Hunden, die hätten es ja riechen können.«

Die Ablegestelle für Barbaras Kopf habe er intuitiv gewählt: »Dann verspürte ich plötzlich, dass es mich zu dem Park zog, weil dort Bäume waren. Ich wollte lieber in der Nähe von Pflanzen sein als von Menschen. Dann ging ich auf die Wiese, sah einen wunderschönen Himmel und einen hell erleuchteten Mond, weiße Wolken, und dann fühlte ich, nachdem ich vorher überlegte, was ich jetzt mit dem Kopf machen soll oder tun konnte, dass die Mitte der Wiese der richtigste Ort für diesen Kopf war oder ist.«

Lautermann handelte überlegt. Ohne Panik, Gefahren abwägend, vollzog er sein grausiges Werk. Ein fast nebensächliches Detail aus seinem Leben war in der ersten polizeilichen Vernehmung gestreift worden. Er hatte ganz beiläufig gesagt, dass er in Bezug auf seine Eltern »etwas aufzuarbeiten habe«: »Als ich 14 war, starb mein Vater, darüber bin ich nie richtig hinweggekommen.«

Es könnte sein, dass Lautermanns Blutspur womöglich noch länger ist. Am 22. Februar 1977 war in Dormagen-Zons – wo Lautermann zu dieser Zeit lebte – der 42-jährige Chemie-Arbeiter Paul Vanderbildt mit einem Hammer niedergeschlagen und tödlich verletzt worden. Der Tatort lag nahe der Lautermann-Wohnung. Viele Merkmale der damaligen Täterbeschreibung trafen auf ihn zu. Schließlich gab es sogar ein Bekennerschreiben zu der Tat – in schlechtem Holländisch. Auch Lautermann beherrscht – etwas mangelhaft – diese Sprache. Und ein lokales Dormagener Magazin recherchierte noch weiter: Am 5. Juli 1975 war Lautermanns Vater »unter mysteriösen Umständen in seinem Pkw ums Leben gekommen. Fahrgastzelle und sterbliche Hülle verbrannten scheinbar ohne Ursache. ›Da hat jemand nachgeholfen‹, vertraute der damals 17-jährige Gerald L. seinem besten Freund an, bevor er 1978 nach Berlin ging.«

Es wurden verschiedene Vergleiche zwischen dem Fall Vanderbildt und den Morden in Berlin angestellt. Heftige Regentage seien beiden Verbrechen vorausgegangen, diese könnten bei psychisch Kranken ein auslösendes Moment darstellen, meinen Fachleute. Die Hintergründe des Todes von Vanderbildts und von Vater Lautermann konnten nicht geklärt werden. Gerald Lautermann wurde hierzu nicht befragt und äußerte sich dazu auch nicht.

Er beschreibt, wie er sich am 25. Januar verschiedener Kleidungsstücke entledigt, Spuren verwischt und sich im Pfützenwasser gewaschen hat. Angesichts der vorangeschrittenen Uhrzeit drängt der Ermittler, doch endlich auch zum Fall Gerhard Seidel zu kommen.

Wieder schildert Lautermann seine Tat, als sei man ihm zu Dank verpflichtet: »Am Morgen des 27. Januar 1994 begab ich mich in die Wohnung von Gerhard Seidel. Ich klopfte viermal an die Tür. Ich musste meine linke Hand auf mein Herz legen und ballte meine rechte Faust (macht dies auch vor) vor der noch verschlossenen Wohnungseingangstür. Er öffnete mir freundlich die Tür und ließ mich in seine Wohnung hinein. Er bat mich, Platz zu nehmen auf seinem Sofa gegenüber den Fenstern ... Dort vertraute ich mich ihm an und gestand, etwas getan zu haben, wozu ich kein Recht hatte, und wo mir dann von diesem einen Gott, denn sein Name ist Allah, offenbart wurde, dass ich dazu die Pflicht hatte, was ich vorher nicht wusste: Was es für ein Kunststück ist, einen Frauenkörper getötet zu haben. Wie könnte sich ein Mann jemals damit rühmen. Ich empfand dies als eine regelrechte Schande. Obwohl mir gleichzeitig bewusst war, dass kein Weg jemals daran vorbeiführen konnte. Denn ich musste meine Pflicht erfüllen.«

Gerhard Seidel war also zum Mitwisser im Mordfall Barbara geworden. Aber Lautermann spricht nicht davon, dass er eventuell Angst hatte, verraten zu werden. Er schildert stattdessen, wie er den Alkoholiker und Kettenraucher von seinen Lastern »erlöste«. Unversehens trat der große und kräftige Lautermann mit seinen Winterstiefeln auf den arglosen und körperlich unterlegenen Seidel ein. Als er dann diesen »rücklings und zeitweise vollständig bewusstlos auf dem Boden« liegenden Seidel sah, überlegte er, »was nun weiter geschehen muss«.

Lautermann versinkt in parareligiösen Phrasen: »Und Allah, der Allerbarmer, und Allbarmherziger, Einzige, Alleinige und Ewige Gott, lässt einen ihm in Wahrhaftigkeit treuen Diener niemals allein.« Deshalb entschied er, Seidels »hiesiges Erdenleben musste ein Ende finden, damit er sich nicht durch eine schreckliche Tat, wie z. B. das Töten Unschuldiger« versündige.

Er geht noch einmal ins Detail: »Herr Gerhard Seidel wachte während des kurzzeitigen Brennens seiner Haare noch einmal auf, ich muss dann laut meiner jetzigen Erinnerung noch einmal seinen Kopf und seinen Brustkorb nach meinen verfügbaren Kräften so eingetreten haben, dass er danach nicht mehr zu Bewusstsein kam. Jedoch sein Körper arbeitete noch.

Ihm quoll aus allen Gesichtsöffnungen außer den Ohren Blut. Bei dem ersten Tritt ging das rechte Glas aus seiner Brille, wo sich dieses Glas befindet, weiß ich nicht genau, es kann sein, dass es sich in seinem rechten Auge befindet. Es ist für mich erschreckend, wie viel nötig ist, um solch einen Teufelskörper zu töten. Hierbei, wie auch bei Barbara, habe ich keinen Hass gegen die jeweilige Person empfunden, sondern reine Liebe.

Dann nahm ich die Axt aus seinem Werkzeugschrank, um den Körper endgültig unschädlich zu machen. Ich schlug mehrfach zu mit der scharfen Kante der Axt, in sein Genick, des Körpers Genick. Bis ich das Gefühl hatte, dass seine Halswirbel gebrochen waren. Dann drehte ich den Körper herum, so dass er wieder auf dem Rücken lag. Ich hatte mit der scharfen Kante der Axt, welche aber nicht messerscharf war, durch sein Hemd geschlagen, durch seinen Hemdkragen ... Also musste ich mir etwas einfallen lassen, um den Körper vollends zu töten. Ich nahm aus seinem Werkzeugschrank einen Schraubenzieher mit einem gelben Plastikgriff. Und öffnete diesem Körper die Stelle, wo meines Wissens unter der Schädeldecke das nervlich nicht zu definierende sogenannte dritte Auge sitzt, mit dem die Seele sehen kann und nicht der Körper. Nachdem ich mit einem Hammer den Schraubenzieher bis zum Anschlag des Griffes in seinen Kopf hineingewuchtet hatte, wühlte ich mit dem Schraubenzieher sein Gehirn durch, um den Körper wenigstens gehirntot zu machen.«

Bevor die Vernehmung beendet wird, zeigt sich Lautermann von seinem guten Werk noch einmal überzeugt: »Ich war glücklich, dass ich meine Arbeit getan hatte.«

Auch die Kriminalisten hatten ihre Arbeit getan. Lautermann war ein Fall für die Klinik, alles Weitere lag nun in den Händen der Ärzte und Gutachter.

Am 6. Oktober 1994 eröffnete die 28. Große Strafkammer im

Moabiter Kriminalgericht das Verfahren gegen Gerald Lautermann. Zuvor aber hatten bereits die Ärzte ihr Urteil gesprochen. Im strafrechtlichen Sinne war der Klavierlehrer, dem man mit einem IQ von 120 ungewöhnliche Intelligenz bescheinigte, nicht zu belangen. Es ging einzig um die Unterbringung in einer geschlossenen Einrichtung für psychisch erkrankte Straftäter. Vom Gutachter wurde ihm paranoide Schizophrenie attestiert, eine Bewusstseinsspaltung, die der Mediziner als »Krebs des Geistes« bezeichnet. Am 8. November entschied das Gericht, Lautermann auf unbestimmte Zeit in die Psychiatrie einzuweisen. Er war für seine Taten nicht haftbar zu machen, dennoch musste er als Gefahr für seine Mitmenschen angesehen werden.

Die folgenden Jahre verbrachte er in der Karl-Bonhoeffer-Nervenklinik in Berlin-Wittenau. Er war ein einsamer Mensch. Seine Frau hatte sich scheiden lassen, seine Kinder hat er nie wieder gesehen. Ende 1998 aber keimte bei ihm die Hoffnung, doch wieder für kurze Zeit die Klinikmauern verlassen zu können. Aber sein Zustand ließ die Ärzte von einem Freigang Abstand nehmen, das Risiko schien ihnen unkalkulierbar und zu groß. Heiligabend 1998 wurde dem inzwischen 38-Jährigen diese Entscheidung mitgeteilt. Am 2. Weihnachtsfeiertag nimmt Lautermann um 14.30 Uhr am Hofgang teil, dann kehrt er in seine Zelle im Haus 35 zurück. Pfleger finden ihn eine Stunde später, erhängt an einem Antennenkabel.

Am 25. Januar 1999 – auf den Tag genau fünf Jahre nach dem Mord an Barbara Frey – berichtet eine Berliner Zeitung unter der Überschrift »Es kommen nicht viele zu deinem Begräbnis, wenn du ein Doppelmörder bist« über die stille Bestattung auf dem katholischen St. Hedwigs Kirchhof an der Ollenhauerstraße. So endete die Geschichte eines Mannes, der nicht wusste, was er tat.

Von Odin enttäuscht

Sommer 1990. Das Haus mit der Nummer 13A in der Bregenzer Straße ist ein schmuckloses Mietshaus. Allerdings im Berliner Stadtteil Wilmersdorf gelegen. Nur wenige Schritte vom Kurfürstendamm entfernt, zählt es zu den guten Wohnlagen. Hier hat Gisela Hanusch ihre Wohnung. Sie ist 47 Jahre alt, arbeitet an drei Tagen als Prostituierte in der »Pension Dr. Frühling«, einem Bordell in der Bleibtreustraße. Gelegentlich empfängt sie auch Freier in ihren Privaträumen. Beides sollte ihr zum Verhängnis werden.

Die »Pension Dr. Frühling« wird von Lola Petrović betrieben. Während Lola in Sachen käuflicher Liebe Professionalität zeigt, agiert sie in Gefühlsangelegenheiten weniger abgeklärt.

Lola ist 25, als sie im Frühjahr 1985 den zwei Jahre jüngeren Kriminalbeamten René Faber kennenlernt. Er verliebt sich Hals über Kopf in sie. Lola erwidert zwar die Gefühle, schenkt dem neuen Liebhaber in Sachen eigener Lebensumstände aber keinen reinen Wein ein. Offiziell betreibt sie ein Kosmetikstudio in ihrer Privatwohnung am Kudamm, bessert aber ihre finanzielle Lage als Gelegenheitsprostituierte auf. Das verheimlicht sie René, der als behüteter Sohn einer nach außen hin normalen Familie immer noch zu Hause wohnt und von Mutti bekocht wird. Er ist etwas gehemmt und hat nur wenig persönliche Kontakte. Sein Elternhaus wird mit »strenger Vater« und »liebevolle Mutter« beschrieben. 1980 hatte er das Abitur gemacht. Damit war der Weg frei für seinen Traumberuf: Polizist. Er bewirbt sich bei der Kriminalpolizei und kommt, nachdem er die Fachhochschule absolviert hatte, in der Direktion 5 unter. Es ist das Kommissariat für Betrugsdelikte. Seinen Dienst als Kriminalbeamter versieht er in Kreuzberg und Neukölln.

Nach fünf Jahren hat René Faber die Nase voll, der Job ist ihm zu monoton. Er sucht nach Veränderung. Am 1. April 1986 meldet er sich in der Direktion Verbrechensbekämpfung zur Spezialabteilung »Einsatzerprobung und Sonderaufgaben«. Er kommt zu einem Mobilen Einsatzkommando, das bei heiklen Angelegenheiten – wie der Festnahme von Personen, die als gefährlich eingestuft werden – eingesetzt wird.

Die Beförderung lässt nicht lange auf sich warten. Im Dezember 1988 wird er Kriminaloberkommissar. Seine Personalakte hat zu diesem Zeitpunkt schon einen kleinen Schönheitsfehler. Am 21. Januar 1988 war er wegen fahrlässiger Körperverletzung bei einem von ihm verschuldeten Unfall während eines Diensteinsatzes zu 1600 DM Geldstrafe verurteilt worden. Fürs Erste schadet es seinem Aufstieg kaum. Aber weitere Sprossen wird er auf der Karriereleiter nicht mehr erklimmen. Schon kurze Zeit nach der Beförderung bemerken seine Vorgesetzten bei ihm einen deutlichen Leistungsabfall, »der sich unter anderem in häufigem Krankmelden und unausgeschlafenem Erscheinen zum Dienst äußerte und zu eindringlichen Ermahnungen seines Dienstvorgesetzten führte«.

Der Grund dafür ist die Beziehung zu Lola, die von Anfang an nicht harmonisch läuft. Sie ist von einer wechselseitigen starken Abhängigkeit und damit einhergehend von immer wieder eskalierenden Spannungen geprägt. Die beiden hatten sich zwar eine gemeinsame Wohnung genommen, aber das Zusammenleben ist von Phasen der Trennung wie auch sich anschließender Versöhnung gekennzeichnet. Lola kommt mit ihrem Kosmetiksalon wirtschaftlich nicht auf die Beine. Stattdessen gerät sie derart in die finanzielle Bredouille, dass sie das Studio schließen muss. Wieder geht sie anschaffen. Vor René hält sie das geheim. Doch bald hat die Heimlichtuerei ein Ende. Er kommt dahinter, was seine Lebensgefährtin zum Gelderwerb treibt, kehrt ihr aber nicht den Rücken, sondern beschließt, sie bei der Einrichtung eines eigenen Bordells zu unterstützen. Dazu muss er einen Kredit von 55 000 Mark aufnehmen. Im Mai 1989 eröffnet die »Pension Dr. Frühling« ihre Pforten.

Die Beziehung der beiden wird durch Lolas neue gastronomische Einrichtung nicht harmonischer. Wenige Monate später steht das Paar wieder am Scheideweg. Lola sucht ihr Glück in einem klandestinen Verhältnis mit einem anderen Mann, kann es aber nicht lange vor ihrem Lebensgefährten verbergen. Es gibt Szenen, er spioniert ihr nach und ist zutiefst zerknirscht.

Da flüchtet sich René in eine andere Welt. Er beginnt, Bücher über die alten Germanen zu lesen. Besonders beschäftigen ihn die germanischen Götter, aus denen die mystische Gestalt des Odin herausragt. Er verfällt mehr und mehr dem Glauben an Odins übersinnliche Kräfte. In wortgewaltigem Okkultismus ist er für ihn »der Sturmgeborene, der das Heer der Toten nächtens durch die Lüfte führt, von Wolfen begleitet, von Raben umkreist«.

Selbst als ihn Selbstmordgedanken befallen und er sich auf seiner Dienststelle die Dienstwaffe holt, um sich zu erschießen, hält Odin seine schützende Hand über ihn. Nun hört er auch zum ersten Mal »Odins tiefe, dumpf hallende Stimme«, die ihm vom Selbstmord abrät. René erinnert sich an das, was er dem Buch über die Germanen alles entnehmen konnte. Von Menschen- und Blutopfern war da die Rede, und er ist überzeugt, dass ein solches Opfer ihm einem Ausweg aus der Misere weisen könnte. Das erste Blutopfer zeigt jedoch wenig Wirkung: René ritzt sich den Unterarm auf und will als Gegenleistung, dass Odin ihm Lola zurückgibt.

Es ist ein Schuss Sarkasmus aus den Zeilen der Anklageschrift gegen Faber herauszulesen, wenn dort konstatiert wird: »Zwar ergab sich nach diesem Ereignis keine Veränderung im Verhältnis des Angeschuldigten zu der Zeugin Petrović, er fing jedoch seither an, regelmäßig zu Odin zu beten.«

Für den dritten Selbstmordversuch hat sich René den Teufelsberg ausgesucht. Als er bei Wind und Wetter Hand an sich legen will, vernimmt er, wie schon die Male davor, Odins Stimme. Doch er versteht ihn nicht, verschiebt aber die Selbst-Hinrichtung. Bei einem weiteren Suizid-Versuch wertet er es als Signal von Odin, als der Haken aus der Zimmerdecke reißt.

Schließlich ergreift Odin fast völlig Besitz von Renés Leben. Seine Mutter wird Ende März 1990 wegen einer psychischen Erkrankung ins Wenckebach-Krankenhaus eingeliefert. Sie hört Stimmen. Der Sohn sieht darin einen weiteren Versuch Odins, Kontakt mit ihm aufzunehmen.

Doch in jenen Tagen scheint das Schicksal sich gegen ihn verschworen zu haben. Denn kurze Zeit später eröffnet ihm Lola, dass sie nun endgültig entschlossen sei, sich von ihm zu trennen. Das ist ein herber Schlag für ihn. Schon im Januar hatte sie sich eine eigene Wohnung genommen. Er sieht wieder einmal als letzten Ausweg, sich zu töten, und will es ganz theatralisch machen, in Gegenwart von Lola. Im letzten Moment aber kneift er wieder.

Er sucht sein Heil in der Zwiesprache mit seinem Gott. An einem Maitag fährt er auf den Teufelsberg, um Odin um Hilfe bei der Rückeroberung von Lola zu bitten. Er sieht sich in seinem Flehen erhört, denn wenige Stunden danach trifft er Lola. Dabei beteuert sie, dass sie nur ihn wirklich liebe. Sofort nimmt René seine sieben Sachen und zieht bei ihr ein. Er ist im

Glücksrausch der wiedergewonnenen großen Liebe. Bereits in der folgenden Nacht fasst er den Entschluss, Odin nun aus Dankbarkeit ein Menschenopfer zu bringen. Bei diesem Ritual soll ein x-beliebiger Mensch getötet werden. Anschließend soll der Kopf des Opfers in einem Wald am Teufelsberg vergraben werden.

Als Kultstätte germanischer Opferriten hat der Teufelsberg nur bedingt Tradition. In den vierziger Jahren des 20. Jahrhunderts war dort, wo heute mit dem Teufelsberg die zweithöchste Erhebung Berlins aus dem Boden ragt, noch reichshauptstädtisches Flachland. Als Hitlers Wahn von einem Großgermanien in einem unübersehbaren Trümmerfeld unterging, wurde das Fleckchen auserkoren, als ein Endlager der Schuttmassen zu dienen.

Es ist also eine profane Örtlichkeit, die sich René ausgesucht hatte. Jetzt war die Frage, welche Person als Dank für seine neu gewonnene Glückseligkeit ihr Leben lassen sollte. Es scheint ihm naheliegend, eine der Frauen umzubringen, die in der »Pension Dr. Frühling« bei Lola arbeiten.

Er weiß, dass seine Freundin Namen und Adressen der Prostituierten in ihrer Handtasche aufbewahrt. In einem unbeobachteten Augenblick greift er sich die Tasche und kramt dort auch tatsächlich ein Kärtchen mit einem Namen hervor: »Giselle Hanusch«. Auch eine Telefonnummer findet er. Er beschließt, diese Frau für sein Opferritual auszuersehen.

Er beginnt, einen Plan für diese Tat zu entwerfen. Über eine Anfrage beim Einwohnermeldeamt bekommt er die Anschrift seines Opfers. Sofort sieht er sich die nähere Umgebung an und läuft auch durch die Straße, in der seit etwa vier Jahren Gisela Hanusch wohnt. Es ist eine ruhige Seitenstraße, und als erfahrener Kriminaler schlussfolgert er haarscharf, dass Leute, die hier durchlaufen, schnell wiedererkannt werden könnten. Also entschließt er sich, vor der Tat mit ein paar maskenbildnerischen Tricks sein Äußeres unkenntlich zu machen. Er nimmt sich den hellen Mantel seiner Freundin, eine helle Hose und eine Perücke. Die künstliche Haarpracht aus der Damenwelt wird mit ein paar Schnitten in Fasson gebracht. Alle die Accessoires des Rituals legt er in eine rote Sporttasche und verstaut diese in seinem Auto.

Sein Plan entwickelt sich über eine gewisse Zeit. Alles scheint langfristig durchdacht und vorbereitet. Am 1. Juni nämlich fährt er in seine seit einiger Zeit verwaiste Wohnungen am Tempelhofer Damm, die er, seit er wieder bei Lola wohnt, nur noch selten betreten hat. Er holt 15 Schuss Munition, die er beim polizeilichen Übungsschießen heimlich zurückgelegt hatte. Es sind auch sechs Patronen darunter, die er mit einer Eisensäge so präpariert hat, dass sich die Schusswirkung um ein Vielfaches erhöhen würde. Am selben Tag noch fährt er zur Wohnung seiner Eltern, wobei er unbeobachtet bleiben will. Aus dem Keller holt er eine Axt. Sie ist sehr wichtig. Mit ihr soll dem Opfer der Kopf abgetrennt werden. Auch die Axt packt er in eine Sporttasche, die er ebenfalls ins Auto legt. Mit makaberer Präzision macht er sich an die nächsten Schritte seiner Tat. Er fährt zum Bahnhof Zoo und belegt dort ein Schließfach. Es soll reserviert sein, damit er darin den abgetrennten Kopf seines Opfers deponieren kann, um ihn zu einem späteren Zeitpunkt unter einer Eiche am Teufelsberg vergraben zu können.

4. Juli 1990. Der Tag der Tat. René und Lola lassen es sich gut gehen. Sie bleiben bis etwa um elf Uhr im Bett, gehen gemeinsam frühstücken. Dann trennen sich ihre Wege, und René fährt etwas ziellos durch die Stadt. Zwischendurch – er denkt an alles – besorgt er sich in einer Apotheke Aids-Handschuhe, um bei der nun bevorstehenden Tat nicht mit Blut in Berührung zu kommen.

Am Abend macht sich das Paar noch ein paar schöne Stunden. Sie besuchen ein Restaurant, dann entspannen sie im

»Café Kanzler« am Kurfürstendamm. René hat seinen Wagen im nahe gelegenen Parkhaus abgestellt. Sie sitzen eine ganze Weile zusammen, als sich gegen zehn Uhr abends René ohne weitere Erklärungen entschuldigt und sagt, er sei bald wieder zurück.

Als Erstes muss er zu seinem Wagen ins Parkhaus. Er zieht die dort deponierten Kleidungsstücke an und drapiert sich mit der zurechtgestutzten Perücke und einer Sonnenbrille. Im Schulterholster steckt seine Dienstwaffe, eine Sig Sauer P6. Dann läuft er die paar Schritte zum Bahnhof Zoo, kauft einen Blumenstrauß und nimmt eine der vor der Bahnhofshalle wartenden Taxen. Ziel der Fahrt ist er der Olivaer Platz.

Seinen Plan hat er seit langem gefasst, wie er später nüchtern schildern wird: »Die ganze Zeit vorher war für mich klar, ich geh rein, schieße, schlage den Kopf ab und geh wieder weg.«

Den Rest der Strecke, es sind nur ein paar Meter, legt René zu Fuß zurück. Als er vor dem Haus in der Bregenzer Straße 13A steht, zieht er sich die Perücke vom Kopf und nimmt die Sonnenbrille ab. Dann klingelt er bei Gisela Hanusch. Er weiß, dass die 47-Jährige auch gelegentlich »Privatpatienten« in ihren häuslichen Räumen empfängt. Arglos lässt sie den unbekannten Gast in ihre Erdgeschosswohnung. René drückt ihr den Strauß Blumen in die Hand und streckt ihr auch gleich vier Hundertmarkscheine entgegen, mit der Bemerkung, er komme auf Empfehlung und gehe davon aus, dass dies der übliche Tarif bei ihr sei. Die Frau lehnt nicht ab und bittet ihn, sich auf einem Sofa im Wohnzimmer niederzulassen. Gisela Hanusch serviert ihm eine Flasche Bier und setzt sich zu ihm.

Sie versuchen sich etwas in Konversation, aber die Situation ist nicht entspannt, ein Gespräch will nicht so recht aufkommen. Gisela Hanusch hat als Prostituierte ein feines Gespür dafür entwickelt, in welcher Atmosphäre mit möglichen Freiern nichts mehr läuft. Da auch sie nicht mehr nüchtern ist,

macht sie dem späten Gast einen Vorschlag. Er solle ein ander-
mal kommen, wenn er weniger angespannt sei, dann würde
sicher was laufen. René scheint sich einsichtig zu zeigen. Die
Frau steht auf, um ihn an die Tür zu bringen.

Für das, was dann passiert, gibt es nur einen Augenzeugen,
den Täter selbst, und der erzählt vor Gericht: »Sie steht auf und
geht raus und ich geh hinterher. Mit jedem Schritt, den ich
gehe, und mit jedem Schritt, den sie ging, wusste ich, wenn ich
draußen vor der Tür stehe, ist es vorbei. In dem Moment habe
ich geschossen.« Es ist gegen 23.15 Uhr, als der Schuss fällt.

Faber reagiert kühl und überlegt, nachdem sein Opfer
tödlich getroffen zu Boden gesunken ist. Er geht zurück ins
Wohnzimmer und macht sich daran, die Spuren zu beseitigen.
Als Polizist kennt er sich aus. Die Spurenträger wie die Bier-
flasche und auch Zigarettenkippen packte er in seine Sporttasche. Dann zerrt er den leblosen Körper von Gisela Hanusch in
die Mitte des Flures. Er holt aus der Tasche die Axt und beginnt
nun sein »eigentliches Werk«.

Mindestens achtmal schlägt er auf den Hals seines Opfers ein. Aber es gelingt ihm nicht, den Kopf vom Rumpf zu
trennen. Das Vorhaben misslingt, die Axt erweist sich als zu
stumpf. Faber sieht ein, dass er diese Tat so nicht zu Ende führen kann und lässt von seinem Opfer ab. Er ist verzweifelt und
wütend auf Odin: »Da habt ich mich dann so wahnsinnig im
Stich gelassen gefühlt von Odin! Ich will das tun für ihn, und
er gibt mir ein stumpfes Beil.«

»Gisela Hanusch verstarb kurz darauf durch Verbluten auf-
grund des Kopfdurchschusses und der erlittenen schweren
Halsverletzungen«, diagnostiziert der Gerichtsmediziner die
Todesursache.

Faber läuft durch die Wohnung, angeblich um nach einem
Zeichen von Odin zu suchen. Dabei reißt er auch Wäsche-
stücke aus einem Schrank. Aus einem Kassettenrekorder ent-

nimmt er noch die eingelegte Musikkassette. Alles packt er in die Sporttasche, die er mitgebracht hatte. Auch die blutverschmierte Axt, die er zuvor in eine Mülltüte wickelt. Dann verlässt er die Wohnung.

Hausbewohner, die den Schuss gehört hatten, haben inzwischen die Polizei gerufen. Jetzt beobachten sie, wie und in welche Richtung sich der Unbekannte entfernt.

Der Notruf hat unter anderem auch ein Einsatzfahrzeug der Polizei erreicht, das gerade vor dem Haus in der Bregenzer Straße vorbeifährt, als Faber es verlässt. In der Xantener Straße, ganz in der Nähe des Tatortes, können Zivilpolizisten den Mann stellen und festnehmen.

Die Polizei zeigte sich gegenüber der Presse zunächst auffallend wortkarg. Es war sicher kein angenehmer Moment, öffentlich zu erklären, dass ein Straftäter dieser Provenienz aus den Reihen der polizeilichen Elite kam.

In seiner faktischen Aufklärung war der Fall Faber für die Polizei kaum eine besondere Herausforderung. Es gab mehrere Zeugen, die ihn aus dem Hause laufen sahen, bei seiner Festnahme hatte er noch die Pistole und die blutverschmierte Axt bei sich, und am Ende folgte sogar ein Geständnis. Aber wann ist ein Fall geklärt?

Der »Stern« meinte in einem Prozessbericht: »Manche Prozessbeobachter nehmen dem Angeklagten kein Wort von seiner Odin-Geschichte ab. Sie vermuten vielmehr, dass ein Kripobeamter weiß, mit welchen Mitteln man eine Mordanklage abwendet und zu einem milden Urteil kommt.«

Der Gutachter hatte René Faber ein Borderlinesyndrom attestiert, jene schwere Persönlichkeitsstörung, die immer wieder auch bei Mordfällen eine Rolle spielt. Andere Stimmen wollten dem Angeklagten keinen »Wahn-Bonus« einräumen: »Er hat Lola seine Stärke zeigen wollen, an der sie immer zweifelte«, zeigte sich die Halbschwester des Opfers überzeugt, »sie sollte endlich begreifen, wie hart er sein kann, wozu er fähig ist. Dafür hat er eiskalt gemordet.«

Diese Sichtweise hat sich bei Gericht nicht durchgesetzt, aber Nachdenklichkeit ist dem Richterspruch dennoch zu entnehmen. Am 30. April 1991 wurde gegen René Faber das Urteil gefällt.

Das Gericht gelangte zu der Überzeugung, dass der Angeklagte bei seiner Tat nicht fremdbestimmt gewesen war. »Das waren seine Ideen, er war kein willenloses Werkzeug«, hieß es in der Urteilsbegründung. Er habe aus eigensüchtigen Motiven getötet, nämlich aus Angst, die Beziehung zu seiner Freundin könne zerbrechen. Wenn er sich auf einen Befehl des Schlachtengottes berufe, sei das lediglich der Versuch, seine Verantwortung abzuschieben, um nicht, wie ein »normaler Mörder« dazustehen.

Trotzdem wurde die »verminderte Schuldfähigkeit des Angeklagten« dem Urteil zugrunde gelegt und auf eine Haft von zehn Jahren erkannt sowie die Unterbringung in einem psychiatrischen Krankenhaus angeordnet. Die Unterbringung begründete die Kammer damit, dass Faber in der Verhandlung keinerlei Distanz zu seinem Odin-Glauben habe erkennen lassen und nach wie vor eine Gefahr für die Öffentlichkeit darstelle.

Der Mord an dem Mädchen Maria

»Frau überfahren und enthauptet«, so stand es in der »Berliner Zeitung«. Eine kleine Meldung nur. Das war am 25. Juni 1997. Eine Notiz zu einem Strafprozess vor dem Moabiter Landgericht, der lange auf sich hatte warten lassen und das vorläufige Ende eines scheinbar unendlichen Kriminalfalles war. Mehr als drei Jahre später, kurz vor Weihnachten im Jahr 2000, griff die »Berliner Morgenpost« den Fall noch einmal auf: »Die Männer überfuhren sie mehrmals mit dem Auto, anschließend trennten sie mit einem großen Messer oder Säbel beinahe den Kopf der jungen Frau vom Körper.«

In den meisten Fällen, wenn Köpfe fallen, hat dies den Hintergrund eines psychischen Defekts. Nicht so bei diesem Verbrechen. Hier war das Vorgehen eher von einem Hauch Mafia bestimmt. Auch wenn diese Täter Welten von der »richtigen« Mafia trennten, so schienen sie doch Anleihen aus dem Kodex des geheimbündlerischen Verbrechens genommen zu haben. Ein abgeschlagener Kopf gilt immer noch als Zeichen einer Strafe durch die »ehrenwerte Gesellschaft«. Gegnern und Abtrünnigen schlug in jenen Jahren die vietnamesische Zigarettenmafia die Köpfe ab, wie es heute bevorzugt die mexikanische Drogenmafia praktiziert. Exempel einer grausamen Macht werden statuiert. Der abgetrennte Kopf der jungen Frau war ein blasses Abbild jener verbrecherischen Herrschaftsform, aber doch ein Beispiel brutalsten Vorgehens unter Gangster-Novizen.

Die Ermittler hatten ein kriminelles Verwirrspiel enträtselt, in dem es um Dutzende von Gaunereien bis hin zum Mord ging und ein verschlungenes Geflecht zwielichtiger Gestalten zutage gefördert wurde. Es kam etwas Licht in die Schattenwelt, wie sie unter den Immigranten aus der ehemaligen Sowjetunion entstanden war. »Ein langwieriger Indizienprozess steht den Richtern bevor, bei dem es um viel Geld, um dunkle Geschäfte und einen Mord geht«, prognostizierte die »Berliner Zeitung«.

Den Fall, der hier zur Verhandlung stand, hatten die meisten Berliner wohl längst vergessen, obwohl er grausam und spektakulär gewesen war. Fast fünf Jahre lag er zurück.

Wann die ganze Geschichte eigentlich begonnen hatte, konnte niemand mehr genau sagen. In den Polizeiakten findet man den 6. Februar 1992 als Stichtag. An diesem Tag betritt ein korpulenter Mann mit einem auffallend watschelnden Gang die Filiale der Berliner Sparkasse in der Motzstraße am Nollendorfplatz. Er richtet ein Giro-Konto ein. Der Mann heißt Michael Hennecke und hat Geld. Mehr als 120 000 D-Mark will er deponieren. Obwohl der Mann einen ordentlichen Job in einem Dentallabor hat, ist es doch ein ungewöhnlich hoher Betrag, noch dazu für ein Giro-Konto, über das für gewöhnlich nur die laufenden Einnahmen und Zahlungen abgewickelt werden. Aber das war es auch schon, weitere Besonderheiten gibt es nicht. Ist Michael Hennecke ein einfacher – und später einfach betrogener – Bankkunde? Oder spielt er eine aktive Rolle in dem, was nun kommen sollte? Die Justiz hat sich diese Frage nie gestellt.

Zweieinhalb Monate nachdem Hennecke das Geld eingezahlt hatte, am 22. April, wird in dieser Sparkassen-Filiale ein ganz gewöhnliches Überweisungsformular eingereicht. Es trägt die Unterschrift »M. Hennecke«. Mit diesem Überweisungsschein ergeht an die Bank der Auftrag, die Hälfte der stattlichen Summe, nämlich 60 000 Mark, dem Konto eines Dmytri Nowikow gutzuschreiben. Anstandslos und ohne Verzögerung kommt das Geldinstitut der Order nach. Bereits einen Tag später kann sich dieser Dmytri, den seine Freunde Dima nennen, um »60 Mille« reicher schätzen. Schon in den Vormittagsstunden des 23. April, zwischen zehn und elf Uhr, wird Dimas Konto abzüglich eines schamhaften Restes von 100 Mark leergeräumt.

Erst zwei Wochen später, am 8. Mai, entdeckt Hennecke, dass sein Kontostand um 60 000 Mark geschmolzen ist. Ungläubig starrt er auf seinen Kontoauszug. Stante pede macht er sich auf den Weg zur Filiale der Berliner Sparkasse in der Motzstraße, will den Geldverlust geklärt haben und Anzeige erstatten. Er habe keine Überweisung veranlasst, versichert er und will den Betrag umgehend wieder seinem Konto gutgeschrieben sehen. Aber er erlebt sein blaues Wunder. In der Sparkassen-Zweigstelle ist man über den entrüsteten Kunden und sein Ansinnen wenig erfreut. Banker haben ihre eigenen Rechtsvorstellungen. Noch nicht einmal die Adresse des Empfängers der 60 000 DM, von dem er nur den Namen Dmytri Nowikow kennt, wollen Bankgeheimnisträger dem Geschädigten rausrücken. Nur noch kopfschüttelnd kann dieser zur Kenntnis nehmen, wie man ihn auflaufen lässt. Unterschwellig unterstellt man ihm sogar, selbst die Überweisung getätigt zu haben. Gleichzeitig aber lehnt man die Herausgabe der Daten ab, wohin das Geld von seinem Konto geflossen ist. In den heiligen Hallen des Geldinstitutes weigert man sich sogar, die Kriminalpolizei hinzuziehen, um so die Klärung des Falles in die Hände unabhängiger Ermittler zu legen. Hennecke ist zwar erst 37 Jahre alt, aber es quält ihn, als Gehbehinderter fast eine Stunde durch Berlin laufen zu müssen, bis er an diesem Freitagnachmittag eine Polizeidienststelle findet, die sich seiner Sache annimmt.

»Fest steht«, so wirft der Betrogene in einem geharnischten Schreiben den Bankern vor, »dass Sie damit die Arbeit der Polizei verzögert bzw. erschwert haben …«

Die Ermittlungen laufen zäh, wochenlang tritt die Polizei auf der Stelle. Dima hält sich mittlerweile in Russland auf. Aber dann taucht er wieder in Berlin auf. Zwei Monate nach seiner wundersamen Bereicherung steht er am 26. Juni in der Bank und fragt nach einem Dispokredit. Die Angestellten wollen sich diesmal Ärger ersparen, wählen die Eins-Eins-Null und lassen die Polizei kommen. Die Beamten aber zeigen sich machtlos. Die Akten des Hennecke-Vorgangs liegen bei der Staatsanwaltschaft. Da ist nichts zu machen, Dima kann seines Weges ziehen.

Zwar klingelt die Polizei dann doch noch bei dessen Eltern in Wilmersdorf. Aber die späte Hausdurchsuchung dort ist ebenso erfolglos wie die in der Wohnung eines Sergej Platonow, bei dem Dima als Untermieter gemeldet ist.

Dimas Familie stammt, wie viele Emigranten, die vor allem nach dem Mauerfall nach Berlin gekommen sind, aus Odessa. Dort war er 1972 geboren worden. Seit Februar 1990 lebt die Familie in Deutschland. Besonders aus Odessa kommen in dieser Zeit auffällig viele, die nicht auf den Pfaden der Tugend wandeln. Bei der Berliner Polizei erzeugt allein die Herkunft Naserümpfen. Man spricht hinter vorgehaltener Hand von der Odessa-Mafia.

In Berlin wollen Dima und seine Freunde die Zeit der kleinen Kopeken hinter sich lassen; der Rubel soll rollen.

Der Trick mit der Überweisung ist im wahrsten Sinne des Wortes »schnelles Geld«. Die Generalprobe für den ungestraften Zugriff auf fremde Konten ist geglückt. Die Gefahr, erwischt und belangt zu werden, tendiert gegen null. Für die Clique um Dima scheint sich ein lukratives Geschäftsfeld zu eröffnen, an dessen Perfektionierung man nun arbeitet.

Zu den engsten Freunden von Dima gehören Fedor und Michail, genannt Mischa. Michails Vater ist im Berliner Spielhallen-Milieu eine große Nummer. Die Spielhallen werden in diesen Tagen fast immer in einem Atemzug mit den Im- und Export-Firmen genannt. Das Handelsregister füllt sich fast täglich mit Neugründungen dieser Geschäftskombination, einer in jenen Jahren von ehemaligen Sowjetbürgern beherrschten Branche, um deren Leumund es nicht zum Besten bestellt ist. Geldwäsche ist das am häufigsten verwendete Attribut für die Spielhallen-Szene.

Michails Familie stammt aus der lettischen Hauptstadt Riga, dort war er 1973 zur Welt gekommen. Aufgewachsen ist er in Berlin, denn er war schon im Einschulungsalter in den achtziger Jahren mit seinen Eltern hierher gekommen. Er hat einen entscheidenden Vorteil: Im Gegensatz zu den meisten anderen Zuwanderern aus der ehemaligen Sowjetunion ist er des Deutschen in Wort und Schrift mächtig. Das verschafft ihm eine gewisse Sonderstellung.

Dann ist da noch Dimas Freund Arik. Gemeint ist damit Aron Seliger, der deutlich älter als der Rest der Gruppe ist.

Während Arik in einem Obdachlosenheim lebt, liegt Fedor seiner Mutter und der Tante auf der Tasche. Fedors Stiefvater hatte kurz nach dem Fall der Mauer in Sachsen das Schicksal ereilt: Er war mit 30 Messerstichen ermordet aufgefunden worden. Ob das in der Nähe von Leipzig oder Dresden war, kann Fedor selbst nicht mehr so genau sagen – es ist ihm wohl auch egal. Er soll in undurchsichtige Geschäfte mit der GUS-Armee verstrickt gewesen sein. Wie bei fast allen Verbrechen, die in dieser abgeschotteten Welt verübt wurden, standen die deutschen Ermittler auch hier auf verlorenem Posten. Ein Täter konnte nie ermittelt werden.

Während Fedor und die anderen Neuzuzügler in der Gruppe dem Müßiggang frönten, hatte sich Mischa eine Lehrstelle besorgt. Seit dem 1. September 1991 macht er eine Ausbildung bei der Berliner Sparkasse am Innsbrucker Platz in Schöneberg. Es ist die Filiale mit der Nummer 116. Den Vorgesetzten fiel an Michail nichts Besonderes auf, lediglich, dass er sich hin und wieder für einen Tag krankmeldete.

Er galt als der Pfiffigste in der Clique, was langfristig nicht zu seinem Vorteil gereichte, wurde er doch trotzdem zu einem Teil der brisanten charakterlichen Mixtur, die sich in dieser Gruppe zusammenbraute. Das sollte sich bald zeigen.

Dass sich Banken zum schnellen Geldverdienen besonders eignen, haben die jungen Exilanten entsprechend Brecht'scher Weisheiten rasch durchschaut. Strumpfmaske und Schieß-eisen waren out – Banker-Know-how und Fingerfertigkeiten gefragt. Und am Ende wird nicht mehr festzustellen sein, ob Michail ins Bankgeschäft eingestiegen war, um dort den aus-sichtsreichsten Posten für kriminelle Taschenspielertricks zu beziehen, oder ob er die Kniffe, wie Leute besonders geschickt übers Ohr zu hauen sind, dort erst ausbaldowert und mitbe-kommen hat. Sicher scheint nur eins: In Michails Metier wurde ein Gaunerstück einstudiert, das zum Prolog für einen Coup wurde, der tödlich endete.

Zwei Tage nach dem Entdecken des Betruges und den unerfreu-lichen Erfahrungen mit seiner Bank hatte sich Michael Henne-cke an die Schreibmaschine gesetzt und mit unübersehbarem Groll alle Ungereimtheiten des Vorgangs zu Papier gebracht.

Er listet Punkt für Punkt auf, welche Abweichungen es zwi-schen dem inkriminierten Überweisungsschein und seinen normalerweise vorgelegten Belegen gibt, und dass sie jedem Bankmitarbeiter hätten auffallen müssen.

Dann übt sich Hennecke in kriminalistischer Kombination und kommt dem Kern des Gaunerstückes erstaunlich nahe. Er beschreibt die simple Logik des betrügerischen Kabinettstückchens: »Bei der Frage des Kontostandes – da Sie ja eine mögliche Beteiligung eines Sparkassen-Mitarbeiters sofort zurückgewiesen haben (warum eigentlich?) – kann es sich ja ggf. um einen ›Versuch‹ handeln, andererseits ergibt sich die Frage, warum gerade dieser Betrag, und warum wurde nicht das ganze Konto geplündert, das Risiko war ja doch wohl das gleiche – nämlich offensichtlich gar keines!! Ist das Konto nicht gedeckt, wird nicht überwiesen, der Betrüger bleibt unerkannt. Ist das Konto gedeckt, wird problemlos überwiesen und der ›Empfänger‹ hebt ab, denn der Betrag ist ja ›rechtmäßig‹ auf dessen Konto gut geschrieben, obwohl er ja wissen müsste, dass er keinen Betrag dieser Höhe und schon gar nicht von mir zu erwarten hat. Wird er bei der Abhebung irgendwie erwischt, dann war das eben eine unverständliche Fehlbuchung.«

Hennecke hat also das »Geschäftsmodell« der Bande durchschaut: »Vielleicht handelt es sich hier um eine neue Betrugsmasche, die auch nicht zum ersten Mal durchgeführt wurde, so dass ich mir hier auch eine Veröffentlichung zur Warnung vorbehalte.«

Damit traf er eine Achillesferse der Banken. Nahezu panische Angst befällt die Banker, wenn die Gefahr droht, Sicherheitslecks und schludriger Umgang mit Kundengeldern könnten an die Öffentlichkeit kommen. Hennecke macht seine Drohung nicht wahr. Er hofft auf eine »friedliche« Regelung, um an seine 60 000 Mark zu kommen.

Es wird in den kommenden Wochen und Monaten mehrmals geschehen, dass die Gruppe diese magische Zahl von 60 000 DM auf einem Überweisungsbeleg einträgt. Ermittlungen, ob es sich bei dieser Summe um eine interne »Schallmauer« der Banken handelt, deren Überschreiten eine verstärkte Kontrolle auslösen würde, werden nicht angestellt.

Noch weiß niemand, wie nah sich Hennecke mit seinem Fingerspitzengefühl an die Quelle der Manipulation herangetastet hat. Er ist auf der richtigen Fährte. Am 12. Mai 1992 – zwei Tage nach dem ersten Schreiben – teilt er der Bank mit, dass er einen Tag bevor die gefälschte Überweisung eingereicht worden war, in der Filiale 116 zwei Überweisungen abgegeben habe. Ausgerechnet in dieser Filiale erlernt Michail Butulis das Jonglieren mit Geld.

Wieder vergehen Wochen, und der Fall wird nicht geklärt. Erst am Vormittag des 13. Juli wird Dima in dieser Sache von der kriminalpolizeilichen »Direktion Verbrechensbekämpfung« vernommen. Inzwischen war zwar ein regelrechtes Gauner-Opus aufgeführt worden, aber davon hatten die Ermittler offensichtlich keinen blassen Schimmer, sonst wäre wohl Dimas Vernehmung kein belangloses Plauderstündchen geworden.

Dima erzählt eine Geschichte, die sich in allen entscheidenden Punkten der Nachprüfbarkeit entzieht. »Es lebte einmal«, so fangen viele russische Märchen an. Dima erzählte die Geschichte von Pjotr Lebedew, der in Odessa lebt und ein guter Mensch ist. Im Oktober, im November 1991 und über den Jahreswechsel 1991/92 sei er besuchsweise bei Verwandten in Odessa gewesen, berichtet Dima. Bei seinem letzten Besuch habe er den alten Bekannten seines Vaters, den Pjotr getroffen. Der Mann aus Odessa hatte ein besonderes Anliegen: »Pjotr bat mich, hier in Berlin ein Konto zu eröffnen. Dann sollte ich eine Geldüberweisung abwarten und dann abheben und ihm, dem Pjotr, das Geld bringen. Der Pjotr sagte dazu, dass er in Deutschland Geld durch Geschäfte zu erwarten habe, aber es nicht selbst holen könne, da er kein Visum zum Reisen habe. Das klang mir einleuchtend.«

Geldbote Dima mimt den Biedermann: »Auf meine Frage, ob das eine ehrliche Sache sei, antwortete mir Pjotr, dass er ein ehrlicher Mann sei, da könne ich meinen Vater fragen.« Für diese Dienstleistung habe ihm Pjotr 5000 D-Mark versprochen, fügt Dima bescheiden hinzu. Anfang Februar 1992 habe er deshalb das Konto bei der Sparkasse eröffnet.

In einem Redeschwall malt Dima die Geschichte des ominösen Geldsegens in schillerndsten Farben: »Nach einiger Zeit rief Pjotr mich wieder aus Odessa an und sagte, dass eine große Summe auf meinem Konto eingetroffen sei und ich das Geld abholen solle … Am nächsten Tag ging ich zur Sparkasse, allerdings nicht in meine Filiale. Ich legte meine Kundenkarte vor und fragte den Kontostand ab. Dann wusste ich, dass ich 60 000 DM auf dem Konto hatte. Daraufhin habe ich 59 900 DM abgehoben. Eigentlich wollte ich alles abheben, aber der Bankangestellte sagte mir, dass ich 100 DM als Rest für die Gebühren auf dem Konto lassen müsse.«

Hier aber schlich sich ein kleiner Schönheitsfehler in die Story ein. Der Bankangestellte war nämlich nachweislich eine Frau, und die verfügte über ein ungewöhnliches Erinnerungsvermögen.

Die Dame vom Schalter ist ebenfalls an diesem 13. Juli 1992 zur Kripo geladen worden. Man zeigt ihr Dima, und sie ist sich ohne Zweifel sicher: Der war es nicht, dem sie das Geld ausgezahlt hat! Stattdessen entdeckt sie in einer Lichtbild-Mappe der Kripo das Foto des Mannes, dem sie am 23. April die 59 900 Mark ausgehändigt hat: Es ist Dimas Vermieter Sergej Platonow.

Dima hatte offensichtlich ein Versteckspiel ersonnen, bei dem er – wie sich im weiteren beweisen sollte – stets unsichtbar zu bleiben gedachte. Sollten auf diese Weise auch die Spuren zu Michail verwischt werden?

Zunächst aber malte er seine blumige Geschichte weiter aus. »Am nächsten Tag bin ich mit dem Geld nach Moskau geflogen«, behauptet er rückblickend auf den 24. April, den Tag, an dem er das Geld abgehoben hatte. »Ich nahm das Geld in bar mit. Von Moskau fuhr ich mit dem Zug nach Odessa und lieferte das Geld bei Pjotr ab. Er gab mir 5000 DM von dem Geld als Entschädigung. Nach etwa einem Monat kehrte ich dann nach Berlin zurück. Die 5000 DM habe ich inzwischen für persönliche Sachen wie Uhr, Kleidung usw. ausgegeben.«

Der Reisepass aber, der für seine Ein- und Ausreise in Russland unabdingbar notwendig gewesen war und in dem die Visa-Stempel ein goldenes Alibi abgeben mussten, der war leider verschollen. »Es stimmt«, so räumt er ein, »dass ich meinen Pass zwischenzeitlich verloren hatte und das auch der Behörde gemeldet habe. Dann habe ich den Pass aber wiedergefunden. Ich habe ihn immer noch, nur jetzt nicht bei mir. Damit habe ich auch das Geld abgehoben, denn da musste ich meinen Pass zeigen. Wann ich den Pass wiedergefunden habe, weiß ich nicht mehr.«

Pass verloren, dann wiedergefunden, aber gerade nicht auffindbar. Dima mutet seinen Vernehmern einiges zu.

Doch in seinem Umfeld hat Dima nicht alles im Griff. Schnell zeigen sich signifikante Widersprüche.

Besonders bemerkenswert ist, dass die für die Sparkassen zuständige Landesbank Berlin erst zwei Tage nach Dimas Vernehmung und fast drei Monate nach dem Coup in einem Schreiben an die Polizei »Strafanzeige gegen Unbekannt wegen Urkundenfälschung und Betruges« erstattet. Zu einem Zeitpunkt, an dem der Fall bereits eine – wie sich noch zeigen wird – dramatische Entwicklung genommen hat.

Aber noch geht es um die Tage im April. Das Mädchen Irina aus Dimas näherem Bekanntenkreis entsinnt sich bei ihrer Vernehmung einiger Details, die ein ganz anderes Bild vom braven Geldbriefträger zeigen. Ihr war der Tag, an dem Dima nach Moskau geflogen und angeblich weiter nach Odessa gereist sein will, noch in bester Erinnerung: »Am 24. April 1992«, sie ist sich beim Datum absolut sicher, »besuchte mich Dima in der Schule. Er bat mich, ihn zu begleiten, weil er Bekleidung für seine Freundin in Moskau kaufen wollte; da ich in Größe und Figur in etwa ihr entspreche, sollte ich die Sachen anprobieren.« Sie seien ins KaDeWe gegangen und er habe dort hochwertige Bekleidung wie Kostüm, Jacke und Rock gekauft. Bezahlt habe er in Tausend-Mark-Scheinen eine Summe von etwa 3000 DM. Für sich selbst habe er Sakko, Lederjacke, Sonnenbrille, Hose und Hemd gekauft und dürfte hierfür nach Ansicht der Begleiterin auch zwischen 1000 und 2000 DM berappt haben. Anschließend hätten sie eine Herrenboutique in der Wilmersdorfer Straße besucht. Dort legte er sich Jeans, Regenmantel und Schuhe zu, wobei der Regenmantel, wie Irina mitbekam, schon an die 1300 DM gekostet habe. Dann fuhren die beiden zum Juwelier »Christ« in der Friedrichstraße, wo es für Dima noch einmal eine Herrenarmbanduhr für 700 Mark sein musste.

Am Abend dieses 24. April erschienen dann, wie Irina im Gedächtnis haften geblieben war, Mischa und Fedor und holten Dima ab. Sie begleiteten Dima zum Bahnhof Lichtenberg, weil er noch in dieser Nacht mit dem Zug nach Moskau fahren wollte. Hier ist also nicht mehr von einem Flug nach Moskau die Rede. Und die 5000 Mark, die ihm angeblich Pjotr aus Odessa für seine treuhänderischen Dienste gab, hatte er – wenn die Geschichte überhaupt stimmte – wohl gut und gerne schon vorher auf den Kopf gehauen.

Noch etwas widersprach Dimas Einlassungen. Kostja, der entfernt auch zur Gruppe gehört, erzählte, wie sich Dima und seine Freunde – vor allem Fedor und dessen Freundin Nastja – halb krank darüber gelacht hätten, dass sie nur einen halben Tag brauchten, um Henneckes Unterschrift nachzumachen. Außerdem hätten sie doppelt soviel vom Konto abbuchen können, schließlich waren da ja 120 000 DM drauf. Die 120 000 Mark, das war Täterwissen. Woher sollte man sonst diese tatsächlich vorhandene Summe kennen? Mittels des hausinternen Rechner-Netzes der Sparkasse wäre es beispielsweise dem Banklehrling Michail ein leichtes gewesen, Henneckes Kontostand einzusehen.

Über einen Monat war Dima nach besagtem 24. April verschwunden, dann tauchte er wieder in seinem Freundeskreis auf. Jetzt begann er in Berlin ein Mädchen zu suchen – und er fand es in Maria.

Kennengelernt hatte er Maria in der Sprachenschule. Die Romanze begann während eines Festes bei einem Bekannten in der Berliner City. Dima wollte bei Maria landen. Maria ist 18, sieht gut aus und ist sich ihrer Reize bewusst. Sie möchte aber nicht der schnelle Aufriss sein, der Mann, der was von ihr wollte, sollte schon um sie buhlen. Deshalb ziert sie sich an diesem Abend noch ein wenig, sich von Dima allzu schnell rumkriegen zu lassen. Als sie sich anschickte, die Party zu verlassen, zog Dima eine Show ab, die den Anwesenden im Gedächtnis blieb. Er setzte sich scheinbar schmollend aufs Fensterbrett und ließ die Beine an der Fassade baumeln – und das im 16. Stockwerk. Alle waren beeindruckt und Maria stolz, von einem so furchtlosen Landsmann umworben zu werden. Die beiden wurden ein Paar, er war Marias »erster Mann«.

Während Maria in Dima die große Liebe gefunden zu haben glaubt, sind Dimas Beweggründe wohl weniger schwärmerisch. Marias Mutter Olga scheint das zu spüren, sie hält nicht viel von ihm.

Seit kurzem erst wohnt Olga mit ihrer Tochter in der Helmholtzstraße. Hier, wo an der Spree die Bezirke Charlottenburg und Tiergarten aneinanderstoßen, haben die beiden gefunden, was sie seit Jahren suchten – ein neues Heim. Die Straße liegt in einer passablen Wohngegend, ist zentrumsnah – sie können zufrieden sein.

Im Dezember 1990 waren Mutter und Tochter, samt der Großeltern von Dnjepropetrowsk aufgebrochen, im Westen ihr Glück zu finden. Die Millionenstadt am Unterlauf des Dnjepr im Süden der Ukraine, wo Maria 1973 geboren wurde, schien ihnen keine – zumindest keine erstrebenswerte – Perspektive zu bieten. Sie schlossen sich dem Exodus aus der ehemaligen Sowjetunion an, dessen großer Strom Tag für Tag mehr Menschen mitriss.

Die ersten Schritte ins neue Leben waren für beide beschwerlich gewesen. Eineinhalb Jahre mussten sie in einem Wohnheim am Stadtrand ausharren. Die Herberge war ein Getto. Der Kontakt zu den Einheimischen blieb dürftig. Auch nach Jahren kann sich Olga nur radebrechend in Deutsch verständigen. Die Sprache bleibt ihr eine soziale Barriere. Pläne für eine sinnvolle Gestaltung ihres Lebens hat sie kaum. Ihre Gedanken kreisen um die Zukunft Marias, die soll es einmal besser haben. Maria hat Ambitionen. Sie will Deutsch lernen, studieren und Ärztin werden. Aber das ist ein weiter Weg. Der Alltag ist meist farblos.

Mit ihren achtzehn Jahren muss sie die Schulbank drücken, um die Sprache von Koch, Virchow und Sauerbruch zu erlernen. Doch sie will nicht ständig an das Morgen denken, jetzt ist sie jung, das Leben lockt mit Abenteuern. In der neuen Wohnung ist sie endlich dem Treiben der Großstadt wirklich nah. Olga aber macht sich Sorgen um ihre Tochter. Nicht nur Dima, auch dessen Freundeskreis hat bei ihr nicht den besten Eindruck hinterlassen.

Mischa, den sie nur flüchtig kennengelernt hat, wirkt kalt und berechnend auf sie. Und berechnend ist er ganz gewiss, als er seine neu erworbenen Kenntnisse im Umgang mit Kreditkarten in der Praxis erprobt. Bestens vorbereitet wird der nächste Coup gestartet.

Am 16. Juni 1992 betreten zwei junge Männer in Begleitung einer jungen Frau einen Coiffeur-Salon in der Fuggerstraße. Einer gibt sich als Wortführer, die anderen beiden scheinen mit der deutschen Sprache weniger gut vertraut. Christiane Börner, die Chefin des Frisierladens, erkennt sofort, dass es sich um Russen handelt. Hier im Schöneberger Kiez, wo sie ihren Salon hat, leben viele Exilrussen. Sie glaubt zu wissen, »dass die sich alle kennen«.

Der jungen Dame sollen die Haare gefärbt und an den Spitzen gekürzt werden. Der Anführer verlässt den Laden und kommt erst wieder, nachdem seine Begleiterin aufgehübscht worden ist. »Dann begannen die plötzlich einzukaufen wie die Weltmeister. Sie kauften verschiedene Kosmetikartikel, so dass insgesamt eine Summe von 213 DM inklusive Frisur herauskam«, erinnert sich Chefin. Nun zückt der Sprecher der Gruppe eine Visa-Card und begleicht die Rechnung. Er unterschreibt mit Juri Simeon. Die Friseuse könnte zufrieden sein, aber ihr kommt die Sache spanisch vor.

Beunruhigt sieht sie der Gruppe hinterher, bis die jungen Leute in einem nicht ganz neuen Auto davonfahren. Sie notiert vorsichtshalber das Kennzeichen: »B-ZS 491«. Dann ruft sie die Visa-Zentrale in Frankfurt am Main an. Hier erfährt sie, was sie schon befürchtet hatte, die Karte ist als gestohlen gemeldet. Was die Frau noch nicht einmal ahnen kann: Das Fahrzeug mit dem Kennzeichen »B-ZS 491« sollte wenige Wochen später noch im Zentrum der Ermittlungen eines schweren Verbrechens stehen. Seit dem 11. Mai 1992 ist Michail Butulis der Halter des Wagens.

Wenige Tage nach dem Anruf in Frankfurt meldet sich die Berliner Visa-Stelle und bittet Christiane Börner zu einem Termin. Es geht um eine Identifizierung. Juri Simeon hat sich angekündigt, seine neue Kreditkarte abzuholen, und die Frau soll ihn sich unauffällig ansehen, ob er nicht doch zu dem Trio gehörte. Frau Börner aber kennt und erkennt den jungen Mann nicht. Dann soll eine polizeiliche Lichtbildmappe weiterhelfen. Darin entdeckt sie den »Zahle-Mann«, ist sich aber in einem Punkt unsicher, sie schwankt zwischen Mischa und dessen fünf Jahre älteren Bruder Anton.

Christiane Börner erzählt den Vorfall einer jungen russischen Kundin, auch die Sache mit dem abgelesenen Kennzeichen. Es dauert nicht lange, da taucht ein Mann im Frisierladen auf. Wortkarg drückt der Unbekannte einer Angestellten einen Zettel in die Hand, auf dem gekritzelt steht, Michail Butulis habe mit dem Juri Simeon nichts zu tun. Eine ebenso unverständliche wie unheimliche Botschaft. Allein, sie stimmt nicht. Simeon, ein halbes Jahr jünger als Mischa, wohnt in der derselben Straße im Nollendorf-Kiez. Beide kennen sich, das ist bezeugt, seit längerem.

Juri Simeon hatte am 27. Mai 1992 den Diebstahl seiner Geldbörse angezeigt. In dem Portemonnaie befand sich auch seine Visa-Card. Tags zuvor, am späten Abend, hatte er die Sperrung der Karte veranlasst. Trotzdem wird die Karte in der Zeit vom 26. Mai bis zum 9. Juni rund achtzigmal in Geschäften und Restaurants benutzt. Der Schaden von rund 17 000 DM geht zulasten der Berliner Bank.

Die Gaunerstücke, die die Clique um Mischa abzog, hatten immer eine besondere Nuance. Theoretisch konnte es sein, dass die offenbar Betrogenen, hießen sie nun Hennecke oder Simeon, auch Mitspieler im Coup waren. Beide konnten davon ausgehen, dass ihnen ihr Verlust von der Bank ersetzt wird bzw. gar nicht erst entsteht. Hennecke ließ sich im späteren Prozess nur äußerst ungern zu Details seines eigenen Verhaltens befragen. Er wusste auch keine plausible Antwort darauf zu geben, warum er die stolze Summe von über 120 000 DM auf ein Giro-Konto einzahlte, anstatt auf einem besser verzinsten Sparkonto. Hennecke folgte später der Zeugenladung überhaupt nicht mehr. Es wurde jedoch hinter vorgehaltener Hand darüber gemunkelt, dass Hennecke – der kaum als Womanizer gelten konnte – von den jungen Russen mit Frauen versorgt wurde und deshalb in den Banken-Coup eingewilligt hatte.

Auf der Klaviatur des Betruges, das wurde auf jeden Fall sichtbar, haben es die Nachwuchsgauner bereits zu einer bemerkenswerten Virtuosität gebracht.

Frau Börner hatte in der Lichtbildmappe auch noch eine zweite Person entdeckt. Sie zeigt auf das Foto einer Anastasia, genannt Nastja, der Freundin des Fedor Krawtschenko, die bereits im Zusammenhang mit der Unterschriftenfälschung im Hennecke-Fall genannt worden war. Nastja räumt bei der Polizei auch ein, mit Mischa und Fedor in dem Salon gewesen zu sein. Von einem Betrug will sie aber nichts mitbekommen haben. Als man im Betrugsdezernat der Polizei den Fall einigermaßen gelöst glaubt, ist er im Gesamtkomplex nur noch eine Marginalie.

Längst waren Vorbereitungen im Gange, zum ganz großen Husarenstück auszuholen. Jetzt scheint Dmytris kalkulierte Liebe zu Maria ihren großen Augenblick und die ihr zugedachte Rolle zu bekommen. Am 21. Juni 1992 richtet Maria in der Sparkassen-Filiale an der Moabiter Turmstraße ein Girokonto ein. Es ist ausschließlich Dmytris strategischen Zwecken gewidmet. Maria hatte längst gespürt, wie ihre Anhänglichkeit Dima lästig zu werden begann. Trotzdem war sie bereit, für ihn »alles« zu tun. Da Liebe bekanntlich blind macht, verhielt sich Maria, wie es eine russische Volksweisheit besagt: »Wüssten die Menschen, was die Zukunft bringt, sie würden dennoch alle handeln, als wüssten sie es nicht.« Längst war sie in eine Sache verstrickt, von der sie bei aller Naivität hätte erkennen können, dass das dicke Ende noch käme.

Im Generalstabsplan der Betrugsmasche treten mittlerweile immer neue Akteure auf den Plan. Die jungen Ganoven haben inzwischen weit über die Berliner Stadtgrenzen Kontakte aufgebaut. Komplizen finden sich nun auch im Ruhrpott.

Bereits zwei Tage nach Marias Kontoeröffnung wurde bei der Dresdner Bank für das Firmenkonto eines Autohauses in Dortmund ein Überweisungsauftrag in Höhe von 63 050 DM eingereicht. Adressat der Zahlung ist Maria. Das Geldinstitut überweist den Betrag anstandslos. Am 29. Juni ist die Summe auf dem Konto der Schülerin gutgeschrieben. Nur einen Tag später hebt Maria 63 000 Mark in bar ab und lässt das Konto schließen.

An diesem Tag erscheint im westfälischen Hagen ein Bülent Gökdal bei der Kripo und erstattet Anzeige wegen Urkundenfälschung und Betruges. Der in Dortmund wohnende türkische Geschäftsmann betreibt in Hagen zusammen mit seinem Partner Hartmut Schlosser die Firma Gökdal-Import-Export.

Das Unternehmen hatte, datiert vom 25. Juni 1992, ein Schreiben seiner Hausbank – der Stadtsparkasse Dortmund – erhalten. Es handelte sich um eine Benachrichtigung, in der sie von ihrer Bank darauf aufmerksam gemacht werden, dass für den beigefügten Überweisungsauftrag über 87 950 DM »das Konto keine ausreichende Deckung aufweist« und »die zweite Unterschrift von Herrn Gökdal« fehle. Für die beiden Geschäftsleute ist es offensichtlich: Dieser Überweisungsträger stammt von fremder Hand.

Es ist ein weiterer Versuch nach der Masche wie im Hennecke-Fall, auch er trägt unzweifelhaft die Handschrift der Berliner Gang. Oder zieht dahinter sogar ein ominöser Spiritus Rector die Fäden?

Der Überweisungsauftrag beunruhigt natürlich, wenngleich er geplatzt ist, die Firmenchefs. Sie müssen erkennen, wie leicht es die Banken gewitzten Betrügern machen. Am 23. Juni 1992 – es ist derselbe Tag, an dem das Autohaus in Dortmund um einen hohen fünfstelligen Betrag erleichtert wurde – war den Unterlagen zufolge vom Geschäftsführer Schlosser eine Zahlung auf ein Konto bei der Berliner Sparkasse angewiesen worden. In der Zeile »Empfänger« stand in Großbuchstaben Marias Name. Auch in diesem Falle schienen die Geschädigten selbst den besten Riecher für eine mögliche Spur zu haben.

Firmenchef Schlosser rekonstruiert gewisse Vorgänge in den zurückliegenden Tagen und nennt ermittelnden Beamten im Polizeipräsidium in Hagen Ross und Reiter: »... am 22. Juni 1992 richteten wir eine Anfrage an Frau Bürger in Dortmund ... Frau Bürger ist Russin ... Sie vermittelt nach ihren Angaben Geschäfte zwischen Russland und Deutschland. Die gefälschte Unterschrift auf dem Überweisungsbeleg wurde offensichtlich von unserer Telefax-Anfrage abgenommen. Da Frau Bürger Kontakte nach Berlin unterhält, könnte hier eine Verbindung bestehen.«

In diesen Tagen war in Berlin Olga, als sie in Marias Tasche nach einem Feuerzeug kramte, eine Scheckkarte in die Hände gefallen. Die Mutter hat keinen blassen Schimmer von Marias Bankgeschäften. Sie wittert aber, dass hier nicht alles mit rechten Dingen zugeht, und macht Maria Vorhaltungen. Maria versucht eine Erklärung. Sie habe das Konto nur für Dima eingerichtet, da dieser einen größeren Betrag aus Köln erwarte und selbst nicht an das Geld komme. Maria wusste offensichtlich oder ahnte zumindest, welcher Part im kriminellen Spiel ihr zugedacht war.

Olga drängt ihre Tochter, das Konto schnellstens wieder aufzulösen. Vom »Umgang« ihrer Tochter ohnehin nicht sehr angetan, äußert sie gegenüber Freunden und Bekannten, dieses Konto könne vielleicht sogar für »Geldwäsche« aus Drogengeschäften benutzt werden.

Eine weitere Überweisung auf Marias Konto kommt zu spät. Diese missglückte Transaktion besiegelt möglicherweise Marias Schicksal. Wieder mal beträgt die Summe 60 000 DM. Um diesen Betrag ärmer – sicher aber nicht arm – wäre um ein Haar eine Familie Baumbacher gemacht worden. Eine Bankanweisung auf das Konto von Maria, datiert vom 29. Juni, wird erst am 1. Juli von der Sparkasse bearbeitet. Als das Geld dem Konto von Maria gutgeschrieben werden soll, ist dieses bereits aufgelöst. Der Betrag wird zurückgebucht.

Die Familie Baumbacher besitzt im ehemaligen Westberlin einige lukrative Immobilien. Seniorchef Siegfried und seine Frau Christa haben ihrem Sohn Johannes den größten Teil der geschäftlichen Aufgaben übertragen. Der betreute sowohl seine eigenen Häuser wie auch die seiner Eltern. Für jedes einzelne Haus führen die Baumbachers ein eigenes Konto, der Übersichtlichkeit halber.

Es ist das Konto für das Haus in der Nürnberger Straße, von dem die Buchung auf das Konto von Maria erfolgen sollte, ein Haus, das den alten Baumbachers gehört. In der Regel war nur den Bewohnern dieses Hauses dieses Konto bekannt. Dorthin hatten sie ihre Miete zu überweisen.

Die polizeiliche Bearbeitung dieses Falles läuft erst mit einiger Verzögerung an, da Baumbacher zunächst glaubte, diese Buchung sei eine verspätete Überweisung an einen Notar, die er vor einiger Zeit angewiesen hatte. Nachdem er die Stornierung gesehen hatte, ließ er die Sache auf sich beruhen.

Aufgedeckt wurde der Fall erst, als die Bewegungen auf Marias Konto einer eingehenden Untersuchung unterzogen worden waren. In Baumbachers Häusern ist eine ganze Reihe von Wohnungen an Zuwanderer aus der ehemaligen Sowjetunion vermietet. Das ist zumindest der Ansatz einer Spur. Und es stellt sich heraus, dass Marias Klassenkameradin Tatjana in einem Baumbacher-Haus wohnt.

Sie erhält Besuch von der Kripo. Bei der Wohnungsdurchsuchung werden Videokassetten, unentwickelte Filme, Briefe sowie Adress- und Notizbuch sichergestellt, die einen engen Bezug zu Maria, Fedor, Mischa und Dima erkennen lassen.

Tatjana leugnet die Bekanntschaft zur Gruppe nicht, will

aber mit der Kontenmanipulation nichts zu tun haben. Sie räumt ein, dass Dima sie angesprochen habe, ob sie nicht jemanden wüsste, der für ihn ein Konto eröffnet. Dima bot ihr auch eine Provision an, wenn sie jemanden »empfehlen« würde.

Auch der geschädigte Besitzer des Dortmunder Autohauses kann bei seiner Vernehmung der Polizei einen entscheidenden Tipp geben. Maria, die Empfängerin des Geldes, sei ihm zwar völlig unbekannt, aber er habe einen anderen Verdacht. Wieder fällt der Name der Im- und Export-Geschäftemacherin Natalja Bürger.

Natalja, mit Geburtsnamen Schukowa, 1965 in Sotschi auf der Krim geboren, hatte nach ihrer Übersiedlung in den Westen einen Deutschen namens Bürger geehelicht, sich aber schnell wieder von ihm getrennt. Den einheimischen Ohren vertrauten Namen Bürger hatte sie aber behalten. Offiziell war sie erwerbslos und Sozialhilfeempfängerin, setzte jedoch alle ihr zur Verfügung stehenden Mittel ein, ins Import-Export-Business einsteigen zu können – auch ihren Sex-Appeal. Zahlreiche Zuschriften auf Partnerschaftsanzeigen, die in ihrer Wohnung gefunden wurden, legten den Verdacht nahe, dass sie wohl auf diesem Wege bereits Ausschau nach Personen hielt, von deren Konto sich eine Abbuchung lohnen könnte.

Im Oktober 1991 hatte sie Kontakt zur Firma Gökdal-Import-Export geknüpft und rühmte sich dort bester Beziehungen nach Russland. Diverse Visitenkarten, die sie als Chefin oder Vertreterin von – nicht existierenden – Firmen auswiesen, illustrierten die Energie, mit der sie die »Geschäftsbeziehungen« anging.

Sie ließ sich von Gökdal-Import-Export Angebote für Video-Kassetten, Zement, Heizkörper, WC-Keramik, Badewannen und Fahrräder machen. Die Firma schickte ihre Offerten an Bürgers Wohnzimmer-Unternehmen. Doch danach trat Funkstille ein, die großspurig in Aussicht gestellten Handelsverträge blieben aus. Anfang 1992 tauchte die 26-Jährige dann plötzlich wieder bei den Firmenchefs auf. Sie erzählte von Russlandreisen und Geschäftsleuten, die riesige Umsätze machten und die man unbedingt kennenlernen müsse. Hin und wieder rief sie an, »tat sehr wichtig« und erkundigte sich nach den Liefermöglichkeiten von Tee, Milch-Pulver, Butter, Reis oder Textilien. Im April 1992 holte sie sich Waren-Muster ab, die sie für eine Geschäftsreise nach Russland benötigte.

Jetzt zeigte man sich auch bei Gökdal-Import-Export an Handelskontakten in die Ex-UdSSR interessiert. Aber Geschäftsabschlüsse kamen nie zustande. Stattdessen ließ Natalja Bürger erkennen, dass sie privaten Beziehungen zu einem der Firmenchefs nicht abgeneigt sei – die Avancen zeitigten aber nur mäßigen Erfolg.

Am 22. Juni 1992, einen Tag nachdem Maria ihr Konto eingerichtet hatte, meldete sich Natalja wieder bei Gökdal-Import-Export. Da sie jetzt einen Lieferanten habe, brauche sie ganz dringend noch eine neue Anfrage des Unternehmens. Auf die Schnelle erledigte Firmen-Chef Schlosser die Bitte, krakelte seinen Namenszug auf das Schreiben, bevor er es ins Fax-Gerät steckte. Aus diesem Grunde wich seine Unterschrift deutlich von der sonst üblichen ab. Es war also nur noch eine Sache des Vergleichs, festzustellen, von welchem Schriftstück die Signatur für die Fälschung abgekupfert worden war.

Für Maria, die nun in den Mittelpunkt großer Geldtransaktionen geriet, war die Welt schon seit einiger Zeit nicht mehr in Ordnung. Liebeskummer marterte sie. Und sie spürte, wie sie von Dima nur noch als Mittel zum Zweck gebraucht wurde.

Seit der Löschung des Kontos durch Maria waren inzwischen mehr als zwei Wochen vergangen. Am 16. Juli hatte sich Maria mittags auf den Weg zum Sprachinstitut in der Schlangenbader Straße gemacht. Die Schule war für sie ein sozialer

Anker. Ihre Kontakte hatte sie zum größten Teil hier geknüpft. Ihren Klassenkameraden blieb sie wegen ihres Faibles für esoterische Themen im Gedächtnis. Mit Paul unterhielt sie sich gelegentlich über Buddhismus, mit Susa tauschte sie sich über Horoskope aus. Vor allem Paul, sieben Jahre älter als Maria und einer der Reiferen in der Klasse, vertraute sie hin und wieder Persönlicheres an, sprach mit ihm über Drogen und darüber, dass sie »Narkotiks«, so im Russischen die landläufige Bezeichnung für Drogenabhängige, kenne.

Wenige Wochen vor diesem 16. Juli hatte sie ihm auch offenbart, dass es da ein Konto gebe, mit dem sie Probleme habe. Auch Susa spürte, dass ihre Freundin in jüngster Zeit etwas zu belasten schien.

Die Schüler aus Marias Klasse standen jetzt, Mitte Juli 1992, nach einem halben Jahr Unterricht kurz vor der Prüfung. Maria wurde Disziplin attestiert, sie hatte die Schule regelmäßig besucht. Nur am Mittwoch, es war der 15. Juli, da war sie nicht erschienen. Am 16. tauchte sie zwar kurz zum Unterrichtsbeginn auf, stellte ihre Utensilien ab, verließ die Räume aber wieder. Nach der Pause um viertel vor vier bemerkte die Klassenlehrerin, dass Maria ihre Sachen abgeholt hatte und verschwunden war. Mitschülern war aufgefallen, dass sie noch um halb sieben Uhr abends, als die anderen nach Hause gingen, vor der Schule auf der Straße stand. Sie machte den Eindruck, als würde sie auf jemanden warten, und wirkte unglücklich. Kostja überredete Maria mitzukommen. Ihm gestand sie, dass sie auf Dima gewartet hatte. Bei Kostja hockten die beiden bis gegen zehn Uhr abends. Dann brachte er das Mädchen mit dem Auto nach Hause.

Keinem, der Maria etwas näher kannte, war entgangen, wie sie sich in den letzten Wochen, seit sie mit Dima zusammen war, verändert hatte und dass sie in einem neuen Freundeskreis verkehrte.

Am Mittwoch, dem 15. Juli 1992 kommen Wladimir Nowikow und seine Frau – Dimas Eltern – erst spät, eine Stunde vor Mitternacht, nach Hause. In Dimas Zimmer brennt kein Licht, aber ihr Sohn ist da und schläft tief. Die beiden versuchen ihn zu wecken, aber er wirkt benommen, fast wie betrunken. Die Eltern können jedoch keinen Alkoholgeruch feststellen. Dima schläft mindestens dreizehn Stunden, denn erst gegen 12 Uhr steht er an diesem 16. Juli 1992 auf, wäscht sich, isst etwas und verlässt dann das Haus. Wohin, wissen seine Eltern nicht, Dima erzählt nie, was er so tagsüber treibt.

Kurz vor zehn Uhr abends klingelt bei den Nowikows das Telefon. Jekaterina – Dmytris Mutter – hebt ab. Der Anrufer meldet sich mit Aron und fragt nach Dima. Die Mutter erklärt ihm, dass er nicht zu Hause sei. Gegen 23 Uhr fragt Aron noch einmal nach. Aron, daran besteht für die Nowikows kein Zweifel, ist der in einem Wohnheim lebende Aron Seliger, mit dem sich ihr Sohn besonders in den letzten Wochen mehr und mehr angefreundet hatte. Erst vor kurzem war Seliger, nachdem er aus seiner früheren Bleibe am Wannsee rausgeflogen war, im »Willmann-Heim«, einer Art Jugendherberge, am Willmanndamm in Schöneberg eingezogen.

Er macht seine Sache sehr dringend, da er selbst kein Deutsch spreche, solle ihm Dima bei der Beschaffung einer Wohnung behilflich sein. Um diese Uhrzeit?

Der 16. Juli 1992 ist ein Tag des hektischen und unablässigen Telefonierens. Offensichtlich ist Ultimo.

Mischa steht davor, seine Reise anzutreten. In Dortmund hat Natalja Bürger bereits das Zugbillett nach Berlin gelöst. Auch sie will offensichtlich beim Aufteilen eines großen Kuchens ihr Stück abholen.

Rund 207 000 Mark sollten auf Marias Konto eingehen. Unter wie vielen Personen der fette Happen aufgeteilt werden sollte, wurde nie festgestellt. Dass »nur« weniger als ein Drittel des Geldes auf Marias Konto gelandet ist, nämlich nur die Überweisung des Dortmunder Autohauses, können und wollen die von der eigenen Unfehlbarkeit berauschten Zauberlehrlinge des Verbrechens nicht glauben. Sie sehen sich um ihre Beute betrogen. Der 16. Juli ist offensichtlich der Aufgabe gewidmet, des Mädchens habhaft zu werden und das restliche Geld aus ihr herauszuholen – mit welchen Mitteln auch immer.

Mischa hatte sich bei seiner Arbeitsstelle schon ab 14. Juli krankgemeldet. Korrekt lässt er sich zum 17. Juli »gesundschreiben« und bestätigt im Reisebüro die Buchung sowie den Flug nach Sri Lanka. Die Maschine nach Colombo mit Zwischenstopp in Frankfurt am Main startet am 18. Juli in den Vormittagsstunden vom Flughafen Berlin-Schönefeld.

Mischa gönnt sich eine vierzehntägige Auszeit im Riverina-Hotel am Palmen-Strand von Kaluwamodara auf der Teeinsel. Er war die letzten Tage vor seinem Urlaub nicht mehr am Arbeitsplatz. Der Blick in den Computer, der ihn belehrt hätte, wie es um Marias Konto wirklich bestellt ist, war ihm damit verwehrt.

16. Juli 1992. Der Tag war heiß gewesen, die Nacht ist immer noch lau. Die Uhr zeigt fast Mitternacht. Maria ist gerade mal seit einer halben Stunde zu Hause. Das Telefon klingelt. Ihre Mutter verdreht sichtlich genervt die Augen. Den ganzen Tag geht das nun schon so. Sogar jetzt, zu so später Stunde, hat man keine Ruhe.

Maria selbst greift zum Hörer. Die 18-Jährige unterhält sich auf Deutsch mit dem Anrufer, zeigt sich eigenartig interessiert.

»Wer war denn dran?«, will ihre Mutter wissen.

»Dima«, antwortet die Tochter aufgekratzt. »Ich geh noch mal runter.«

Das »Nein«, ihrer Mutter, »es ist schon so spät, du bleibst hier!« fruchtet nicht. Immerhin ist Maria volljährig.

Viele Zuwanderer aus dem Strom der Ost-Emigranten fühlen sich im Berlin des Wende-Umbruchs noch nicht wirklich heimisch. Man bleibt unter sich – da macht Maria keine Ausnahme, auch wenn das lebenslustige Mädchen inzwischen zahlreiche Leute kennt. Die naheliegende Frage, warum Maria mit Dima, der von der Schwarzmeerküste stammt und dessen Deutsch noch reichlich holprig ist, nicht auf Russisch oder Ukrainisch gesprochen habe, kommt Marias Mutter Olga in diesem Augenblick nicht in den Sinn. Sie verfällt nur in den Befehlston, der bei Maria nicht mehr fruchtet. »Versprich mir bei meiner Gesundheit, dass du nur vor die Haustür gehst, nicht weiter!«, beschwört sie das Mädchen. Offensichtlich in eigenartiger Vorahnung, dass sich hier nichts Gutes zusammenbraut.

»Ich verspreche es dir bei deiner und meiner Gesundheit«, lenkt Maria genervt ein. Es ist zehn Minuten nach Mitternacht, als sie die Wohnung verlässt.

Gegen ein Uhr nachts an diesem 17. Juli klingelt wieder das Telefon. Die Großmutter, zu Besuch bei der Tochter, hat schon am vorangegangenen Tag Anrufe entgegengenommen und greift auch diesmal zum Hörer. Es ist Maria: »Ich bin's. Ich bin am Zoo, gehe noch in ein Café, komme aber in 40 Minuten nach Hause.« Marias Stimme verrät nichts Außergewöhnliches. Aber sie hat ihr Versprechen, nur vor die Haustür zu gehen, nicht gehalten.

Olga weiß, dass Maria schon seit langem Geheimnisse vor ihr hat. Großmutter und Mutter können sich keinen Reim auf das Verhalten des fast erwachsenen Mädchens machen. Für ein ungutes Gefühl hatte bei beiden schon der vorangegangene Tag mit den vielen Anrufern gesorgt. Gegen drei Uhr nachmittags war ein Mann am anderen Ende der Leitung gewesen, dessen Russisch einen leichten Akzent verriet. Er stellte sich als »Kusmitsch« vor und wollte Maria sprechen und behauptete, ihr Freund zu sein. Mutter und Großmutter hatten den Namen noch nie gehört. Wer oder was dieser Kusmitsch war und in welchem Verhältnis er zu Maria stand, blieb ein Rätsel.

Einen anderen Anruf nahm die 13-jährige Natascha, die bei Olga zu Besuch war, entgegen. Sie war des Deutschen weit besser mächtig als die älteren in der Runde. Der Mann am anderen Ende Leitung wähnte für einen Augenblick Maria an der Strippe und flötete: »Hallo Maria. Ich habe dein Bild gesehen, du hast mir auf dem Bild gefallen und ich möchte dich näher kennenlernen.« Der Unbekannte gab sich auf Nataschas Frage, wer er sei, zugeknöpft und meinte nur, dies sei ein Geheimnis. Das Mädchen fand den Anrufer unappetitlich, wusste das schleimige Säuseln nicht zu deuten und legte einfach auf. Auch Olga wurde aus den merkwürdigen Anrufen nicht schlau.

Der Anrufer um Mitternacht, grübelte sie, war es Dima? Nie hätte sie zugelassen, dass sich Maria mit einem Wildfremden um diese Zeit träfe. Maria hatte so aufgeregt und interessiert gewirkt. War es der Unbekannte, der sie zu nachtschlafender Stunde aus dem Haus gelockt hatte, oder war es wirklich Dima, dem solche Eskapaden jederzeit zuzutrauen waren? Er habe ihr Bild gesehen. Was konnte damit gemeint sein? Olga erinnerte sich, sie selbst hatte von ihrer Tochter Fotos in lasziven Posen gemacht. Das war noch im Wohnheim in Hessenwinkel. Maria in Dessous oder im enganliegenden schwarzen Einteiler. Das Mädchen selbst hatte die Bilder im Wohnheim herumgereicht, zum Teil sogar verschenkt. Wollte sie ein wenig vom Glanz eines Pin-up-Girls genießen oder hatte sie gar andere Ambitionen? War dies der Auslöser der unverkennbar voyeuristischen Anrufe? Oder war alles nur ein Vorwand, um sie aus dem Haus zu locken? Olga hat die Antwort nie erfahren. Der Anruf um ein Uhr nachts war Marias letzter Kontakt zu ihrer Familie.

Am 17. Juli wird gegen drei Uhr morgens Heinrich Meier durch das Bellen seiner Hunde geweckt. Er steht auf, da er befürchtet, es könnte etwas mit dem vorm Haus geparkten Fahrzeug sein. Diebe sollen ja überall ihr Unwesen treiben. Aber nichts ist zu entdecken, alles in Ordnung. Er legt sich wieder hin. Er ist nicht der Einzige aus der Siedlung Nr. IV der Ortschaft Grieben bei Oranienburg, der in dieser Nacht in seiner Ruhe gestört wird. Ungewohnte Geräusche schrecken noch andere auf, was aber los war, wusste niemand. Zumindest vorerst nicht.

Kurz vor sechs Uhr fährt Peter Müller, der ebenfalls in der Siedlung in Grieben wohnt, mit seinem Auto los. Er nimmt einen Waldweg ganz in der Nähe seines Hauses an der Siedlung entlang. Neben ihm sitzt seine Frau Brigitte. Beiden fällt auf dem Weg eine starke Bremsspur auf. Außerdem liegen eine Plastik-Tüte und eine Kappe herum. Die Frau ist verärgert: »Jetzt misten die sich schon hier aus!« Mit »die« sind wohl gewisse Typen gemeint, die in jenen Tagen überall auf der Suche nach Schnäppchen umherstreichen. Weiter aber nehmen sie keine Notiz von dem herumliegenden Müll.

Tagsüber ist Peter auf einem Lehrgang in Gransee, seine Frau auf ihrer Arbeitsstelle in Oranienburg. Dort holt er sie auch wieder ab. Nach einem kurzen Einkauf fahren sie nach Grieben zurück. Gegen halb sechs Uhr abends kommen sie wieder an der Stelle am Waldweg vorbei.

Die Frau mustert erneut das Weggeworfene und entdeckt dann: »Da liegt ja jemand.« Brigitte Müller hat jetzt einen menschlichen Körper neben dem Weg bemerkt. Ihr Mann bremst, will aussteigen, sie hält ihn zurück. Beiden ist sofort klar, hier liegt eine Leiche. Fliegen schwirren um den nur teilweise bekleideten Körper. Peter Müller gibt Gas und fährt ins sieben Kilometer entfernte Löwenberg, verständigt die Polizei.

Die 1. Mordkommission aus Oranienburg übernimmt die Ermittlungen. Es handelt sich um eine weibliche Leiche. Die Tote ist nicht sofort identifizierbar, sie wird auf 16 bis 20 Jahre geschätzt. Nach dem »ersten Angriff« der Kripo werden die weiteren Tatort-Arbeiten wegen der vorgerückten Abendstunden vertagt. Näheres nach der Obduktion.

Nachdem Maria die Nacht nicht nach Hause gekommen war, ruft ihre Großmutter morgens um sieben Uhr bei den Nowikows an. Die aber wissen auch nicht, wo sich ihr Sohn die Nacht herumgetrieben hat, noch weniger können sie etwas zum Verbleib von Maria sagen. In den folgenden Stunden fragt die immer unruhiger werdende Oma noch mehrfach bei den Nowikows nach. Stets mit demselben Ergebnis.

Gegen ein Uhr mittags meldet sich Dima telefonisch bei seinen Eltern. Vater Wladimir Nowikow fragt seinen Sohn nach dem Verbleib von Maria, doch Dmytri gibt vor, nichts zu wissen. Er sagt dem Vater nur, dass er sich am U-Bahnhof Kleistpark befindet und bittet, abgeholt zu werden. Wladimir fährt los. Der Vater insistiert, was denn in der vergangenen Nacht passiert sei. Dima erzählt lapidar, dass er am Vorabend mit Fedor und Aron Seliger zusammen gewesen sei. Arons nächtliche Anrufe passen allerdings nicht in das Bild und machen die Geschichte suspekt. Maria, so versichert er, habe er am 16. Juli weder angerufen noch getroffen.

Die zutiefst beunruhigte Olga erstattet am 17. Juli bei der Polizei Vermisstenanzeige. Eine Routinesache, denn es gibt kaum einen Polizisten in Berlin, der 24 Stunden nach dem Verschwinden einer 18-Jährigen Großalarm auslösen würde. Der Vorgang wird zu Protokoll genommen.

Im 6. Kommissariat des Polizeipräsidiums Oranienburg aber studiert man wenig später die eingehenden Vermisstenanzeigen. In den frühen Vormittagsstunden des 18. Juli stoßen die Kriminalbeamten auf die Meldung der Berliner Kollegen zum Verschwinden des Mädchens Maria. Die Tote aus dem Wald von Grieben ist Maria.

Bereits um 14 Uhr dieses Tages beginnt die Kripo in Oranienburg mit der Befragung von Marias Mutter. Diese bemüht sich, die letzten Stunden des 16. Juli zu rekonstruieren. Damit gerät vor allem Dmytri Nowikow ins Visier der Ermittler, aber auch die anderen wie Fedor und Mischa stehen nun im Fokus des polizeilichen Interesses.

Aber Mischa ist auf dem Weg nach Sri Lanka. Und Dima taucht nach dem kurzen Zwischenspiel bei seinen Eltern ab. Beide sind nach dem 17. Juli 1992 nicht mehr greifbar. Nur Fedor kann verhört werden.

Er schwört Stein und Bein, die fragliche Zeit in der Nacht vom 16. zum 17. Juli mit Mischa im Café »New York« am Olivaer Platz verbracht zu haben. Mischas Auto, den bereits bekannten Audi, hätten sie dabei stets im Blick gehabt. Ein anderer habe das Fahrzeug nicht benutzen können. Dies aber steht in einem seltsamen Kontrast zu anderen aktuellen polizeilichen Erkenntnissen.

Fedor wird am 21. Juli – weil ein Verdacht nicht ausgeräumt werden kann – in Polizeigewahrsam genommen, wenige Stunden zuvor, kurz nach Mitternacht, hatte ein Zielfahndungstrupp der Polizei eine wichtige Entdeckung gemacht. »Gegen 00.15 Uhr wurde heute Morgen der Pkw Audi Farbe braun, amtliches Kennzeichen B-ZS 491, an der Straßenkreuzung Frobenstraße/Schwerinstraße aufgefunden«, notiert man bei der 3. Mordkommission: »Der bereits am Ort anwesende Zielfahndungstrupp teilte … mit, dass bei ihrem Eintreffen eine Gruppe verschiedener ausländischer Personen auf einer neben dem Pkw befindlichen Parkbank saß. Als die Kollegen den Pkw etwas eingehender betrachteten, liefen einige der Personen los und benachrichtigten offensichtlich den Vater des Halters, der einen Augenblick später am Ort erschien und sich entsprechend auswies. Bei dem Vater des Halters Michail Butulis handelte es sich um Herrn Vitali Butulis.« Ihm wurde dann nur mitgeteilt, dass das Fahrzeug von der Polizei sichergestellt sei. Dann bemerkten die Ermittler bei Vater Butulis merkwürdige Unsicherheiten: »Wie auch die Kollegen vom Zf-Trupp bestätigten, gab Herr Butulis anfangs an, dass der Pkw vor Antritt der Urlaubsreise von einem Freund seines Sohnes dort abgestellt wurde, wo er jetzt aufgefunden wurde. Bei einer erneuten Nachfrage gab er an, dass sein Sohn selbst den Wagen dort abgestellt habe, anfangs gg. 1.00 Uhr, später sagte er aber dann, gg. 3.00 oder 5.00 Uhr morgens. ... Mit Herrn Butulis wurden keinerlei Angaben bezüglich des hiesigen Ermittlungsvorganges besprochen.«

Schon wenig später bestätigte die Polizei-Technische Untersuchungsstelle, was die Kriminalisten aufgrund der Reifenspuren im Wald bereits vermutet hatten. Maria war, das konnte der Gerichtsmediziner zweifelsfrei feststellen, nachdem sie schwer misshandelt worden war und man versucht hatte, ihr den Kopf abzuschneiden, von einem Fahrzeug überfahren und verstümmelt worden.

Jetzt hatte man Gewissheit, es war Mischas Audi, der in diesem Verbrechen zum Tatwerkzeug wurde. Obwohl das Fahrzeug an verschiedenen Stellen auffällig gereinigt worden war, konnten am Unterboden des Wagens Haare und Gewebeteile der Ermordeten festgestellt werden. Das Auto stand nun im Mittelpunkt der weiteren Ermittlungen, denn es war nicht nur Tatwerkzeug, sondern der oder die Täter waren damit zum Tatort gelangt.

Die Tage vor der Tat mussten rekonstruiert werden. Jeder

Schritt, jede einzelne Handlung konnte von Bedeutung sein. Besonders Marias Konto war von größtem Interesse.

Nachdem Maria am 30. Juni das Geld aus dem Betrugsfall des Dortmunder Autohauses abgeholt hatte, zahlte in auffallender zeitlicher Übereinstimmung am 1. Juli Fedor 19 000 DM in bar bei seiner Bank ein. Azubi Michail Butulis beantragte am selben Tag, ab 17. Juli in Urlaub gehen zu können. Am 7. Juli buchte Michail einen Flug für sich und einen Freund für je 2204 DM nach Sri Lanka.

Schon am 30. Juni hatte Fedor bei einem Juwelier am Kurfürstendamm zwei Cartier-Uhren zu je 1750 DM gekauft. Der plötzliche Reichtum interessiert die Polizei, sie vernimmt Fedor. Auszüge aus einem Dialog, der – wenn auch nicht im Sinne des Ermittlers – recht erhellend ist.

»Frage: Wovon haben Sie in den letzten zwei Jahren gelebt, wenn Sie keine Einkünfte durch Arbeit hatten und auch keine staatliche Hilfe in Anspruch nahmen?

Fedor: Was heißt, wovon lebe ich? Ich lebe bei meiner Tante, werde dort ernährt.

Frage: Schuhe z.B. für 600 DM und dergleichen teure Kleidung, wie auf einigen Fotos zu sehen. Was ist damit los?

Fedor: Na, die habe ich mir gekauft.

Frage: Von welchem Geld?

Fedor: Aus Russland.

Frage: Also seit zwei Jahren werden Sie aus Russland finanziell so versorgt, dass es Ihnen möglich ist, hier einen so aufwendigen Lebenswandel zu führen?

Fedor: Ja, ich bin dazu in der Lage, mir teure Sachen zu kaufen.

Frage: Dann kommen also seit etwa zwei Jahren mehr oder minder regelmäßig Geldboten aus Russland, die Ihnen hier Geldbeträge übergeben?

Fedor: Ja, so ist es.

Frage: Und Sie haben ja sogar noch Außenstände, wie Sie gesagt haben. Wie viel erwarten Sie in der nächsten Zeit aus Russland?

Fedor: Genau 60 000 DM.

Frage: Können Sie mir hier Namen und Anschriften nennen von den Geldboten bzw. von Schuldner, damit wir dort mal nachfragen können?

Fedor: Ja, wenn ich Namen nenne, werden die von der Polizei festgesetzt. Ich bin doch nicht verrückt.

Frage: Sie haben ja auch Ihrer Freundin, der Nastja, recht teure Geschenke gemacht.

Fedor: Ja.

Frage: Ich frag Sie einfach, was glauben Sie, haben Sie in diesem Jahr, sagen wir mal, für ›Luxusgüter‹, dazu zähle ich aufwendigen Schmuck, Uhren, Kleidung usw., ausgegeben?

Fedor: Ich schätze mal in diesem Jahr 70 000 DM.

Frage: Ich habe Sie richtig verstanden: siebzigtausend?

Fedor: Ja, ja, so ungefähr.

Frage: Sind Sie in den letzten zwei Jahren überhaupt irgendeiner Arbeit nachgegangen?

Fedor: Ich? Nein. Ich arbeite nicht.

Frage: Was machen Sie so den ganzen Tag?

Fedor: Ich schlafe.

Frage: Und was machen Sie, wenn Sie wach sind?

Fedor: Nichts, ich geh ins Café, spiele Karten, spiele Billard.«

Eine Lehrstunde in Sachen »Diebe im Gesetz«, jener kriminellen Struktur aus den Zeiten des zaristischen Russland, die nun auch über Ländergrenzen hinweg Fuß zu fassen begannen.

Für die »Diebe im Gesetz« gilt das »Schweigegebot«, wie die Omertà in der italienischen Mafia, das auch ein Kooperieren mit den Behörden ausschließt. »Dieben im Gesetz« ist es zudem verboten zu arbeiten, was Fedor eindrucksvoll unter Beweis stellte mit deutlicher Verachtung für jeden, der sich das Leben mit Arbeit versaut.

Mehr war von der Clique nicht zu erfahren; Dima blieb verschwunden, Mischa hielt sich auf Sri Lanka auf, und Fedor erzählte eisern die Geschichte vom nächtlichen Plausch im Café. Blieb noch einer: Arik. Doch es vergehen noch zwei Wochen, bis Aron Seliger zur Sache vernommen werden kann. Er war ausgerechnet an besagtem 17. Juli nach Moskau »zu seiner kranken Mutter« geflogen. Während Arik von seinem Ausflug in die russische Hauptstadt tatsächlich nach Berlin zurückkehrt, wird klar, dass Michail sein Rückflug-Ticket nicht benutzen wird.

Wie sich schnell herausstellt, hatte er es vorgezogen, sich auf unbestimmte Zeit bei Verwandten in Israel einzuquartieren und vorerst deutschen Boden zu meiden. Doch schon am 31. August spüren ihn Zielfahnder des Bundeskriminalamtes zusammen mit ihren israelischen Kollegen in einem Kibbuz unweit von Tel Aviv auf. In Berlin meldet die Presse: »Marias Mörder unter Dattelpalmen verhaftet.«

Michail war hochgenommen worden, als er sich in einer Sprachenschule für Hebräisch eintragen lassen wollte. Die israelische Staatsbürgerschaft hatte er sich inzwischen mit gefälschten Papieren unter dem Namen Ben-Butul erschlichen. In Haft genommen, sitzt er im Gefängnis in Ramleh bei Tel Aviv Zelle an Zelle neben dem wohl damals bekanntesten Häftling Israels, dem mutmaßlichen KZ-Henker Iwan Demjanjuk.

Die Vernehmung des am 3. August aus Moskau zurückgekehrten Arik beginnt am Vormittag des 4. August. Er wird als Zeuge – nicht als Beschuldigter – gehört. Ein Zeichen, dass man sich trotz aller belastenden Ermittlungsergebnisse bei der Mordkommission nicht sicher ist, welcher Tatanteil jedem Einzelnen in der Gruppe zuzurechnen ist.

Der »z. Z. erwerbslose Schneider« Seliger – so das Vernehmungsprotokoll – erzählt seine Version der fraglichen Stunden. Am Abend des 16. Juli sei er mit Dima, Fedor und Anastasia zusammen gewesen, ehe er so zwischen 23 Uhr und Mitternacht zurück ins Heim sei und sich aufs Ohr gelegt habe: »Ich habe dort ein Einzelzimmer. Ich bin dann gleich zu Bett gegangen, so dass ich keinen benennen kann, der meine Anwesenheit dort bestätigt. Es ist da wie in einem Hotel. Man nimmt einfach seinen Zimmerschlüssel. Höchstens der Mann, der mir den Schlüssel ausgehändigt hat, könnte das bestätigen.«

Das wäre doch schon ein brauchbares Alibi. Einen Tag später setzt sich deshalb die Kripo mit dem Personal des Hauses am Willmanndamm in Verbindung. Zwei diensthabende Pförtner kommen infrage, Ariks Rückkehr ins Heim zu bezeugen. Harald, der am 16. Juli von 15 bis 23 Uhr den Spätdienst versah und Mustafa, der ihn um 23 Uhr ablöste. Dessen Nachtdienst ging bis sieben Uhr morgens. Beide sind sich aber sicher, in dieser Nacht den Zimmerschlüssel nicht an Aron Seliger ausgehändigt zu haben. In der Anwesenheitsliste fehlt außerdem in der Spalte das übliche Kreuz, mit dem die Herausgabe der Schlüssel quittiert werden muss. Zwar fragt der Kripo-Beamte nach der Möglichkeit, ob sich Seliger vielleicht den Schlüssel selbst genommen haben könnte. Diese Variante aber halten die Pförtnern für ebenso unwahrscheinlich, wie sie der Aussage von Seliger selbst widerspräche, der behauptet hatte, der Mann, der ihm den Schlüssel gegeben habe, könne das Alibi bestätigen.

Die Vernehmung am 4. August dreht sich auch um andere, scheinbar alltägliche Dinge, unter anderem darum, welche Kleidung Aron Seliger am besagten Abend trug. Dabei wird deutlich, dass der erwerbslose Schneider Wert auf gute Konfektion legt. Der Beamte wird neugierig:

»Frage: Sie können sich als Sozialhilfeempfänger so hochwertige Kleidung kaufen?

Seliger: Ja, ich habe einen reichen Onkel, der ist Juwelier in Philadelphia und unterstützt mich.«

Dann fordert man Seliger auf, seine Taschen zu lehren und seine Barschaft auf den Tisch zu packen. Die Beamten staunen. Der Sozialhilfeempfänger lebt zumindest nicht in bitterem Elend: Lose holt er aus den Hosentaschen rund 2800 DM in Scheinen, 2250 Dollar (damals etwa 3500 Mark) und 500 000 Lire (ca. 670 Mark).

Das – im wahrsten Sinne des Wortes – »Taschengeld« sollte schon erklärt werden. Nun trägt Seliger seine Geschichte noch einmal mit anderen Vorzeichen vor: Das Geld habe er aus Moskau, und es sei für den Onkel in Philadelphia, bei dem er noch Schulden zu begleichen habe. Die Polizei unterlässt es an entscheidenden Punkten immer wieder, sich die Adressen im Ausland – z. B. die des reichen Onkels aus Philadelphia – zu notieren. Seliger hat sich auf das flexible Leben wie auf flexible Aussagen eingestellt. Im Oktober 1990 nach Deutschland gekommen, besitzt er einen Reisepass der Bundesrepublik und einen russischen. In dem russischen Reisedokument war während seines Besuchs in Moskau am 28. Juli ein Aufenthaltsvisum für die Schweiz eingetragen worden. Er wollte – so erklärt er – jemanden in Zürich besuchen, einen Mann namens Anatoli, den Nachnamen könne er gegenwärtig nicht nennen. Er habe jedoch die Telefonnummer in seinem Notizbüchlein, das allerdings leider in Moskau liege.

Dann kommt das Gespräch doch noch auf den Kern der Angelegenheit:

»Frage: Kennen Sie eine Natalja Bürger?

Seliger: Nein. Der Name sagt mir nichts.«

In Dortmund jedoch hatte die Kripo das Umfeld der Bürger bereits ausgeleuchtet und festgestellt, dass sich Bewohner des Hauses der Bürger unter den wechselnden Männerbesuchen der Frau an das Gesicht eines Mannes besonders gut erinnern konnten. Als die Polizei verschiedene Lichtbilder vorlegt, deuteten sie unisono auf das Foto von Aron Seliger.

Natalja Bürger, die jeden Kontakt zu der Gruppe in Berlin bestreitet, war am 18. Juli – einen Tag nach dem Mord an Maria – an die Spree gekommen. Über die Gründe ihrer spontanen Fahrt nach Berlin befragt, verhaspelt sie sich gründlich. Im Ergebnis einer Einvernahme durch die Polizei, wenige Tage nach dem Geschehen, wird in einer Notiz zusammengefasst: »Erst gab sie an, bei einer Olga am Mehringplatz gewohnt zu haben, später bei einem Georgi im Zentrum der Stadt. Erst sagte sie, dass Georgi ein guter Freund von ihr sei, später jedoch, dass sie den Mann erst am 18. Juli 1992 kennenlernte. Warum Frau Bürger an diesen 17. Juli (Freitagabend) plötzlich den Entschluss fasste, nach Berlin zu fahren, konnte sie nicht plausibel machen.« Das Einzige, was man ihr mit Sicherheit nicht vorwerfen konnte, war eine direkte Anwesenheit bei der Ermordung Marias.

Seliger leugnet nicht, die anderen der Clique zu kennen. Nach einem Lokal befragt, in dem er sich regelmäßig mit ihnen treffe, nennt Arik das Kant-Billard-Café. Hier ist der Treffpunkt für alles, was in der Grauzone der exilrussischen Szene Berlins Rang und Namen hat. Im März 1993 sah sich sogar das Bundeskriminalamt veranlasst, in einem Dossier über die sogenannte Russen-Mafia in Berlin das Kant-Billard-Café als Treff zu erwähnen. Die Kantstraße im Bezirk Charlottenburg, die für die Namensgebung des Billard-Cafés Pate stand, war in den ersten Jahren des großen Umbruchs nach 1989 zum Sinnbild für nicht ganz koschere Geschäfte osteuropäischer Zuwanderer geworden. Ein Politiker betitelte die Kantstraße jener Tage als »Freihandelszone für Ramschware«. Doch damit wurde hier viel Geld verdient, vor allem mit Waren, die nicht über den Ladentisch gingen.

Geschäftliche Absprachen traf man im Kant-Billard-Café, einem gastronomischen Kleinod von zweifelhafter Reputation. Auch wenn das Café sich auf das Billardspiel bezog, waren es gewiss nicht die Kugeln, die mit dem Queue über den grünen Filz gestoßen wurden, die der Gaststätte zu diesem Ruf verhalfen. Das Lokal in der Kantstraße, direkt an der Ecke zur Leibnizstraße, gibt es schon lange nicht mehr. Aber in den Akten der Ermittlungsbehörden hat es sich einen Ehrenplatz gesichert. Mindestens vier Menschen, die zum Stammpublikum zählten oder als Geschäftsführer fungierten, haben in den neunziger Jahren ihr Leben auf gewaltsame Weise verloren. Gewiss eine einmalige Bilanz im Berliner Gaststättengewerbe.

In einem bunten Reigen hatte das Kant-Billard-Café die Geschäftsführer schneller als die Tischdecken gewechselt. Am 21. März 1991 übernahm ein Isaak Kleiner die Leitung des Szenetreffpunktes. Nicht sehr lange, denn schon am 29. Oktober desselben Jahres wurde er wieder abgelöst. Der 1958 im weißrussischen Gomel geborene israelische Staatsbürger Isaak, genannt Icek, Kleiner war offiziell Imbissbudenbesitzer. Geld verdiente er aber mit der Zuhälterei.

Zwei Jahre später wird er ohne eigenes Zutun dazu beitragen, den Mord an Maria in einem etwas anderen Licht erscheinen zu lassen.

Die Aufklärung des Falles Maria schleppt sich hin, das Fazit im Spätsommer 1992 lautet: die Hauptverdächtigen Dima und Mischa sind für die Berliner Polizei nicht greifbar, Fedors Tatanteil wird als gering angesehen und Arik steht nicht im Fokus der Ermittlungen. Natalja Bürgers Versuche, sich aus dem ganzen Fall herauszureden, überzeugen zwar nicht, aber im Grunde drehen sich die polizeilichen Recherchen im Kreise. Vieles spricht für Arik als Vermittler zwischen der Berliner Gruppe und der Dortmunder Einzelkämpferin, allein der Tatanteil bei den Betrügereien kann nur vermutet werden.

Der vermeintliche Kopf der Clique, Dima, schied zumindest als der Anrufer aus, der Maria aus der Wohnung gelockt hatte. Einzig bei dem fließend deutsch sprechenden Mischa konnte es im Bereich des Wahrscheinlichen liegen, dass sich das Mädchen mit dem Anrufer nicht auf Russisch unterhalten hatte.

Bei Fedor geht das Gericht nach einigen Wochen nicht mehr von einer maßgeblichen Beteiligung an der Tat aus, bestenfalls von einer Beihilfe. Er wird am 8. Februar 1993 von der U-Haft verschont und auf freien Fuß gesetzt.

Erst im März 1997, fast fünf Jahre nach Marias Tod, legt die Staatsanwaltschaft eine Anklageschrift gegen Dmytri, Michail, Fedor, Anastasia und Natalja vor.

Doch bis dahin sollte noch viel Wasser die Spree hinunter fließen.

Am 22. Juni 1993 wird in einer Wohnung in der Otto-Suhr-Allee 50, laut Polizeiprotokoll, »die bereits in Verwesung übergegangene Leiche eines zunächst unbekannten Mannes aufgefunden«. Pestilenzartiger Gestank hatte die Mieter in der vierten Etage des Hauses in der Otto-Suhr-Allee 50 auf den Plan gerufen. Sie alarmierten den Hausmeister. Dieser öffnete die Wohnung und fand dabei eine übel zugerichtete männliche Leiche. Schnell werden Übereinstimmungen mit einem seit rund einer Woche vermissten Mann festgestellt. Von den Ermittlern kann deshalb der Tote »kurz darauf als der israelische Staatsangehörige Isaak Kleiner identifiziert werden«. Er ist nicht Mieter des Appartements. Was ihn in diese Wohnung geführt hat, muss geklärt werden.

Die Polizei verhört seine Ehefrau, aber die weiß nichts Genaues und gibt lediglich an, er habe am Abend des 14. Juni, eine Stunde vor Mitternacht, die gemeinsame Wohnung in der Potsdamer Straße verlassen. Der zwölfjährige Sohn ergänzt, dass sein Vater sich kurz vor dem Weggehen ins Bad zurückgezogen, aus seinem persönlichen Notizbuch eine Telefonnummer gesucht und irgendwo angerufen habe. Die wenigen Sätze des Vaters waren ihm im Gedächtnis haften geblieben: »Ich bin's, Icek, kann ich ... sprechen?« Dann eine kurze Pause. »Ich bin's, Icek, ich komme gleich.« Wen sein Vater sprechen wollte, das konnte der Junge nicht sagen.

Welche Dringlichkeiten Kleiner zu so später Stunde noch einmal aus dem Haus trieben, darüber kann nur spekuliert werden.

Die Fassaden der brav bürgerlichen Wohngegend unweit des Charlottenburger Rathauses liefern in jener Zeit mehrfach die Kulisse für schauerliche Verbrechen.

Hier fanden Passanten am 27. Oktober 1991 auf dem Gehweg die Leiche des Polen Janusz Bludzinski, dem wir in der Sache Überfall auf das Bordell »Stockholm« begegnen.

Hier war außerdem am 1. Dezember 1992 im Haus Otto-Suhr-Allee 56 ein Ukrainer regelrecht exekutiert worden. In den Akten des Bundeskriminalamtes heißt es: »Der Erschossene war im Besitz eines russischen Passes ... In Zusammenarbeit mit dem Innenministerium der Ukraine konnte der Tote als Garri Djibu identifiziert werden. Nach dortigen Erkenntnissen war er der Führer einer in Kiew aktiven kriminellen Gruppierung und selbst bereits wegen Raubes und Erpressung in Erscheinung getreten. ... Nach bisherigen Zeugenaussagen hielt sich Djibu sehr oft im Billard-Café, Kantstraße, auf, das in Exilrussen-Kreisen als Treffpunkt illegal eingereister Tschetschenen bekannt ist.«

Es war in also jener Zeit keine sehr einladende Ecke in der Otto-Suhr-Allee. Darüber war auch der Besitzer dieser Häuser, Berlins bekanntester Filmproduzent Arthur »Atze« Brauner, wohl nicht sehr glücklich. Die Wohnung, in der Djibu sein gewaltsames Ende fand, war einst gemietet worden von der

Witwe des im September 1991 in München erstochenen Jakov Potok, der als einer Köpfe der sogenannten Russen-Mafia auf deutschem Boden betrachtet wurde.

Auch Isaak Kleiner war nicht zufällig geschäftlich in diesem Karree unterwegs gewesen. Ein Ehepaar Bartok, das früher einmal im selben Hause wie Kleiner in der Potsdamer Straße gewohnt hatte, war hierher gezogen, hatte sich dann aber bald eine andere Bleibe gesucht. Die Ein-Zimmer-Wohnung überließen sie Isaak Kleiner, der eine spezielle Verwendung für die Räumlichkeiten plante. Sie sollte als Quartier für Frauen dienen, die aus der zusammenbrechenden UdSSR mit vielsagenden Versprechungen nach Westeuropa gelockt wurden, um dann in Rotlichtvierteln feilgeboten zu werden.

Um die biedere Fassade eines Geschäftsmannes zu wahren, betrieb Icek Kleiner einen Imbissstand in der Markthalle am Tempelhofer Damm. Doch dort kursierten Gerüchte, dass am »Grillsnack« nicht nur Currywürste und Bouletten angeboten würden. Auch Vermittlerdienste wurden am Würstchenstand angeboten für Wohnungen – und für Frauen. Wer wirklich das Sagen in der Bude hatte, blieb im Dunkeln. Die Händler an den angrenzenden Ständen waren der Meinung, dass eigentlich Iceks Schwager, Anatoli Schwarz, den Ton angab. Anatoli zeigte sich nach außen betont bescheiden. Gegenüber der Polizei trat er jedoch forsch auf. Ein Kripobeamter, der ihn am Imbissstand aufsuchte, notierte anschließend: »Auf meine Frage hin, wann seine Frau morgen zur Zeugenvernehmung kommen kann, antwortete er heftig, dass sie keine Aussagen machen wird. Ich wies ihn darauf hin, dass er das nicht bestimmen kann, worauf er sagte: ›Ich bestimme das.‹ Weiterhin sagte er mir, dass auch er und seine Schwester (die Ehefrau des Opfers) keine Aussagen machen werden.«

Deutliche Worte eines verschwiegenen Mannes, der offensichtlich einiges zu befürchten hatte. In den Tagen, als sein

Schwager zwar verschwunden, dessen Leiche aber noch nicht gefunden worden war, beruhigte er neugierige Frager in der Markthalle mit dem lapidaren Hinweis, Icek sei verreist. Das wurde von Zeugen belegt. Anatoli Schwarz aber konnte sich schon wenige Tage später nicht mehr an eine solche eigenartige Abwiegelei erinnern. Normalerweise setzen Menschen, die einen nahen Angehörigen oder Freund vermissen, Himmel und Hölle in Bewegung, um den Fall irgendwie bekannt zu machen. Dass es hier anders war, lag wahrscheinlich an Iceks zweitem wirtschaftlichen Standbein.

Das bestand darin, Frauen aus der ehemaligen Sowjetunion nach Berlin zu holen, ihnen eine Unterkunft zu verschaffen und sie dann in einem Bordell anschaffen zu lassen. In der spärlich eingerichteten Wohnung in der Otto-Suhr-Allee konnten die überwiegend blutjungen Damen übernachten, und Icek war die Möglichkeit gegeben, seine Sex-Arbeiterinnen unter Kontrolle zu halten.

In dieser Wohnung endete Iceks Ludenleben, gefesselt und von einer Vielzahl Messerstichen perforiert im eigenen Blut.

Prostituierte, die gelegentlich die Wohnung in der Otto-Suhr-Allee nutzten, gaben der Polizei den Hinweis auf eine gewisse Ljudmila, die inzwischen aber verschwunden war. Zudem wurde am Tatort ein Flugticket, ausgestellt für eine Mrs. Poltawiak aus Minsk sichergestellt. Waren Ljudmila und Mrs. Poltawiak ein und dieselbe Person? Hatte sie den Mord begangen? Allein ganz gewiss nicht. Aber sie war zumindest eine wichtige Zeugin. Die Suche nach Ljudmila begann. Die Kolleginnen wussten nicht viel über sie, aber sie kannten die Arbeitsstelle der jungen Weißrussin.

Ljudmila, die die kärglich möblierte Wohnung zuletzt genutzt hatte, ging ihrem Gewerbe im »Sex-Kino 2000« in der Moabiter Beusselstraße nach. Mit den Beussel-Lichtspielen, die hier ein halbes Jahrhundert untergebracht waren, hatte das

»Sex-Kino 2000« wahrlich nichts zu tun. 1981 eröffnet, präsentierte sich das Rotlicht-Etablissement bald als schäbig heruntergekommener Laden im Schmuddelkiez, in dem die Freier beim Dosenbier zum Quickie animiert werden sollten. Der Inhaber der klebrigen Absteige hieß Galanis. Das schäbige Etablissement war für den Bordellchef dennoch ein profitables Geschäft. Und die Zuhälter kamen auch nicht zu kurz. Und so wusste auch die Russin Alexandra, die sich in diesem Laden feilbot, dass Icek sehr auf die Disziplin seiner Mädchen achtete, auch bei Ljudmila. »Er war immer sehr unzufrieden«, so Alexandra, »wenn sie sich verspätete. Denn wenn sie um ein Stunde zu spät kam, dann gingen unter Umständen schon 100 DM verloren, und das war ja auch Iceks Geld, zur Hälfte.« Und so hat er eifersüchtig seine Geldquelle beäugt.

Es war ihm nicht entgangen, dass Ljuda, wie Ljudmila in dem Etablissement gerufen wurde, immer häufiger mit anderen Russen verkehrte und offensichtlich mit diesen angebandelt hatte. Er musste wohl um Einnahmen fürchten. Die Vermutung lag nahe, dass Ljuda vielleicht vorhatte, den Luden zu wechseln oder gar eine persönliche Liaison eingehen wollte.

Am 12. Juni 1992 war die Weißrussin ein letztes Mal im »Sex-Kino 2000« aufgetaucht. Es erscheint logisch, dass Icek in dem letzten bekannten Telefonat, am Abend des 14. Juni, in der Otto-Suhr-Allee 50 angerufen und nach Ljudmila gefragt hatte. Die Vermutung liegt nahe, dass er, als er sie an der Strippe hatte, sofort zu ihr fuhr. Danach gibt es keine Lebenszeichen mehr von ihm.

Ljudmila war nicht die einzige Frau, die in der dürftig eingerichteten Bleibe hauste. Isaak Kleiner hatte die 21-Jährige, wie das Polizeiprotokoll nach ersten Ermittlungen vermerkt, »sowie weitere aus Minsk beziehungsweise Moskau angereiste Frauen zuhälterisch betreut«. Die Kleiners waren so etwas wie ein Familienbetrieb. Wie eine der Prostituierten aussagte, kam, als Icek verschwunden war, dessen Ehefrau, um bei den Mädchen abzukassieren. Kolleginnen der Ljudmila gingen ihrem Gewerbe in der näheren Umgebung nach, wie zum Beispiel in der »Raumstation« in der Kaiserin-Augusta-Allee, nicht weit vom Mierendorffplatz. Zuhälter Isaak kassierte, wie die Mädels berichteten, die Hälfte der Einnahmen. Damit war er wahrscheinlich sogar noch ein generöser Vermittler. Weiteres Geld mussten die Frauen dann noch an die Lokalbetreiber abgeben, was die Einkünfte selbst bei gut gehenden Geschäften ziemlich minimierte.

Auch Semfira war eines der Mädels, das von Isaak »betreut« wurde und in der Wohnung in der Otto-Suhr-Allee 50 untergebracht war. Kurze Zeit nach dem Verschwinden von Isaak, es war der 17. Juni, hatte sie in der »Raumstation« ein Gespräch mit Soja, Isaaks Frau, mitgehört. »Die Soja kam an diesem Tag, um abzukassieren.« Dabei sei sie von der 21-jährigen Prostituierten gefragt worden, ob es nicht möglich sei, einen weiteren Schlüssel von der Wohnung zu bekommen. Soja habe dies verneint und darauf verwiesen, dass die eigentlichen Wohnungsinhaber in drei Monaten zurückkämen. »Soja erzählte mir dann weiter, dass sie zu der Wohnung gefahren sei und an irgendeinem Punkte durch die Tür geschaut habe. Dabei habe sie Watte gesehen.« Hatte die Frau, die zu diesem Zeitpunkt bereits Witwe war, geahnt, wo ihren Mann das Schicksal ereilt hatte? Etwa nach zwei bis vier Tagen, so berichtet das Mädchen, »kam die Soja wieder zum Abkassieren. Hierbei war sie völlig schwarz gekleidet. Auf mich hatte das den Eindruck, als ob sie Trauerkleidung trug. Ich sprach sie daraufhin an, und sie sagte mir, dass alles in Ordnung sei.« Sentimentalitäten sind in diesem Gewerbe ganz offensichtlich fehl am Platz.

Vieles spricht dafür, dass Soja wusste, wohin ihr Mann an besagtem Abend gefahren war. Warum sonst sollte sie nach seinem Verschwinden zu dieser Wohnung gefahren sein und hatte die Polizei über ihre Vermutung im Dunkeln gelassen?

Nachdem Icek hingemetzelt in der Bartok-Wohnung gefunden worden war, interessierte sich die Polizei natürlich für Ljuda, von der aber jede Spur fehlte, ebenso für die beiden Russen, in deren Begleitung sie in den letzten Wochen so oft gesehen worden war.

Ljudmilas Kollegin Alexandra zeigt, als man ihr einige Fotos bei der Polizei vorlegte, unter den zahlreichen Porträts zielsicher auf eine Person. Der war es gewesen, mit dem Ljuda so oft zusammen war. Sie wusste auch, dass dieser Mann einen jungen Pitbull besaß. Der Mann ist kein Unbekannter: Aron Seliger, genannt Arik. Nun war die Polizei einen deutlichen Schritt weiter.

Eine Woche nach dem Auffinden von Iceks übel zugerichteter Leiche ließ man die Tür von Seligers Wohnung – der inzwischen nicht mehr im »Willmann-Heim«, sondern in der Schöneberger Cheruskerstraße 21 wohnte – öffnen. Aber der mögliche Mörder war längst über alle Berge.

Anfragen der Berliner Polizei gehen an die Behörden in Moskau und Minsk. Dabei erfährt man bei der Mordkommission, dass Seliger 1987 aus dem Gefängnis entlassen worden war, wo er wegen Vergewaltigung eine längere Haftstrafe abgesessen hatte. Kurz danach war er nach Berlin gekommen. Aufgefallen war den deutschen Behörden auch, als er, mit einem Auto im Mai 1993 aus Salzburg kommend, versuchte, eine junge Russin illegal nach Deutschland zu bringen. Er hatte sich offensichtlich als Schlepper für die Menschenhändler verdingt.

Wie seine Beziehung zu Ljudmila wirklich war, ließ sich nicht eruieren. Er war in den zurückliegenden Wochen ihr ständiger Begleiter gewesen. Die Berliner Kripo allerdings befürchtete Schlimmes. Als Mittäterin könnte sie für den Mörder zur unangenehmen Belastungszeugin werden. Da sich Ljudmila Poltawiak auch Wochen nach dem Mord an Isaak Kleiner nicht bei ihrer Familie in Minsk gemeldet hatte, sah man sie an Leib und Leben gefährdet.

Am 20. Oktober 1993 erscheint eine Zeitungsmeldung unter der Überschrift »Heiße Spur im Zuhältermord«. Der Bericht ist illustriert mit zwei kleinen Passbildern. Sie zeigen einen Mann und eine Frau. Beide werden der Tat dringend verdächtigt. »Vier Monate nach dem Mord an dem Israeli Isaak Kleiner glaubt die Polizei die Mörder des Mannes zu kennen«, hieß es dort. Festgenommen aber werden konnten die Verdächtigen nicht, sie hatten sich längst aus dem Staub gemacht. Die Fotos der beiden Haupttatverdächtigen: Ljudmila Poltawiak und Aron Seliger, der innerhalb eines knappen Jahres an zwei aufsehenerregenden und äußerst brutalen Morden (juristisch wurden beide Taten jedoch nur als Totschlag eingeordnet) beteiligt gewesen war. Hatte er nach der Gewalttat an Maria noch seelenruhig die Ermittlungen abgewartet, so war er nach dem Mord an Isaak Kleiner sofort geflohen. Dies machte ihn natürlich besonders verdächtig.

Hatte er außerdem Angst, dass ihn nun auch der Fall Maria einholen könnte? Schließlich war auch er am 17. Juli 1992, dem Tag des Mordes an Maria, auffällig hastig nach Moskau abgereist. Zudem besaß er für die Tatzeit definitiv kein Alibi. Am auffälligsten aber war, dass beide Morde in einem wahren Blutrausch begangen wurden, was auf eine übereinstimmende Täterstruktur schließen lässt.

In den Polizeiakten ist dazu allerdings nur ein knapper Vermerk enthalten: »Zur Person des Aron Seliger wird erwähnt, dass dieser in der Mord-Sache Maria überprüft wurde und eine Tatbeteiligung nicht auszuschließen ist.«

Dies alles summiert, lässt es einleuchtend erscheinen, warum Seliger nach dem Mord an Isaak Kleiner in Berlin endgültig der Boden zu heiß wurde.

Bis sich Seligers Freunde Dima, Mischa und Fedor für den Mord an Maria vor Gericht verantworten mussten, vergingen aber noch viele Jahre.

Fedor, der besonders eng mit Seliger befreundet war, hatte es ebenfalls vorgezogen, die Stadt und das Land zu verlassen. Als der Prozess gegen Dima und die anderen 1997 begann, saß er nicht auf der Anklagebank.

Und sie hatten gute Anwälte. Schon in der Anklageschrift wurde ihnen nicht die direkte Tat zur Last gelegt, sondern nur eine »Beihilfe zum Mord«. Dima wurde zu einer Jugendstrafe von sechs Jahren und neun Monaten Haft und Mischa zu sechs Jahren Gefängnis verurteilt. Der Schuldspruch von 1997 wurde nach einer Revision beim Bundesgerichtshof aufgehoben, im erneuten Verfahren im Jahr 2000 jedoch genau bestätigt. Auch in einem zweiten Durchgang waren Arik und Fedor außerhalb der Reichweite der Moabiter Justiz.

Die Meldung vor der Tat

Polizeimeldungen sind aus der Landschaft unserer Medien nicht wegzudenken. Mehr noch: manche Blätter – man subsumiert sie gerne unter dem Begriff Regenbogenpresse – würden ohne Polizeimeldungen fast ihres Rückgrats beraubt. Das erkannte schon der Dramatiker Heinrich von Kleist, der am 1. Oktober des Jahres 1810 seine »Berliner Abendblätter« der Öffentlichkeit präsentierte. Kleist wusste um den Sensationshunger der Menschen. So wurde dieser ersten Ausgabe ein Extrablatt beigelegt, was in gewissem Maße als Geburtsurkunde der modernen Polizeimeldung betrachtet werden kann. Es erfreute sich sofort lebhaften Interesses. Dabei kam Kleist wohl auch der Umstand zupasse, dass im Berlin jener Tage eine Mordbrennerbande für Unbehagen in der 160 000-Einwohner-Stadt sorgte. Kleist konnte mitten in diesen aufgeregten Zeiten mit Neuigkeiten aus den Akten der Polizei aufwarten. Diesen medialen Ehrgeiz haben Kleists Nachfahren auf dem Zeitungsmarkt verfeinert.

Verbrechen an Kindern sind immer für fette Lettern auf den Titelseiten zu gebrauchen. Schlimmstenfalls können solche Schlagzeilen sogar Auslöser für die Tat sein, wie ein Fall aus dem Jahr 1983 zeigt.

Eine kleinformatige Gazette lief am späten Abend des 16. September 1983 mit einer Schreckensnachricht für den kommenden Tag von der Rotationsrolle. Die Redaktion hatte noch die

»letzte« Meldung des Tages auf das Titelblatt gebracht. Unübersehbar groß: »Jonas und Leon! Zwei Berliner Kinder auf dem Schulweg entführt!« Rechts und links davon die Bilder der Jungs. Darunter zwei Zeilen: »Der achtjährige Leon Witter und der siebenjährige Jonas Schiller sind in Neukölln auf dem Weg zur Schule entführt worden. Ein etwa 25-jähriger Mann mit einer aufgenähten Sonne auf der rechten Jackenschulter gab ihnen Geld und lockte sie mit.« Wer mehr wissen wollte, musste den Bericht auf Seite neun lesen. Der Mann soll ein rotes Rennrad fahren – das ist eines der wenigen, aber nicht unbedeutenden Details, die über ihn bekannt sind.

Die beiden Verschwundenen waren am 16. September, einem Freitag, in der Zeit zwischen kurz vor neun Uhr und etwa halb zehn zum letzten Mal am Eingang zur Parkanlage Lessinghöhe am Mittelweg gesehen worden. Der Park liegt keine vier Minuten Fußweg von der Konrad-Agahd-Grundschule entfernt, in der die Jungs die Klasse 2a besuchen.

Am Eingang zur Lessinghöhe waren Jonas und Leon zu diesem Zeitpunkt nicht allein gewesen. Zwei Jungs, etwas älter als die beiden, sind mit von der Partie, als der vermeintlich 25-Jährige auf einem roten Rennrad die Gruppe anspricht. Er bietet den Knirpsen 20 Mark, wenn sie sich von ihm fotografieren lassen. Dabei hat er es auf die jüngeren abgesehen. Den älteren der Gruppe drückt er je zwei Mark in die Hand und schüttelt sie ab. Jonas und Leon folgen ihm arglos.

Die Lessinghöhe gehört zur sogenannten Rollbergsiedlung und ist als Problemkiez übel beleumundet. Der Rollbergkiez, wie er allgemein genannt wird, liegt zwischen Hermannstraße und Karl-Marx-Straße. Die Gegend liefert wegen der sich häufenden Straftaten seit Jahren Stoff für heiße Debatten. Sie erhielten noch einmal besondere Nahrung, als man im Juli 2010 im Tegeler Forst die Jugendrichterin Kirstin Heisig erhängt auffand. Die Richterin hatte ihre eigenwillige Arbeitsweise besonders auf das Rollberg-Viertel fokussiert und speziell die Delinquenz von Jugendlichen mit Migrationshintergrund thematisiert.

Zurück zum 16. September 1983. Die Eltern der verschwundenen Jungs machen sich, nachdem sie vergeblich auf ihre einzigen Kinder gewartet haben, selbst auf die Suche im Kiez. Von schlimmsten Vorahnungen gequält.

Die Kripo setzt Zielfahnder ein, und zwanzig Beamte der Sittenpolizei durchstöbern die Kartei nach möglichen Sexualtätern – ohne Erfolg. Über Lautsprecher wendet sich die Polizei an die Bevölkerung und bittet um Mithilfe.

Schon am Freitag erhalten die Beamten vage Hinweise, der beschriebene Mann könne aus der Emser Straße stammen. Von der Emser Straße geht die Neißestraße ab. In diese Richtung führen die Spuren von zwei weiteren Hinweisgebern.

Gegen 11 Uhr 30 sucht ein Polizeibeamter die Bäckerei in der Emser Straße auf und spricht mit einer Frau, die dort als Aushilfe arbeitet und zudem in der Gegend wohnt. Befragt, ob sie von jemandem im Bereich der Emser Straße wisse, der ein rotes Fahrrad mit Rennlenker fahre, fällt der Frau mit Beobachtungsgabe und Gedächtnis ein Mann ein, »der früher in der Siegfriedstraße wohnte und stets ein rotes Fahrrad fuhr«. Er sei auch öfter an dem Geschäft vorbeigegangen, in dem sie als Reinigungskraft beschäftigt ist. Sie sagt dem Polizeibeamten, dass dieser Mann regelmäßig in der Höhe der Emser / Ecke Neißestraße mit seinem Rad abbiegt.

Die Tipps und Hinweise reichen der Polizei aus, einen alten »Kunden« ausfindig zu machen. Jetzt hat sie einen Namen und eine Adresse. Es ist Mario Panzner, wohnhaft in der Neißestraße 2, vierte Etage. Der Mann, der schon 1976 mit der Justiz Bekanntschaft gemacht hatte, war zuletzt 1981 nach Verbüßung einer Haftstrafe wegen eines Sexualdeliktes aus dem Gefängnis entlassen worden. Auf ihn treffen einige der Merkmale zu. Allerdings liegt das geschätzte Alter ziemlich daneben, Panzner ist über 40.

Am Sonnabend, als die Polizisten nach 79 Stufen etwas aus der Puste vor Panzners Wohnungstür stehen, finden sie dort nur einen Zettel: »Bin nicht zu Hause. Komme morgen wieder.« Die nicht allzu forschen Beamten ziehen unverrichteter Dinge ab.

Die Ansage, die sich das Streifenpersonal daraufhin anhören musste, ist nicht überliefert, aber man kann sie sich unschwer ausmalen, denn kurz nach dem abgebrochenen Einsatz wird um zwanzig nach zwölf die Wohnungstür mit dem Namensschild »M. Panzner« im vierten Stock gewaltsam geöffnet.

Mario Panzner, der offensichtlich gerade vor dem Fernseher gesessen hat, leistet keinen Widerstand. Dass man auf der richtigen Fährte ist, zeigt das rote Fahrrad mit Rennlenker, das im Flur steht. Aber wo sind die Kinder?

Die Ermittler schauen sich in der kleinen Behausung um, sehen jedoch im ersten Moment nichts Ungewöhnliches. Dann aber will man noch einmal genauer nachsehen. In der Abstellkammer, die zum »begehbaren« Kleiderschrank umgebaut ist, liegt ein Stapel Wäsche. Die Kripo-Leute wühlen in dem Wäschehaufen – und halten wie vom Donner gerührt inne. In einem Plastiksack und einem Kopfkissenbezug finden sie die vollständig bekleideten Leichen der beiden Jungen.

27 Stunden nach dem Verschwinden der Kinder erlangen ihre Familien die traurige Gewissheit, dass die beiden nie wieder nach Hause kommen werden. Als die Zeitung mit der großen »Vermisstenmeldung« in der Nacht zum Sonnabend in Druck ging, lebten die Jungs noch, als sie am 17. September 1983 noch immer druckfrisch auf den Tresen der Zeitungskioske lag, waren die beiden tot. Einen Zusammenhang vermutet in diesem Augenblick noch niemand.

Die genauen Umstände des Doppelmordes bleiben zunächst im Dunkeln. Über Panzners Verhör bei der Polizei meldet die Presse lediglich: »Nachdem er die Tat zunächst abgestritten hatte, sagte er nach Angaben der Kriminalpolizei bei der ersten Vernehmung: ›Ich mache von meinem Aussageverweigerungsrecht Gebrauch. Ich habe einfach nichts zu sagen. Auf Befragen gebe ich an, dass ich die Tat allein begangen habe.‹«

Einen Tag nach der Entdeckung war der Doppelmord auch bundesweit ein Fall für die Medien. Vom »Hamburger Abendblatt« bis zur »Süddeutschen Zeitung« berichtete die Tagespresse über das Verbrechen. Doch über den Täter – den »Propagandisten und zur Zeit arbeitslosen Krankenpfleger« – erfahren die Leser wenig. Und Panzner schweigt bei der Polizei.

Knapp zehn Jahre später bricht Mario Panzner sein Schweigen und erzählt ausführlich seine Lebensgeschichte. Geboren 1940, hatte er seine Kindheit und frühen Jugendjahre im havelländischen Rathenow verbracht. Als Trauma seiner frühen Kindheit habe sich besonders ein Erlebnis aus den letzten Kriegstagen bei ihm eingeprägt. Auf der Flucht vor der heranrückenden Roten Armee sei die Familie auf einer Landstraße unter Tieffliegerbeschuss geraten. Um ihn in Deckung zu bringen, habe ihn sein Stiefvater in einen Graben geworfen. Nachdem der Schrecken und das Chaos vorüber waren, seien seine Eltern verschwunden gewesen. Verwandte hätten ihn mitgenommen und bei einer Tante untergebracht. Da das Schicksal seiner Eltern eine ganze Weile ungewiss und ungeklärt blieb, habe die Sippe des leiblichen Vaters darauf bestanden, dass der Junge bei ihm aufwachse. Deshalb sei er – so berichtet Panzner – aus der Wohnung seiner Tante »entführt« worden. Erst ein Jahr später habe man erfahren, dass die Mutter bei dem Tieffliegerangriff verletzt in ein Lazarett der Alliierten bei Tangermünde gebracht worden sei, das später von der sowjetischen Besatzungsmacht übernommen worden war. Nachdem die Mutter genesen war und auch der Stiefvater noch lebte, konnte er wieder in seine alte Familie zurückkehren. Den Stiefvater wie den leiblichen Vater beschreibt Panzner als deutsch-national und Nazi-Anhänger. Er selbst rechne es sich hoch an, dass er zu einem »starken Oppositionsgeist« erzogen worden sei. In der Schule habe er sich beispielsweise geweigert, Russisch zu lernen. Als er zwölf Jahre alt war, habe man ihn in ein Heim gesteckt. Von dort sei er immer wieder ausgebüxt. »Das ging so etwa zwei Jahre.« Im Rückblick bescheinigt er sich selbst, dass es eine kontinuierliche Entwicklung seiner Persönlichkeit nicht gegeben habe.

Bis er sechzehn war, lebte er in der DDR, in der er sich nach eigenem Bekunden »wohler gefühlt« habe als in der Bundesrepublik, weil sie nicht so »materialistisch« gewesen sei. Doch 1956 musste er angeblich das Weite suchen, weil er an seiner Schule anlässlich des Ungarnaufstandes Flugblätter verfasst und zwei Transparente angebracht hatte. Er suchte sein Heil zunächst in Westberlin, ging dann aber nach München und begann eine Lehre als Krankenpfleger.

1959 erreichte ihn dort die Nachricht, seine Mutter in der DDR sei schwer erkrankt und es müsse mit ihrem Ableben gerechnet werden. Panzner stellte einen Einreiseantrag, dem auch stattgegeben wurde. Als er jedoch bei Hof die Grenze passiert habe, sei er sofort verhaftet worden. Man habe ihm staatsfeindliche Hetze, geheimdienstliche Agententätigkeit und Republikflucht vorgeworfen. Er wurde zu fünf Jahren Haft verurteilt. Glückliche Umstände aber verhalfen ihm unerwartet schnell wieder zur Freiheit. Am 1. Oktober 1960 verkündete der Staatsrat der DDR eine Amnestie, unter die auch er fiel. Nach einem Jahr Haft, die er im Gefängnis in Brandenburg verbüßen musste, war er wieder auf freiem Fuß.

Wieder in Freiheit, entschied Panzner, in Berlin, in Westberlin einen neuen Anfang zu wagen. Er arbeitete als Krankenpfleger und fand nebenher sein Seelenheil in einer religiösen Randgruppe. Die Baptisten hatten es ihm angetan. Dort lernte er auch die Frau kennen, mit der 1962 den Bund fürs Leben einging. Für kurze Zeit nur, dann erwischte er seine Angetraute in flagranti mit einem anderen Mann. Es war »als wenn der Himmel einstürzt«, klagt Panzner auch Jahrzehnte danach noch. Dieser Tiefschlag habe sein Sexualleben verändert, resümiert er. Von 1964 bis 1983 habe er sich deshalb homosexuell orientiert. Er habe von 1969 bis 1976 mit einem Mann in einer eheähnlichen Beziehung gelebt und mit ihm auch eine gemeinsame Wohnung geteilt. Wie bei Hetero-Ehen auch wäre diese Beziehung schließlich an den Reibereien des Alltags zerbrochen.

Er habe immer den Wunsch nach eigenen Kinder gehabt. Das sei ihm nicht vergönnt gewesen. Dies habe er später dadurch kompensiert, dass er immer bereit gewesen sei, »Kinder, die kein richtiges Elternhaus hatten, aufzunehmen«.

Den Job als Krankenpfleger hatte Panzner damals an den Nagel gehängt und sich mit seinem Lebenspartner auf den Verkauf von Schallplatten verlegt. Wieder Single, verdiente er sich seine Brötchen als »Propagandist«. Diese Berufsbezeichnung meint jene Verkäufer, die beispielsweise vor Kaufhäusern besondere technische Innovationen wie Staubsaugerdüsen, Gurkenhobel, Messerschärfer, Alleskleber usw. mit einstudiertem Wortschwall an den Mann (meist die Hausfrau) bringen. Dabei bekäme man zwangsläufig viele Kontakte, erzählt Panzner.

1976 sei für ihn das Jahr gewesen, in dem ihm seine Neigung zu deutlich jüngeren Partnern bewusst geworden sei. Einen Jungen, der aus einem Heim ausgerissen, auf Trebe war und für ihn hin und wieder kleine Besorgungen erledigte, nahm er schließlich zu sich nach Hause. Ein Vierteljahr lebt der

13-Jährige bei Panzner. Anfangs habe er versucht, die sexuellen Regungen von sich »fern zu halten«, aber dann sei es doch zum körperlichen Kontakt gekommen.

Panzner bemüht sich um eine neutrale Ausdrucksweise, ein Anerkennen einer Schuld vermeidet er tunlichst.

Als der Junge schließlich von den Behörden aufgegriffen wurde, verschwieg er auch den sexuellen Verkehr mit Panzner nicht. Dieser wurde daraufhin zu 18 Monaten verurteilt, entzog sich aber immer wieder dem Vollzug der Strafe, indem er, wie er sagt, »einfach abtauchte«.

In dieser Zeit sei es immer wieder zu sexuellen Kontakten mit »jüngeren« – also minderjährigen – Partnern gekommen, räumt Panzner ein. Er lernte seinen späteren Pflegesohn kennen, der angeblich zu Hause große Schwierigkeiten hatte. Dessen Mutter habe häufig wechselnde Männerbekanntschaften gehabt und den Jungen, immer wenn ein Techtelmechtel bevorstand, aus der Wohnung rausgeschmissen. Panzner bemühte sich, dass der Junge unter seine Kuratel gestellt wurde. Das Jugendamt stimmte dem zu. Pflegesohn Mario (er hat denselben Vornamen wie sein Erzieher) war zwölf Jahre alt, als sich die beiden kennenlernten. Zum Zeitpunkt, als er der Pflegschaft Panzners unterstellt wurde, war er 15.

Was war das für ein Umfeld, in das man den Heranwachsenden amtlicherseits gesteckt hatte?

Mit den Morden an Jonas und Leon wird es – zumindest für kurze Zeit – Gegenstand des öffentlichen Interesses. Die »Berliner Morgenpost« kurz und knapp: »Wegen homosexueller Handlungen war Panzner bereits 1977 zu einem Jahr Freiheitsstrafe verurteilt worden. Die Bewährung wurde widerrufen, als er eine neue schlimme Straftat beging: sexueller Missbrauch eines Kindes. Hierfür erhielt er 1981 anderthalb Jahre Haft. Er stellte den Antrag, von Tegel in die Jugendstrafanstalt Plötzensee verlegt zu werden. Als sein Antrag abgelehnt wurde, trat er fünf Tage lang in den Hungerstreik. Im Mai 1983 entlassen, wurde Panzner erneut straffällig. Danach soll er einen 16-jährigen Strichjungen vom Bahnhof Zoo in seiner Wohnung niedergeschlagen, gefesselt, zu sexuellen Handlungen gezwungen und sechs Tage in seiner Speisekammer eingesperrt haben. Der Junge konnte sich befreien und um Hilfe rufen.«

In Mario Panzners Version sieht die Geschichte anders aus: »Da war ja noch eine andere Sache, die zur Verhandlung anstand, bevor ich die beiden Kinder getötet habe. Ich hatte einen sogenannten Strichjungen vom Bahnhof Zoo mitgenommen, der hatte bei mir genächtigt und ich hatte mit ihm sexuellen Kontakt. Nachts bin ich wach geworden und sah ihn plötzlich vor meinem Bett stehen mit einem Gegenstand, der wie eine Waffe aussah. Ich habe instinktiv nach dem nächstbesten Gegenstand gegriffen und damit zugeschlagen. Er war dann bewusstlos.«

Panzner, wahrlich kein Abbild von Bud Spencer oder ähnlichen Leinwand-Akteuren, beschreibt eine Szene, die nur schwerlich nachvollziehbar ist. Nach seinem Schema stimmt sie: Panzner, der verkannte Gutmensch, schlägt sich durch eine Welt der großen und kleinen Bösewichte.

Er habe dann das Licht angemacht und entdeckt, dass der Stricher »Gegenstände rauben wollte. Er hatte auch den Schrank, wo die Kassette mit meinem Geld war, schon geleert und sich einige Sachen zum Abtransport bereitgelegt.« Als der Junge nach kurzer Zeit wieder zu sich gekommen sein, habe er ihn zur Rede gestellt, und der habe ihn dann »direkt erpresst« und gedroht, Panzner anzuzeigen mit der Anschuldigung, er »hätte ihn vergewaltigt«. Aufgrund seiner unangenehmen Erfahrungen, die er schon früher in Haft gemacht hatte, sei er darauf eingegangen. Er habe gewusst, »wie gerade homosexuelle Straftäter in der Knasthierarchie behandelt werden von

Seiten der Gefangenen, aber auch von Seiten der Beamten«. Aus diesem Grunde könne »man das wahrscheinlich verstehen und nachempfinden«. Aber der Stricher habe eine derart hohe Summe gefordert, die er nicht aufbringen konnte, und wollte solange bei Panzner bleiben, bis dieser ihm die restliche Summe beschafft habe. »Er hat mich dann eben ziemlich unter Druck gesetzt, und schließlich ist es dann doch zu einer Anklage gekommen«, kürzt Panzner das Ende der Geschichte recht lapidar ab.

Panzner beklagte sich, dass der Haftrichter seiner Falldarstellung nicht ausreichend Gehör schenkte und er deshalb erst einmal in Untersuchungshaft gekommen sei. Sein Anwalt habe ihn aber wieder rauspauken können. Der Belastungszeuge sei auch mehrmals nicht zum Termin erschienen.

Panzner profitierte letztlich davon, dass das Opfer sich in einem Milieu bewegte, in dem persönliche Zuverlässigkeit nicht allzu groß geschrieben wird. Man entlässt Panzner aus der U-Haft. Drei Tage nach den Morden an Jonas und Leon hätte er sich wegen sexueller Nötigung für diesen Fall vor einer Strafkammer in Moabit verantworten müssen. Der Verantwortliche, der Panzners Entlassung aus der U-Haft verfügte, musste sich heftige Vorwürfe gefallen lassen. Seiner Entscheidung war es mit geschuldet, dass Panzner die beiden Jungs ermorden konnte.

»Der Vorsitzende Richter, der Panzner laufen ließ«, so war in der Presse zu lesen, »ist schockiert. Dr. Theodor Seidel sagt: ›Ich erfuhr von dem Mord im Fernsehen. Es ist entsetzlich.‹ Auf die Frage, die sich alle Berliner stellen, warum ein vorbestrafter, gefährlicher Sittlichkeitsverbrecher frei herumlaufen konnte, sagt Dr. Seidel: ›Wegen des Vorwurfs der sexuellen Nötigung gegen Panzner war kein dringender Tatverdacht mehr gegeben, der eine weitere Untersuchungshaft gerechtfertigt hätte‹.«

Einige Jahre später, als Seidel in Moabit über »Mauerschüt-
zen« und DDR-Politbüromitglieder zu richten hatte, zeigte er
sich von einer ganz anderen Seite. Hier bewies der Richter Seidel, der in jungen Jahren »Kontakte zu Fluchthelfern« unterhielt (»Der Spiegel«) – »Härte«. Seidel ist noch 2010 – längst pen-
sioniert – gerngesehener Referent bei der rechten DSU. Hatte
er damals eine Geistesverwandtschaft in Panzners Biografie
entdeckt?

Den Mord an Jonas und Leon schildert Panzner aus der ihm
eigenen Optik: »In der Zeit«, er meint, kurz vor dem bevorstehenden Prozess, »habe ich dann die beiden Jungen kennengelernt, d. h. ich bin von einem der beiden Jungen angesprochen
worden.«

Und wieder schlüpft er in die Rolle des Passiven.

Der kleine Junge habe ihn »wegen Geld gefragt«, was er »ihm
dann auch gegeben habe, und er war in einer ganzen Gruppe,
es waren fünf, sechs Jungs.« Als Panzner in ein Geschäft gegangen sei, um Backwaren zu kaufen, »war da derselbe Junge
auch gerade in dem Geschäft«, und da habe er ihn »zum zweiten Mal angesprochen und ihn dann mitgenommen mit seinem Freund nach Hause«. Sexuelle Hintergedanken habe er
»eigentlich gar nicht« gehabt, beteuert Panzner. Sie hätten sich
unterhalten, gespielt und »der eine von den Jungs machte dann
mehrmals Anstalten«, sich Panzner sexuell zu nähern, die dieser »aber abgewiesen habe«. Es habe sich dann herausgestellt,
»dass beide von zu Hause eigentlich weg wollten.«

Über das Alter der Jungen gibt Panzner an: »Der eine war
neun, der andere zehn.«

Er hat durchaus erkannt, dass seine Geschichte nicht glaub-
haft mit dem Verhalten von Zweitklässlern in Übereinstimmung zu bringen war. Die beiden Jungs waren sieben und acht
Jahre alt!

»Sie wollten eben unbedingt bei mir bleiben, und ich habe

versucht, ihnen klarzumachen, dass das nicht geht«, beteuert er und versucht somit wieder einen Teil seiner Schuld auf seine kindlichen Opfer abzuwälzen. Er steigert sich sogar noch weiter in die Rolle des Schwachen, Verführten, Missbrauchten und Bedrängten hinein. »Der ältere von beiden hat natürlich gemerkt, dass ich sexuell empfänglich bin. Komischerweise haben diese Jungs ein sehr feines Gespür dafür, wo man verwundbar ist. Er hat mich auch ziemlich stark bedrängt, es ist erst viel, viel später zum kurzen sexuellen Kontakt gekommen. Jedenfalls erklärten sie mir im Laufe des Tages, dass sie bei mir bleiben wollen, weil sie sich auch wohl gefühlt haben. Ich sagte: ›Das geht so nicht!‹, da sagte dann der ältere, der Leon: ›Wenn du uns wieder wegschickst, dann sagen wir, wir hätten was mit dir gehabt.‹ Er hatte mich doch immer wieder bedrängt, und auf der einen Seite habe ich mich zwar dagegen gesträubt, auf der anderen Seite doch: ›Wenn schon, warum denn nicht?‹ Vielleicht auch, um vor seinem Drängen Ruhe zu haben, vielleicht aber auch, weil das Verlangen dann doch da war, habe ich dem nachgegeben. Ich war nun aber erst recht erpressbar«, so redet er sich in die Rolle des Bedrängten und Unterlegenen.

Den Mordopfern zumindest eine wie auch immer geartete Mitschuld anzuhängen, zieht sich als roter Faden durch Panzners Rechtfertigungsversuch. Ohne Hemmungen belastet er die Kinder: »Der Jonas hat da schon im Bett gelegen und hat geschlafen, als es zu dem sexuellen Kontakt kam. Es war Oralverkehr. An der Art, wie er den Oralverkehr vollzogen hatte bei mir, war doch zu merken, dass er das nicht das erste Mal gemacht hat. Und er hat dann auch zugegeben, dass er schon häufig Kontakt mit Männern gegen Geld gehabt hat. Er ist später schlafen gegangen. Ich konnte nicht schlafen, weil ich mir immer wieder überlegt habe, wie kommst du aus der Geschichte eigentlich wieder raus?«

Hier kommt Panzner an den Kernpunkt. Schließlich muss er nach dem, was vorgefallen ist, eine Lösung herbeiführen. Er weiß um die drohenden Konsequenzen: »Ich habe auch mal kurzzeitig die Wohnung verlassen, habe einen kleinen Spaziergang gemacht, um meine Gedanken so ein bisschen zu ordnen und irgendwie einen Ausweg aus der Situation zu finden. Direkt rausschmeißen wollte ich sie auch nicht, weil ich die Befürchtung hatte, dass wieder irgendwie eine Verhaftung auf mich zukommen würde.«

Unterbrechen wir Panzners Darstellungen an dieser Stelle kurz. Bis heute ungeklärt ist ein Mord aus den frühen siebziger Jahren. Am 18. Januar 1973 war die Leiche des zwölfjährigen Schülers Wolfgang Schwarz in der Charlottenburger Stadionallee gefunden worden. Wolfgang wohnte mit seinen Eltern in der Neuköllner Altenbraker Straße und besuchte wie Jonas und Leon ebenfalls die Konrad-Agahd-Schule in der Thomasstraße. Seine Spur verlor sich – wie zehn Jahre später die von Jonas und Leon – an der Parkanlage Lessinghöhe. Der Mord an Wolfgang spielte bei den Ermittlungen gegen Panzner jedoch nur kurze Zeit eine Rolle, dann wurde er wieder auf den Aktenstapel der ungeklärten Fälle zurückgelegt. Tatsächlich unterschieden sich die Begehungsweisen der beiden Fälle erheblich.

Und dann kommt Panzner auf die entscheidenden Stunden am 17. September 1983 zu sprechen, als die beiden Jungs in seiner Wohnung noch schliefen: »Ich bin in den frühen Morgenstunden auch eingeschlafen, bin dann kurz vor sechs wieder wach geworden. Es war so gewesen, ich hatte immer noch Verbindung zu meinem ehemaligen Lebenspartner Holger. Auch zu seinen Eltern, ich bin dort immer frühstücken, essen gegangen, sie haben für mich mit gekocht. Wir haben dort dann gemeinsam gefrühstückt. Dieter hat auch immer die Morgenzeitung mitgebracht. Bin dann um sechs rübergegangen, es war im Nachbarhaus, wo er wohnte … da kriegte ich die BZ in die Hand, und da fiel mir dann gleich auf der Titelseite die Schlagzeile in die Augen mit den Bildern der beiden Jungs.« – Auf der Titelseite, wie schon beschrieben, groß die Aufmachung »Jonas und Leon! Zwei Berliner Kinder auf dem Schulweg entführt!«

Panzner wird augenblicklich bewusst, in welche Lage er sich mit dieser Aussage manövriert hat, und findet sofort zu dem Erklärungsmuster zurück, das ihn wieder in der Rolle des Getriebenen, nicht verantwortlich zu Machenden zeigt. »Ich weiß bis heute nicht, wie ich wieder in die Wohnung zurückgekommen bin. Ich weiß bloß, als ich wieder zu mir gekommen bin, hatte ich zwei tote Jungs in der Wohnung. Da hat es bei mir vollkommen ausgehakt, und das ist eben das, was ich auch noch aufarbeiten muss, was da eigentlich geschehen ist. Der ganze Ablauf war dann doch ziemlich irrational. Ich habe die beiden Leichen verpackt und aus dem Wohnzimmer raus weggelegt und wusste eigentlich nicht, was ich tun sollte.«

Er beteuert noch Jahre später, »an den direkten Tatablauf keinerlei Erinnerung« zu haben. Er wisse nur, dass er die beiden »umgebracht haben muss, denn ein anderer war ja nicht da …« Für ihn sei es gewesen »wirklich wie so ein Filmriss, wie wenn man exzessiv getrunken hat und danach aufwacht«. Er habe nach der Tat »die Jungs in einen Plastiksack gesteckt und in der Küche abgelegt und wusste eigentlich nicht, was ich machen sollte. Aber so lange hat die Sache ja nicht gedauert. Ich versuchte, mir über die Situation Klarheit zu verschaffen. Was ja sehr schwierig war. Ich habe einfach irrationale Handlungen begangen. Ich habe angefangen, Fenster zu putzen, einfach absoluter Blödsinn in dieser Situation.«

Erinnerungslücken werden von Mördern immer wieder ins Feld geführt und sind wohl auch nicht ganz von der Hand zu weisen. Vielleicht aber will der Täter sich auch nur herausreden, um nicht schwer ertragbare Details seiner Tat zu offenbaren.

Panzner war dann in den Mittagsstunden des 17. September 1983 verhaftet und zur Dienststelle der Mordkommission in der Keithstraße gebracht worden. Dort hatte er die Tat sofort zugegeben, bekanntlich aber weitere Aussagen verweigert.

In seiner Erzählung taucht bei Panzner nun ein zumindest politisch pikantes Detail auf: »Ich bin dann in die Gothaer Straße verbracht worden. Mein Anwalt – der mich in der anderen Sache schon vertreten hatte – hatte dann nachts schon in der Zeitung gelesen, dass ich wegen Mordes verhaftet worden bin; er hat sich sofort aufgemacht nach der Gothaer Straße und hat mich dort nachts um halb drei besucht. Natürlich war mit mir nicht groß zu reden. Er hat nur gesagt, er komme am anderen Tag wieder.«

Gisbert Hieber war über Jahrzehnte Aktivist der rechtsextremen DVU und gehört zu einem Kreis von Advokaten, die bevorzugt neonazistische Straftäter vor Gericht vertreten. Die DVU propagierte, vor ihrer Verschmelzung mit der NPD, die politische Grundhaltung, Kinderschänder seien mit härtesten – außerhalb des gegenwärtigen gesetzlichen Rahmens liegenden – Strafen zu belegen (»Todesstrafe für Kinderschänder«). Anwalt Hieber legte sich dennoch für Panzner mächtig ins Zeug.

»Man hat dann allerdings meine Anwälte nicht mehr zu mir gelassen«, klagt Panzner. Er sei jedoch verhört worden, habe sich geweigert, Angaben zur Tat zu machen: »Weil mein Anwalt gesagt hat: ›Ich komme und wir reden darüber, vorher machste keine Angaben.‹ Man hat mich ständig zu Aussagen gedrängt. Meine Anwälte haben deshalb auch gegen die leitenden Beamten Dienstaufsichtsbeschwerde eingelegt, sind damit aber nicht durchgekommen.« Jedenfalls habe er dann »so gut er konnte, den ganzen Tathergang versucht zu schildern«.

Lehrer und Schüler der Konrad-Agahd-Schule hatten drei Tage nach dem Auffinden der Toten heftige Kritik an Justiz und Polizei formuliert. In Briefen an den Justizsenator Hermann Oxfort und Polizeipräsident Klaus Hübner verlangten sie Aufklärung darüber, warum der einschlägig vorbestrafte Panzner nach einem erneuten Sittlichkeitsdelikt im Juni von der Haft verschont geblieben war. Der Schulleiter warf der Kripo vor, den Hinweis auf die Emser Straße als mutmaßlichem Aufenthaltsort der verschwundenen Kinder nicht rechtzeitig aufgegriffen zu haben. Ein Sprecher der Sonderkommission erklärte, dass die Suche in diesem Bereich bereits am Freitag, also am 16. September, gegen 14.30 Uhr eingeleitet worden war, musste aber einräumen, dass sie erfolglos geblieben war.

Als am 19. März 1984 vor dem Schwurgericht in Moabit der Prozess gegen Panzner begann, wiederholte der Angeklagte in wesentlichen Teilen seine Version des Geschehens: »Ich war mit meinem Fahrrad unterwegs. An der Karl-Marx-Straße Ecke Jonasstraße sprach mich Leon Witter an. Er wollte eine Mark haben. Er war in Begleitung von fünf anderen Kindern. Ich sagte: ›Wenn ihr euch von mir fotografieren lasst, kriegt ihr 50 Mark‹.«

Die Presse berichtet breit über den Auftritt des jungen Mannes, den Panzner in der Stricher-Szene kennengelernt und mit nach Hause genommen hatte: »Der jetzt 19-jährige Lars K. sagt aus, dass er in der Folterkammer des Krankenpflegers … eine Woche lang gequält worden ist – in der Folterkammer, in der ein Jahr später die toten Kinder gefunden wurden. Der damals als 16-jähriger Strichjunge von dem Angeklagten am Bahnhof Zoo angesprochene berichtet: ›Er sagte, du kriegst 100 Mark, wenn du mit mir isst und trinkst und mir Unterhaltung bietest. Aber er hat mich niedergeschlagen und gefesselt.‹ Eine Woche lang war ich in seiner Speisekammer gefangen. Der Raum war nur 70 mal 80 Zentimeter groß, mit Styropor und Schaumstoff ausgeschlagen. Immer, wenn ihm nach Sex zumute war, trug er mich gefesselt hinaus und trieb es mit mir. Ich konnte ja nichts tun. Er drohte, mich zu töten, wenn ich schreie. Er sagte: ›Ein Ton und ich drücke Dir den Kehlkopf ein.‹ Lars K. konnte sich selbst befreien und um Hilfe rufen.«

Schon beim Plädoyer des Staatsanwaltes wurde deutlich, dass der rekonstruierbare Tathergang bei den Morden an Jonas und Leon ein ganz anderes Bild ergab, als Panzner selbst gezeichnet hatte. Der Ankläger vertrat die Auffassung, dass Panzner heimtückisch mordete, weil er die Arg- und Wehrlosigkeit seiner Opfer ausnutzte. Denn, was sei »argloser als ein schlafendes Kind?« Die Kinder mussten sterben, »weil der Angeklagte Angst hatte, erneut ins Gefängnis zu kommen.«

Erreicht hatte Panzner mit seinem Schuldzuweisungen auf die Kinder das genaue Gegenteil. Am 9. April 1984 sprach die Kammer das Urteil. Der Vorsitzende Richter Hans Prüfer verkündete: »Lebenslänglich!« Wegen sexuellen Missbrauchs eines der Kinder in Tateinheit mit homosexuellen Handlungen verhängte das Gericht gegen Panzner zusätzlich eine Haftstrafe von zwei Jahren und sechs Monaten.

Bedenken an Panzners Schuldfähigkeit, die ihm der forensische Sachverständige Professor Dr. Detlef Cabanis attestierte, blieben weitgehend unberücksichtigt. Cabanis war in seinem Gutachten zu der Auffassung gelangt, dass der Angeklagte »unter einer schweren seelischen Abartigkeit leide und dass aus medizinischer Sicht seine Schuldunfähigkeit nicht auszuschließen sei«. Der Angeklagte hätte schon durch seine früheren Auffälligkeiten längst einer langfristigen Therapie unterzogen werden müssen. Generell kritisierte Cabanis: »Es ist ein Skandal, dass es in einer Stadt wie Berlin kein Zentrum für Sexualmedizin gibt.«

Im Sommer 2002 befasste sich die »Neue Zürcher Zeitung« mit Sexualstraftätern, die Kinder oder Jugendliche ermordet hatten, und kam zu dem knappen, aber eindeutigen Schluss: »Die meisten Sexualstraftäter sind nicht psychisch krank. Sie haben getötet, um von ihrem Opfer nicht verraten zu werden. Diese Täter sind für ihre Tat voll verantwortlich und verbüßen in der Regel eine lebenslängliche Haftstrafe im Gefängnis.« Ein Grundsatz, der auch auf Panzner zutraf.

Unter den Zeugen, die im Prozess gegen Panzner aussagen mussten, war auch der zehnjährige Sven. Er hielt sich in der Gruppe auf, zu der auch Leon und Jonas gehörten und die von Panzner angesprochen worden war. Sven wurde von seiner Mutter begleitet, die im Zuschauerraum der Verhandlung mit gespannter Aufmerksamkeit folgte.

Dabei »stellte ich fest, dass im Gerichtssaal ganz andere Sachen erzählt wurden, als in der Zeitung standen«, erklärte die Frau, die rund elf Jahre jünger ist als der Angeklagte, später. Daraufhin sei sie neugierig geworden und wollte dann »persönlich gerne wissen«, wie es zu der Tat gekommen sei. Sie habe ein paar Wochen lang überlegt und dann einen Brief an Panzner geschrieben, in dem sie erklärt habe, wer sie sei, dass ihr Sohn im Gerichtssaal aussagen musste »und noch so ein paar kleinere Einzelheiten«, berichtete sie über den zweifellos ungewöhnlichen Schritt.

Es seien ihr »so einige Sachen aufgefallen, was so in der Zeitung stand und was so im Prozess zur Sprache kam … Und dazu hat sie paar Fragen gehabt und hat mir einen Brief geschrieben mit den Sachen, die sie interessiert haben«, so Mario Panzner über die ungewöhnliche Post und den weiteren Fortgang. »Eigentlich wollte ich erst gar nicht auf den Brief antworten. Da ich aber ziemlich isoliert war und weiter nichts zu tun hatte, habe ich mich beschäftigt mit den Fragen und dann doch auf den Brief geantwortet. Ein paar Wochen später. Und da hat sich ein Briefwechsel entwickelt.«

Und Panzners unbekannte Briefpartnerin ist fasziniert von dem Mann, den andere schlicht für einen perversen Mörder halten: »Er war genauso neugierig, wie ich umgekehrter Weise neugierig war, was das für ein Mensch sei. Er wollte wohl auch gerne wissen, was ich für eine Frau bin. Was ich für ein Interesse an dem Fall habe und was ich gerne wissen möchte. Jedenfalls bekam ich nach drei Wochen einen Brief von ihm, worin er mich bat, ihn doch einmal besuchen zu kommen. Ich bekam dann, als er schon verurteilt war und in Tegel einsaß, meine erste Besuchserlaubnis ...«

»Nach einigen gewechselten Briefen habe sie dann den Wunsch gehabt, mich zu besuchen«, berichtet Mario Panzner, der in dieses Treffen einwilligen musste. Anfangs sei es abgelehnt worden, aber als er dann »im Gefängnis Tegel auf der PN war«, habe das Treffen stattfinden können.

PN steht für Psychiatrisch-Neurologische Abteilung in der Justizvollzugsanstalt.

Panzner schränkt ein: »Ich bin nicht auf die PN gekommen aus psychologischen Gründen, sondern weil man – nach dem, was da passiert ist – mich in Moabit nicht mehr gesichert untergebracht sah.«

Ein Vorfall, zu dem Justizsprecher Volker Kähne erklärte: »Es gab eine körperliche Auseinandersetzung. Zwei Ärzte haben Panzner inzwischen untersucht. Der Vorfall wird genau überprüft.« Die »BZ« zeigte sich informiert: »Zwischen acht Beamten und dem Angeklagten kam es zu handgreiflichen Auseinandersetzungen.« Gewiss ein einseitiger Kampf.

Im Besuchsraum der JVA Tegel saßen sich Britta und Mario am 14. Mai 1984, rund einen Monat nach dem Schuldspruch, Aug in Aug gegenüber. »Von seinem Fall haben wir an diesem ersten Tag noch nicht gesprochen. Wir hatten nur eine halbe Stunde. Wir waren uns gleich bei diesem ersten Gespräch sympathisch, das beruhte auf Gegenseitigkeit, und er hat dann am

Ende der Sprechstunde auch zu mir gesagt, jetzt werden wir uns ja sicherlich öfter sehen. Da habe ich auch zu ihm gesagt, dass ich wiederkomme«, erzählt Britta über die ersten Augenblicke einer aufkeimenden Liebe.

Sind Mörder bei Frauen tatsächlich so begehrt? Im September 1991 beschäftigte sich »Der Spiegel« mit der Studie einer US-amerikanischen Autorin, in der die Frage aufgeworfen wird, »warum Gewalttäter für Frauen so attraktiv sind«. Nicht nur jenseits des großen Teiches können Beispiele für dieses Phänomen gefunden werden. »In Deutschland heiratete 1973 die Krankenschwester Gisela Deike den vierfachen Kindermörder Jürgen Bartsch. Ende vergangenen Jahres (1990) wurde die Friseuse Uschi die Frau des Gladbecker Geiselgangsters Dieter Degowski, der wegen Mordes verurteilt ist«, werden Fälle beispielhaft aufgeführt. Die Liste ist um ein Vielfaches länger. Viele Gewaltverbrecher können sich mit einer Flut von Heiratsangeboten brüsten. Wenn Frauen für Mörder schwärmen, sich insbesondere von Tätern aus den Bereichen der Sexual- und schweren Gewaltdelikte sexuell angezogen fühlen, wird dies Hybristophilie genannt. Nach Auffassung der US-Autorin Sheila Isenberg handelt es sich dabei häufig um Frauen, die eine schwierige Kindheit durchlebten und zum Beispiel missbraucht oder misshandelt wurden. Sie vertritt die Ansicht, dass diese Frauen deshalb einen Mann suchen, von dem sie glauben, ihn kontrollieren zu können und der sie nicht verletzen könne. Dafür eignen sich vor allem Männer, die für lange Zeit im Gefängnis sitzen. Hinreichend erklärt ist das Phänomen damit sicher noch nicht.

Am 24. September 1986, fast auf den Tag genau drei Jahre nach dem gewaltsamen Tod von Jonas und Leon, stehen ein gutes Dutzend Leute vor der Einlasspforte der Justizvollzugsanstalt Tegel. Ein Teil hat sich hier versammelt, um zu protestieren, die anderen sind getrieben von Schaulust und Sensationsgier. Einen Tag zuvor hatte es ein Boulevardblatt öffentlich gemacht: »Mutter von drei Kindern heiratet in der Haftanstalt Lebenslänglichen, der zwei Schüler umgebracht hat.« Auf die Braut warten die Schaulustigen vergebens, sie fährt mit einem Gefangenentransporter ungesehen und unbehelligt auf das Gelände der Justizvollzugsanstalt. Ein Standesbeamter erledigt die Formalitäten, dann kann der evangelische Gefängnisgeistliche seines Amtes walten. Um 14.30 Uhr läuten die Glocken der Gefängniskapelle für drei Minuten. Der Bund mit einem Lebenslänglichen ist geschlossen.

Der dritte Mann

Als im August 2011 das Magazin »Focus« die »80 gefährlichsten Großstädte Deutschlands« auflistete, landete Hannover in dieser Aufstellung auf dem zweiten Platz. Der Polizeipräsident der niedersächsischen Hauptstadt wird in der Studie mit den Worten zitiert: »Hannover ist Hauptumschlagplatz für Drogen in Norddeutschland.«

Wohl wahr, es ist um den Leumund der Metropole nicht gut bestellt. Die »deutsche Hauptstadt des Mordes und Totschlags ist Hannover« schrieb das »Hamburger Abendblatt« im Jahr 2004. Ein zweifelhafter Spitzenplatz, den Hannover seit vielen Jahren beansprucht. Ein Fall aus dieser Zeit förderte internationale Verquickungen zutage, die politischer Brisanz nicht entbehren. Ein Mord, verübt in Hannover, warf seine Schatten bis Prag und Wien, in die moldawische Hauptstadt Chişinău, ins israelische Tel Aviv und nach Berlin.

Hannover, 19. Februar 2005, kurz vor Mitternacht: Im Stadtteil Kleefeld fallen Schüsse. Mit zwei Kugeln in den Kopf wird der israelische Staatsbürger Alexander Mahov regelrecht exekutiert. Ein Fall – so scheint es – der fast im Handumdrehen gelöst werden kann. Das Opfer, zwei Täter, Kabalen unter Ganoven, alles schien sich zu reimen. Am Ende jedoch sah die Welt ganz anders aus. Jahrelange Prozesse, exorbitante Verfahrenskosten und Richter, die den Ermittlungsbehörden Schlamperei attestieren und den Geheimdiensten dubiose Ränke.

»Die Tötung des Alexander Mahov«, so läutete das niedersächsische Innenministerium die große Glocke, »steht im Zusammenhang mit der internationalen Organisierten Kriminalität, die in erheblichem Maße die innere Sicherheit der Bundesrepublik Deutschland und der deutschen Bundesländer beeinträchtigt.«

Der Prolog für den Mord in Hannover findet in der tschechischen Hauptstadt Prag statt. Am 1. August 2004 detonierte dort in der belebten Innenstadt ein Sprengsatz. Zu sonntäglicher Mittagsstunde war nahe des Wenzelsplatzes ein Anschlag verübt worden. Wie »Radio Prag« am selben Tag meldete, waren bei »einem Handgranatenanschlag auf ein Spielcasino im Prager Stadtzentrum ... 18 Menschen verletzt worden, darunter mehrere Touristen. Nach Informationen eines Behördensprechers befand sich keines der Opfer in Lebensgefahr. Der tschechische Ministerpräsident Stanislav Gross schloss einen terroristischen Hintergrund aus. Es gehe vermutlich um eine Abrechnung zwischen rivalisierenden Banden im Untergrund, sagte der Premier kurz nach der Explosion bei einer Besichtigung des Tatorts: ›Wir haben eine gute Chance, den Täter ausfindig zu machen.‹ Augenzeugen sprachen von einer Granate, die unter ein Auto mit US-amerikanischem Kennzeichen geworfen worden sei.« Die Handgranate detonierte – wie eine Zeitung schrieb – »unter dem weißen Jeep Cherokee des Besitzers des Casino Royal, dem israelischen Staatsbürger Assaf Abutbul, dessen Auto mit einem für Prag doch eher auffälligen Kennzeichen des US-Bundesstaates New Jersey versehen war.« Damit sei klar geworden, so hieß es weiter, dass die tschechische Hauptstadt »aus kriminalistischer Sicht ein größeres Problem hat als ein paar Handtaschenräuber«.

Der geschädigte Assaf »Assi« Abutbul mit zweifelhaftem Ruf ist auch unter dem Namen Assi Avital bekannt.

Für Liebhaber des Glücksspiels, so kommentierte Radio

Prag kurz nach dem Anschlag, »kann Tschechien als ein Land der Verheißung gelten. Während es in Deutschland 20 und in Österreich 12 Spielcasinos gibt, locken in Tschechien an die 150 Spielbanken zum Geldhasard. Darüber hinaus gibt es ziemlich milde Regeln für deren Betrieb.« Für die Polizeibehörden mehrerer Staaten tat sich mit dem Prager Anschlag ein weit verästelter Kriminalfall auf. Er bescherte Ermittlern und Justiz eine gehörige Portion Arbeit – und am Ende standen statt eindeutiger Antworten viele offene Fragen.

Abutbul selbst blieb bei dem Anschlag ohne Blessuren. Er war seit geraumer Zeit Stammgast in der Moldaumetropole und dort zu zweifelhafter Berühmtheit gekommen. »Abutbuls ist einer der in der Unterwelt bedeutendsten Clans«, wie die »Jüdische Allgemeine« im September 2008 feststellt: »Gegründet von den beiden Brüdern Charlie und Felix, sind heute fast alle männlichen Mitglieder der Familie mehr oder minder in kriminelle Aktivitäten verstrickt. Geldwäsche und andere Taten verdecken sie oft mit dem Betreiben von Restaurants und Bäckereien in Netanja. Anführer Felix hat die zahlreichen Attacken auf sein Leben nicht überstanden, vor sechs Jahren tötete ihn ein Killer vor seinem Casino in Prag. Schon kurz darauf trat Sohn Assi in seine Fußstapfen und erklärte sich selbst zur Nummer eins der Abutbuls.«

Relativ rasch konnten nach dem Prager Anschlag die Ermittler Verbindungen zu weiteren Verbrechen, unter anderem in Deutschland, nachweisen: »Die tschechische Polizei geht davon aus, dass es eine Verbindung zwischen dem Handgranaten-Anschlag in Prag ... und einem zehn Monate zurückliegenden Mord in Ferch bei Potsdam gibt.«

Am 8. Oktober 2003, gegen 23 Uhr war in einem ehemaligen Sägewerk nahe der brandenburgischen Hauptstadt Potsdam ein etwa 40-jähriger Mann – wie es wieder einmal in bezeichnender Weise hieß – »regelrecht exekutiert« worden.

Geraume Zeit ließ sich die Identität des Toten, der keine Papiere bei sich trug, nicht klären. Erst nach einigen Monaten fand die Polizei heraus, dass es sich bei dem Getöteten um einen Israeli handelte, der nie in Brandenburg, zuletzt aber in Prag gemeldet war. Die Fingerabdrücke des Toten fanden sich in einer Datei der tschechischen Polizei. Die Beamten in Prag stießen auf Verbindungen zu Abutbul. Bei dem Toten handelte es sich um einen Guy Yeheskel, seines Zeichens Bodyguard von Abutbul, der wohl gerade mit seinem Herrn auf Geschäftsreisen unterwegs gewesen war. Die Hintergründe der Tat sind noch immer nicht geklärt, und die Potsdamer Kripo hat Anlass, von einem Auftragsmord auszugehen. Als Auftraggeber kommt eine Wiener Halbweltgröße in Betracht, von der hier noch die Rede sein wird. Auch wenn der Yeheskel-Mord in dem Verfahren um den Mahov-Mord keine Rolle spielte, er gehört zu einem mörderischen Stafettenlauf – im Europa ohne Grenzen.

Über Abutbul ist einiges bekannt. Er stammt aus der Stadt Netanja in Israel, zu seiner Familie zählen wichtige Köpfe der israelischen Unterwelt. Die Familie verfügt über ein stattliches Vermögen in Las Vegas. Neben dem Casino in Prag betreibt die Familie auch Schiffscasinos vor der israelischen Küste, da im Land das Glücksspiel offiziell verboten ist. Trotz des Verbotes tobt dort seit Jahren ein blutiger Krieg unter rivalisierenden Clans um den Einfluss auf das Glücksspiel der Israelis. Allein im Sommer 2003, im Jahr vor dem Prager Anschlag, waren »in Tel Aviv, Haifa und Jerusalem ein Dutzend ranghohe Mafiamitglieder erschossen« worden, wie »Der Tagesspiegel« berichtete. Im Wesentlichen bekriegten sich dabei zwei Clans: Das sogenannte »Jerusalemer Netzwerk« der Familie Abergil und die Gang des berüchtigten Mafiabosses Zeev Rosenstein, der in kürzester Zeit gleich vier Attentatsversuche überlebt hatte. Zu seiner Truppe gehören auch die Abutbuls.

Die Spur des Prager Anschlages führte dann auch auf ziemlich direktem Wege nach Israel, wo kurze Zeit später ein Yakov Mushilov als mutmaßlicher Attentäter inhaftiert wurde. Von hier aus nun ergaben sich Verdachtsmomente, die auch Personen betrafen, die sich in der Bundesrepublik aufhielten. Die Lebensgefährtin von Mushilov hatte nämlich im November 2004 telefonisch Geldforderungen im Zusammenhang mit dem Prager Anschlag an den in Berlin wohnenden israelischen Staatsbürger Igor Polkounow gerichtet.

Im Zuge der Ermittlungen der tschechischen Polizei richtete sich das Augenmerk nunmehr auch auf den Personenkreis um Polkounow in der Bundesrepublik Deutschland. Das waren in aller Regel israelische Staatsbürger, die aus den Staaten der ehemaligen Sowjetunion stammten.

Vor allem drei Personen waren es, die aufgrund der tschechischen Hinweise ins Visier des Bundeskriminalamtes gerieten: neben Polkounow ein Alexander Mahov und ein Alexander Zabronsky. Wie man beim BKA resümierte, lagen zu dem in Düsseldorf lebenden Mahov keine kriminalpolizeilichen Erkenntnisse vor. Jedoch »zu Polkounow und Zabronsky bestanden bereits Kriminalakten, die lediglich aus einem vagen Hinweis der israelischen Polizei auf die beiden Genannten in Verbindung mit Ecstasy-Handel resultierten. Nach Informationen der israelischen Polizei war Zabronsky von 1997 bis 2002 in Israel wegen eines Tötungsdelikts in Haft, bei dem es sich der Sachverhaltsbeschreibung zufolge um eine Art Körperverletzung mit Todesfolge im Rahmen von Streitigkeiten um den Betrieb von Escort-Service-Agenturen gehandelt haben dürfte.« Escort-Service-Agenturen ist die feinsinnige Umschreibung von Sex-Dienstleistern.

Auf die drei Genannten richtete sich sodann das Augenmerk der Wiesbadener Ermittler. Und die Sache wurde schnell brisant: »Im Rahmen von Folgeermittlungen ergaben sich tatsächliche Anhaltspunkte dafür, dass sich der«, so wurde beim BKA vermerkt, »israelische Staatsangehörige Igor Polkounow, (es folgen jeweils die Personalien), zusammen mit den israelischen Staatsangehörigen Alexander ›Sascha‹ Zabronsky und Alexander ›Sanja‹ Mahov nach Österreich begeben werden, um eine im Bereich Wien wohnhafte Person zu töten.«

Die Person, die in Wien unangenehmen Besuch zu erwarten hatte, hieß Mordechai Silverperg. Beim österreichischen Bundeskriminalamt wurde festgehalten, man habe Erkenntnisse, dass dieser Silverperg »eine führende Rolle innerhalb einer moldawischen kriminellen Organisation einnimmt, die vor allem in Moldawien, Tschechischer Republik und Deutschland tätig ist, jedoch auch über Kontakte in Österreich, USA, Kanada und in der Ukraine verfügt. Die Mitglieder der Organisation beschäftigen sich mit Menschenhandel, Schlepperei, Urkundenfälschung udgl.« Kein kleines Licht in der nicht zu unterschätzenden kriminellen Wiener Schattenwelt.

Durch das Abhören von Telefongesprächen Mahovs gelangten die Ermittler zu der Erkenntnis, dass Mahov mit unangenehmen Konsequenzen rechne, würde er seine Kenntnisse um Silverpergs geheimen Aufenthaltsort nahe der österreichischen Hauptstadt preisgeben. Was er am Ende dennoch tat.

Silverperg sollte also nun Besuch aus Deutschland erhalten.

Am 7. Februar 2005 brachen Polkounow, Zabronsky und Mahov nach Oberwaltersdorf, einem Vorort von Wien, auf, wo Silverperg seine geheimen Gemächer bewohnte. Dass sich die drei tatsächlich vor Silverpergs Wohnobjekt aufhielten, ist durch eine Kontrolle der österreichischen Polizei amtlich belegt.

Silverperg hatte schon Monate zuvor – aufgrund von Zerwürfnissen bei Geldgeschäften in der Unterwelt – die Sorge geäußert, seine Kinder könnten entführt werden. Und er war überzeugt, wie er später gegenüber der Polizei sagte, dass

Mahov ihn ans Messer geliefert hatte. Die Haltung Silverpergs zu Mahov lässt sich erahnen, ein mögliches Mordmotiv ist unschwer zu erkennen.

Das Treffen mit Silverperg kam jedoch nicht zustande, und die kriminelle Fahrgemeinschaft musste unverrichteter Dinge die Heimreise antreten. Noch zwei weitere Male versuchten Polkounow und Zabronsky mit Silverperg Kontakt aufzunehmen, was jedoch misslang. Das hannoversche Gericht musste später konstatieren: »Genaue Feststellungen über Hintergründe der Fahrten bzw. zum Inhalt der Zusammenkünfte der verschiedenen Personen konnten in der Hauptverhandlung nicht getroffen werden.«

Jedoch ergaben sich in der unmittelbaren Folgezeit einige Besonderheiten. Seit dem 7. Februar 2005 lief bereits eine per Eilanordnung von der Berliner Staatsanwaltschaft eingeleitete Telefonüberwachung von Polkounow, Zabronsky und Mahov. Dabei fiel den Lauschern auf, dass sich das Verhältnis des Duos Polkounow/Zabronsky zum dritten Mann Mahov in diesen Tagen verändert hatte. Am 17. Februar – der Tattag rückt näher – stellten die Ermittler bei der Überwachung von Mahovs Mobiltelefon fest, dass sich Polkounow und Zabronsky direkt nach ihrer Rückkehr von der letzten Österreichfahrt für die Gespräche mit Mahov einer neuen Handynummer bedienten. Die Überwachung ergab auch, dass diese neue Rufnummer auf der Basis des anonymen Prepaid-Systems ausschließlich für die Gespräche mit Mahov genutzt wurde. Sollten hier vorsorglich Spuren verwischt werden?

Während sich Mahov in diesen Tagen in Düsseldorf aufhielt, waren Polkounow und Zabronsky wieder in Berlin. Am 18. Februar spricht Polkounow während eines Telefonats mit Mahov davon, ihm das Auto, das sie für die Fahrten nach Wien gemietet hatten, zurückgeben zu wollen. Er schlägt vor, sich dafür »auf halben Wege« zu treffen und nennt Hannover.

Am Abend des 19. Februar 2005 sind Polkounow und Zabronsky bereits in Hannover. Über Mahovs Mobilfunkdaten lässt sich ermitteln, dass dieser um 22.38 Uhr auf dem Hauptbahnhof der niedersächsischen Landeshauptstadt eintrifft.

Für Mahov beginnt die letzte Stunde seines Lebens. Für die Ermittlungsbehörden sind es jene Minuten, die sich am Ende nicht mehr genau rekonstruieren lassen. Als Mahov den Hauptbahnhof von Hannover betritt, gerät er automatisch in das Blickfeld mehrerer der über hundert dort installierten Überwachungskameras.

Zeitsprung: Der Prozess gegen Polkounow und Zabronsky schleppte sich schon rund ein Jahr hin, bis diese Aufzeichnungen wirklich intensiv ausgewertet werden und Ungewöhnliches zutage fördern. Nicht nur Mahov war auf den kurzen Videosequenzen zu sehen, die Kameras lieferten auch recht präzise Bilder, welche belegen, dass Mahov – professionell, wie ansonsten nur bei Ermittlungsbehörden oder Geheimdiensten üblich – auf Schritt und Tritt observiert wird. Wer hatte sich an die Fersen des Israelis geheftet? Die beiden Tatverdächtigen waren es, wie die Bilder zeigen, zweifelsfrei nicht. Ein gefundenes Fressen für die Presse: »Die erst kürzlich erfolgte penible Auswertung von Videoaufnahmen mehrerer Überwachungskameras lassen den Schluss zu«, meinte damals das Nachrichtenmagazin »Focus« unter der Überschrift »Tödliche Lücken«, »dass die beiden Täter und ihr Opfer bis unmittelbar vor der Bluttat am 19. Februar 2005 in Hannover vom Bundeskriminalamt (BKA) observiert worden sind. Aufgrund einer nahezu lückenlosen Telefonüberwachung waren die Fahnder zudem quasi live dabei, als sich Alexander Mahov und seine mutmaßlichen Mörder Igor P. und Alexander Z. nachts um 22.38 Uhr auf dem Bahnhof der Landeshauptstadt trafen.«

Ein herber Vorwurf gegen die Wiesbadener Ermittler, den diese nicht auf sich sitzen lassen wollten. Das BKA reagierte gereizt und scharf auf die Unterstellung und ließ in einer Presse-mitteilung verlauten, in dem »Focus«-Bericht werde »auf unseri-öse Weise der Eindruck erweckt, dass unter den Augen des BKA ein Tötungsdelikt begangen worden sei«. Eine Presseerklärung, die in der Geschichte des Amtes sicher Seltenheitswert besitzt.

Nachdrücklich unterstrich man: »Die Schlussfolgerung des Focus, ›dass die beiden Täter und ihr Opfer bis unmittelbar vor der Bluttat am 19. Februar 2005 in Hannover vom Bundeskri-minalamt (BKA) observiert worden sind‹, ist falsch. Beamte des BKA haben weder am Tag des Mordes noch an den Tagen unmittelbar davor Observationsmaßnahmen gegen die in Rede stehenden Personen durchgeführt oder veranlasst. Dem Bundeskriminalamt sind auch keine entsprechenden Maßnah-men anderer Dienststellen bekannt.«

In einer ersten Rekonstruktion der Ankunft des Opfers auf dem Hauptbahnhof hatte die »Moko Mahov« zwei Tage nach der Tat unter anderem protokolliert: »In der rechten Hand hielt er zu diesem Zeitpunkt vermutlich eine kleine Handgelenks-tasche, die er auf weiteren Aufnahmen dann teilweise unter den linken Arm gesteckt hatte.« Ein Detail, das noch eine Rolle spielen sollte.

Tatsache ist, dass Mahov vom Hauptbahnhof in der folgen-den Stunde irgendwie in die dreieinhalb Kilometer entfernte Kleestraße im Stadtteil Kleefeld gelangt. Wie er dorthin kam und weswegen er sich dort hin begab, wurde nicht geklärt.

Um 0.47 Uhr des 20. Februar 2005 geht bei der Polizei ein Not-ruf ein, dass eine leblose Person auf dem Grundstück Klee-straße 4 liege. Polizei und Rettungswagen eilen zum ange-gebenen Ort. Für Mahov ist es zu spät. Ein Notarzt kann nur seinen Tod feststellen.

Die Tatzeit lässt sich relativ präzise zwischen 23.25 Uhr und 23.45 Uhr eingrenzen. Mahov war mit zwei Schüssen, einer von vorn unter das rechte Auge und einer von hinten in den Nacken, ins Jenseits befördert worden.

Der oder die Täter machten sich keine besondere Mühe, die Identität des Opfers zu verschleiern. Mahov hat, als er gefunden wird, noch seinen israelischen Pass bei sich. Die bereits erwähnte Handtasche aber fehlt.

Noch am Vormittag des 20. Februar machen sich Polkounow und Zabronsky, nachdem sie nach Berlin zurückgekehrt waren, wieder auf den Weg zu besagtem Silverperg nach Wien. Das Gericht nüchtern: »Feststellungen über den genauen Ablauf des Besuches oder über Inhalte von möglichen Gesprächen oder Verabredungen waren in der Hauptverhandlung nicht zu treffen.«

Die Erkenntnisse aus der Vorgeschichte des Mordes schienen es nahe zu legen, Polkounow und Zabronsky als Hauptverdächtige anzusehen und einen Haftbefehl auszustellen; nach ihrer Wiedereinreise in Deutschland wurden beide am 22. Februar 2005 in einer Wohnung in der Brandenburgischen Straße in Berlin festgenommen.

Zeitgleich erhielt das BKA ein Fax des Polizeiattachés der israelischen Botschaft für Mitteleuropa, Commander Schlomy Ayalon, in dem dieser die Wiesbadener Ermittler aufklärte: »... am 21. Februar 2005 erhielt die Polizei Israels folgende Informationen durch einen ehemaligen Informanten, der durch die Polizei Israels über mehrere Jahre geführt wurde: Alexander Mahov, geboren am 18. Mai 1976 in der UdSSR, wurde vor ein oder zwei Tagen in Deutschland getötet. Alexander (Spitzname ›Sasha‹) beging in der letzten Zeit zusammen mit Igor Polkounow (Spitzname ›Durik‹) und Alexander Zabronsky Betrügereien und Täuschungen (gemeint sind vermutlich Trickbetrügereien). Kürzlich geriet Mahov mit ihnen in einen Streit, nachdem seine Partner herausgefunden hatten, dass er hinter ihrem Rücken (ohne, dass sie es wussten) Leute aus der UdSSR, die in Deutschland leben, erpresst und das Geld nicht mit ihnen geteilt hatte.«

Das klang nicht nach großen kriminellen Strukturen und internationalen Verbindungen, vielmehr roch es nach provinzieller Abrechnung unter Ganoven. Diese Version hätte kaum höchste Sicherheitsstufen erklärt, die dem Prozess die Aura ungewöhnlicher Brisanz verliehen.

Am 24. November 2005 begann der Prozess gegen Polkounow und Zabronsky. Mit reißerischen Schlagzeilen wie »Polizei und Killer vermummt zum Gericht« begleitete die gut gefütterte lokale Yellowpress den Auftakt eines Verfahrens, das sich als äußerst kompliziert erweisen sollte. Zwei Jahre später – nach 63 Verhandlungstagen – das nüchterne und für manchen wohl ernüchternde Ergebnis. »Freisprüche im Mafia-Mordprozess« und das Fazit: »Richter rügt Ermittler«.

Der Eindruck, das Verfahren sei mit schweren Geburtsfehlern behaftet, ließ sich nicht wegwischen. Vor allem die aus Israel importierte Tatversion war am Ende nicht zu halten.

Im Verlauf des Prozesses machte die Verteidigung auf eine Formulierung aufmerksam, die sich in der Aussagegenehmigung des israelischen Polizeioffiziers Yehuda Goland fand. Dort hatte man in dem in englischer Sprache verfassten Schreiben für den Informanten die Formulierung »... an old intelligence informer ...« gewählt, ausreichend Anlass, die Frage aufzuwerfen, ob Goland nun der Polizei oder dem israelischen Geheimdienst (oder beiden) angehöre. Erstaunlich schnell und detailliert jedenfalls waren also die israelischen Behörden über die Vorgänge und Hintergründe rund um den Mord in Hannover ins Bild gesetzt worden, noch bevor der Mord in der deutschen Presse irgendeinen Niederschlag gefunden hatte.

Am Ende landete der so weidlich strapazierte Goland-Hinweis in der juristischen Mülltonne. Das Gericht im Urteil: »Die Angaben des Zeugen Goland sind wenig konkret und basieren ausschließlich auf Vermutungen eines dem Gericht nicht bekannt gewordenen Informanten. Im Übrigen gewinnen die Angaben des Zeugen Goland unter Berücksichtigung der weiter unten noch auszuführenden Umstände – Tatverdacht gegen andere Personen – ein völlig anderes Gewicht.« Auch dem Gericht stieß der Umstand auf, »dass ein israelischer Polizeibeamter bereits 1½ Tage nach einem Tötungsdelikt in Hannover hierüber in Israel Informationen hat«.

Bei Beginn des Prozesses war die Ermittlungsbehörde darüber jedoch anscheinend wenig irritiert. Sie hätte sich, diesen raschen Informationsfluss in der Tatversion eingehender gewürdigt und in den Ermittlungen berücksichtigt, wohl einiges an Ungemach im Prozess und letztlich vielleicht auch eine Blamage ersparen können.

Zurück zu den frühen Ermittlungen. Zwei Monate nach der Festnahme der Angeklagten führten zwei Kriminalbeamte am 27. April in der JVA Oldenburg ein Gespräch mit Polkounow. In diesem Gespräch beteuerte dieser seine Unschuld im Mordfall Mahov und wies auf die israelischen Staatsangehörigen »Repa« und »Sam« hin, die vor der Ermordung des Mahov nach Deutschland gereist seien und sich im Raum Düsseldorf aufgehalten hätten. Polkounow empfahl den Ermittlern diesbezüglich auch die in diesem Zeitraum registrierten Wohnungs- und KfZ-Einbrüche zu überprüfen. Weiterhin deutete Polkounow an, dass »Repa« und »Sam« am 19. Februar ebenfalls in Hannover gewesen seien.

Fast nebenbei hatte Polkounow eine eindrucksvolle Allegorie verwendet. Er sagte gegenüber einer Ermittlerin »... ihm und Zabronsky wurde eine Banane vorgelegt und als sie, die beiden blöden Äffchen, nach der Banane gegriffen hätten, wurde der Käfig zugeschlossen ...« Es bedurfte eines langen

und aufwändigen Verfahrens, um dieser Metapher den gebüh-
renden Stellenwert zu geben. Anfangs als Schutzbehauptung
abgetan, stand das Gleichnis am Ende für die Unfähigkeit der
Ermittler und den Freispruch der Angeklagten.

Weiterhin machte Polkounow Angaben zu einem »Ivan«,
mit dem er im tatrelevanten Zeitraum am 19. Februar Kontakt
aufgenommen hatte. Der Mann mit dem Spitznamen »Repa«
(dt.: »die Rübe«) sollte später noch – ohne persönlichen Auftritt – zu einer zentralen Figur im Prozess gegen Polkounow
und Zabronsky werden.

Noch einmal zum 20. Februar 2005: in Hannover war die
Mordkommission gerade dabei, ihre Tatortarbeit zu erledigen,
da saß nur 15 Stunden nach dem Verbrechen dieser »Repa« zusammen mit dem von Polkounow benannten »Sam« in einer
Maschine der Fluggesellschaft ElAl nach Israel. War er der Informant mit den intimen Kenntnissen vom Mord an Mahov?
Diese Frage konnte nie beantwortet werden. Den Konjunktiv
bemühend, formulierte das Gericht die naheliegende Hypo-
these, wenn die zwei an der Tötung Mahovs beteiligt gewesen
seien, »könnte die Information, die der Zeuge Goland bereits
am 21.2.2005 bekommen haben will, über diese beiden Personen gelaufen sein«.

Fünf Monate nach dem Mord, am 20. Juli 2005, saßen sich in
der israelischen Botschaft in Berlin der aus Tel Aviv eingeflogene
Yehuda Goland (einstmals Gefängniswärter in seiner Geburts-
stadt Leningrad) und der aus Hannover angereiste Staatsanwalt
gegenüber. Goland ließ sich nur soweit in die Karten sehen, dass
er bestätigte, am 21. Februar 2005 einen Informanten getroffen zu haben, den er seit vielen Jahren kenne. Er habe seinen
Informanten dahingehend verstanden, dass Polkounow und
Zabronsky ihren Partner Mahov deshalb getötet hätten, damit
die Erpressungen von in Deutschland lebenden Russen beendet werden. Diese Einlassung musste fast zwangsläufig so ver-

standen werden, dass der israelische Informant direkt nach dem Tode Mahovs mit den Tätern in Kontakt stand. Der Hinweis Golands war eindeutig – seine Richtigkeit steht, wie inzwischen gerichtsnotorisch festgestellt wurde, auf einem anderen Blatt.

Nach Monaten des Prozesses wollte das Gericht den beiden Angeklagten schließlich eine Brücke bauen. Bei einem Geständnis würde eine Höchststrafe von zehn Jahren nicht überschritten werden. Daraufhin ließen sich die Angeklagten in der Verhandlung zum ersten Mal zur Sache ein und präsentierten eine Tatversion, wonach sie Mahov in Notwehr getötet hätten. Für den Staatsanwalt keine glaubwürdige Variante, auf die er mit einem juristischen – von seiner eigenen Tatversion abweichenden – Winkelzug reagierte. Nunmehr brachte er einen V-Mann ins Spiel, der bezeugen könne, dass nicht die beiden Angeklagten, sondern eine dritte Person geschossen habe. Deshalb wäre die Notwehrversion nicht zu halten, und die Angeklagten seien wegen Mittäterschaft am Mord zu verurteilen, da sie letztlich Mahov in die tödliche Falle gelockt hätten.

Deswegen forderte der Staatsanwalt am 23. Prozesstag in einem (ersten) Plädoyer für die beiden Angeklagten jeweils eine lebenslängliche Haftstrafe.

Die Presse berichtete: Der Staatsanwalt »ging in seinem 90-minütigen Schlusswort detailliert auf den Prozess ein, in dem zwar etliche mutmaßliche Führungsmitglieder der Russen-Mafia als Zeugen vor Gericht aufgetreten waren – aber alle hatten von ihrem Aussageverweigerungsrecht Gebrauch gemacht und trugen damit nicht zur Aufhellung der Vorgänge bei.« Also habe der Staatsanwalt versucht, »aus den Indizien ein Puzzle zusammenzusetzen, das aus seiner Sicht die Angeklagten überführt«.

Doch die staatsanwaltschaftlichen Forderungen liefen ins Leere. Der Prozess wurde fortgesetzt.

Der Zeuge der Staatsanwaltschaft – das israelische Allroundtalent Goland – hätte wohl mehr erzählen können. Dass er das nicht tat, lag sicher nicht nur an der fehlenden Aussagegenehmigung. So setzten sich die Ungereimtheiten im Prozess fort, das Anklagegebäude erhielt mehr und mehr Risse und zeigte sich zunehmend einsturzgefährdet.

Erst während des Prozesses wurde Gericht und Verteidigung bewusst, dass ein vom Österreichischen Bundeskriminalamt zur Verfügung gestelltes Protokoll einer Telefonüberwachung bemerkenswerte Details enthielt. Die Österreicher hatten am 27. Juni 2005 einem Gespräch gelauscht, das besagter Silverperg mit einem – im Protokoll als »Unbekannt« vermerkten – Teilnehmer in Israel führte. Silverperg ließ darin Andeutungen auf den Mord an Mahov laut werden und zeigte sich sichtlich beunruhigt. Der israelische Gesprächspartner mahnte zur Gelassenheit »Bleib ruhig! OK? Es gibt keinen Grund, nervös zu sein.« Dann sagt der israelische – von den Österreichern nicht identifizierte – Telefonpartner: »Sie haben mich für den 19. (Juli 2005) eingeladen.«

Zabronskys Verteidiger las aus dem Protokoll eine eigenartige Akzentuierung. Er erinnerte sich, dass am 20. Juli die Befragung Golands in Berlin stattgefunden hatte.

Er griff zum Telefonhörer und wählte die im Abhörprotokoll geschwärzte, von ihm aber wieder sichtbar gemachte Telefonnummer in Israel. Und siehe da: Er musste nur den Wunsch äußern, wen er gerne sprechen wolle, und hatte Yehuda Goland am Apparat.

Die pikanten Kontakte Silverpergs wurden also – ein deutlicher Mangel der Ermittlungen – erst während des Prozesses aufgedeckt. Es erscheint mehr als verständlich, wenn in diesem Zusammenhang die Verteidigung auch eine Tatvariante ins Kalkül zog, bei der Silverperg eine recht aktive Rolle einnahm. Hier zumindest schlösse sich auch der Bogen zum erwähnten Tötungsdelikt Yeheskel bei Potsdam.

Das späte Auftauchen von – vor allem von der Verteidigung herbeigeschafften – relevanten, die Angeklagten entlastenden Indizien, war eines der zahlreichen Mankos, die später das von so vielen Brüchen und Pannen begleitete Verfahren beendeten.

Eine ausgeklügelte Verteidigungsstrategie brachte Zug um Zug Landgewinn.

Während in Hannover noch an der Anklageschrift geschrieben wurde, hatte die Polizei in Düsseldorf bereits eine Gruppe russischstämmiger Männer ausgehoben, die sich besonders auf Einbruchsdiebstähle spezialisiert hatte. Einer der Verdächtigen hieß Oleg Briukvin. In seinen Unterlagen befand sich ein Ticket für einen Flug mit ElAl von Frankfurt/Main nach Tel Aviv am 20. Februar 2005. Bei seiner Vernehmung in der JVA Wuppertal beteuerte Briukvin, sich bis zum Abflug ausschließlich in Düsseldorf aufgehalten zu haben. Dabei bestätigt er, auch »Repa« genannt zu werden.

Die Akten belegen, dass die Düsseldorfer und Hannoveraner Ermittler zu den Einbrüchen in Düsseldorf und dem Mord von Mahov in Hannover eng zusammengearbeitet und sich auch unaufgefordert bei neuen Erkenntnissen gegenseitig informiert haben.

Am 14. Juli 2005 war es aus diesem Grunde in großem Rahmen zu einem Informationsaustausch im Polizeipräsidium Düsseldorf gekommen. Von Seiten der Düsseldorfer Polizei waren rund ein Dutzend Polizeibeamte sowie ein Staatsanwalt daran beteiligt. Aus Hannover nahmen zwei im Komplex Mahov ermittelnde Kriminalbeamte an der Besprechung teil, denen die Informationen ausführlich dargelegt wurden. Sie stammten von einem VP-Führer. VP steht für Verbindungsperson oder Vertrauensperson, deren Aufgabe es ist, verdeckt zu ermitteln. Dieser hatte sie über die bei Polizei Krefeld geführte Quelle »Elena« erhalten. Diese VP hatte auch Angaben zum Fall Mahov machen können, dabei spielte auch Briukvin eine nicht unbedeutende Rolle.

Briukvin war bereits bei der Festnahme eines Komplizen namens Ivan Chiroglo aufgefallen. Am 4. April 2005 hatte Briukvin einen Einbruch in eine Düsseldorfer Boutique versucht und musste flüchten, wobei er jedoch den Pkw zurückließ, in dem man seinen Pass und die erwähnten Flugtickets in einer schwarzen Handtasche sicherstellen konnte.

Deshalb wurde es im Prozess als unverständlich gerügt, weshalb es zu keinem Haftbefehl gegen Briukvin am 4. April 2005 gekommen sei. Erst aufgrund der Angaben von »Elena« am 6. Juli 2005 wurde Briukvin festgenommen, und es erging Haftbefehl in anderer Sache.

In dem mit »VS« gekennzeichneten Protokoll vom Gespräch mit »Elena« wird zu Briukvin festgehalten, über diesen sei bekannt, »dass er im Krieg war, eine Spezialausbildung in Israel erhalten hat und sich als Killer andiene«.

Zur selben Zeit wurden Polkounow Lichtbilder von Briukvin in der JVA Oldenburg vorgelegt, worauf er diesen als »Repa« erkannte. Briukvin seinerseits hatte bei seiner Vernehmung beteuert, Mahov nicht zu kennen.

Die VP »Elena« tat sich zunächst mit Angaben über den gefährlichen Briukvin und seine Komplizen schwer, gab aber im Juli 2005 ein wenig von ihrem Wissen preis, nämlich dass Briukvin und seine Leute »vor einigen Monaten in Hannover einen Auftrag bzw. eine Arbeit hatten und unmittelbar danach nach Israel geflogen seien. Dann seien sie ein paar Monate später zurückgekommen und seitdem hier.«

Die VP-Führung von »Elena« berichtete: »Zu Beginn der Kontakte mit dem Informanten berichtete dieser über eine Personengruppe russischstämmiger Männer, welche sich in Düsseldorf zeitweise aufhielten. Hierzu gehören ein ›Russe‹ aus Israel mit Spitznamen ›Repa‹ und ein ›Sasa‹. ›Repa‹ sei mehrere Jahre in Israel inhaftiert gewesen und als äußerst gefährlich einzustufen. Als Beispiel führte der Informant an, dass ›Repa‹ in der israelischen Armee in einer Spezialeinheit gedient habe und über entsprechende Kriegserfahrung verfüge. Seines Wissens sei ›Repa‹ mit einer Pistole, Modell Makarov bewaffnet. In einem Gespräch mit ›Repa‹ habe dieser ihm angeboten, selbst einen Auftragsmord für geringes Entgelt auszuführen.« Ein handfester Hinweis!

Von Interpol Jerusalem erfuhr das BKA Details über die jüngere Vergangenheit Briukvins. In Israel »wurde er im Zeitraum von 1995 bis 2004 wegen folgender Straftaten verurteilt: Vergewaltigung (in drei Fällen), widernatürliche Unzucht (Sodomie), Entführung, tätlicher Angriff (in zwei Fällen), böswillige Körperverletzung unter erschwerten Umständen und schwere Körperverletzung.«

Die Indizien ließen inzwischen mehr und mehr auch eine ganz andere Tatversion möglich erscheinen.

Aber es dauerte lange, bis diese Erkenntnisse auch im Verfahren gegen Polkounow und Zabronsky gewürdigt wurden.

Kritische Töne kamen von Seiten der journalistischen Prozessbeobachter: »Es sieht so aus, als hätten Kripobeamte und ein Staatsanwalt die Richter des Schwurgerichts im Mafiamord-Verfahren an der Nase herumgeführt. Seit gestern steht fest: Die Ermittler wussten sehr viel mehr, als sie dem Gericht weitergegeben haben. Ein Kripobeamter aus Düsseldorf sagte am 53. Verhandlungstag aus, zwei hannoversche Ermittler hätten schon Mitte Juli 2005 bei einem Gespräch mit zwölf Kripoleuten in Düsseldorf erfahren, dass es bei den Todesschüssen auf den Israeli Alexander M. in einem Kleefelder Hinterhof mit hoher Wahrscheinlichkeit einen dritten Täter gab. Und dass dieser Oleg B., ein gebürtiger Russe mit israelischem Pass, vermutlich der Schütze gewesen sei.«

Im Prozess wurden offensichtlich lange Zeit Scheingefechte

geführt. Vieles drehte sich um die Quelle »Elena«, die angeblich nicht vernommen werden konnte, weil sie einen besonderen Schutz genieße – doch »Elena« war längst tot. Reichlich spät wurde den Prozessbeteiligten mitgeteilt, dass die VP »Elena«, bei der es sich um einen Arkadi Entis handelte, einen Tag nach der Haftentlassung am 20. Mai 2006 angeblich an einer Drogenintoxikation verstorben war.

Während sich in Hannover seit Ende 2005 der Prozess gegen Polkounow und Zabronsky hinschleppte, beantragte der Verteidiger des Letztgenannten den in der JVA Wuppertal einsitzenden Oleg Briukvin als Zeugen zu vernehmen.

Nach Einlassung des Düsseldorfer Staatsanwaltes Kumpa während seiner Zeugenaussage vor dem Gericht soll Briukvin für den israelischen Auslandsgeheimdienst Mossad tätig sein. Für viele wurde damit ein latent vorhandener Verdacht konkreter.

Noch bevor Briukvin vernommen und die sich bei seinen Asservaten befindlichen Sachen (Handgelenkstasche) noch einmal in Augenschein genommen werden konnten, gab es im Prozess – wie die Presse süffisant bemerkte – »wieder eine Überraschung: Einer der gesuchten Männer, der nach dem Willen der Verteidigung als Zeuge gehört werden soll, ist nicht mehr in Deutschland. Der russischstämmige Israeli Oleg B. (30) wurde Mitte Juni nach Israel abgeschoben ... Oleg B. soll derjenige gewesen sein, der den später getöteten Alexander M. nach seiner Ankunft auf dem hannoverschen Hauptbahnhof verfolgte.« Das Blatt hatte die Videoaufzeichnung von der Ankunft Mahovs und eines mutmaßlichen Verfolgers veröffentlicht.

»Der Mann«, so die Zeitung weiter, »der jetzt nicht mehr greifbar ist, habe noch bis vor zwei Wochen in der Justizvollzugsanstalt Wuppertal gesessen.« Nun im entscheidenden Moment war er nicht mehr greifbar. Briukvin, am 14. März 2006 zu einer Haftstrafe von drei Jahren und zehn Monaten verurteilt, hatte gerade mal die Hälfte seiner Strafe abgesessen. »Damit gibt es wieder ein Beweismittel weniger in diesem Prozess, in dem es auffällig wenige Indizien und Beweismittel gibt,‹ sagt ein weiterer Verteidiger ›Und wenn man nachfragt, wird man abgeblockt.‹«

Ermittlungen mit wirklich blindem Eifer? So bekam besonders der ermittelnde Staatsanwalt im Urteil sein Fett weg. Seine Darstellung beispielsweise eines Gesprächs mit dem VP-Führer der Quelle »Elena« – dem Zeugen P. – klingt fast wie eine Parodie auf Ermittlungsarbeit. Das Gericht: Der Staatsanwalt bekundet, er »habe mit dem Zeugen P. ›nur allgemein die Sachlage, nicht genau den Sachverhalt‹ besprochen. Abgesehen davon, dass sich dem Gericht die Unterscheidung zwischen Besprechung der allgemeinen Sachlage und Besprechung des Sachverhalts nicht erschließt, wäre es überhaupt nicht nachvollziehbar, wenn der Zeuge P., nachdem er die Sachbearbeiter der Kriminalpolizei über sein Wissen informiert hatte, dem zuständigen und das Ermittlungsverfahren federführend bearbeitenden Staatsanwalt diese Information nicht weitergegeben hätte, wenn er schon mit ihm telefoniert.«

So setzte das Gericht den Schlusspunkt: »Nach alledem ergeben sich keine ausreichenden Beweise für die Täterschaft der beiden Angeklagten bezüglich der Tat zum Nachteil Mahov am 19. Februar 2005.«

Der Zufallstäter

Der Nollendorfplatz am Nordrand des Bezirkes Schöneberg in Berlin hat in seiner fast 150-jährigen Geschichte Höhen und Tiefen erlebt. Der Glanz früherer Jahre ist verblasst. In der Negativ-Hitliste der Polizei taucht der Kiez rund um den Nolli – wie der Berliner sagt – regelmäßig als einer der gefährlichsten Orte Berlins auf. Die Gefahren: »Raub, Taschendiebstähle, Überfälle auf Homosexuelle, Drogen, Prostitution.« Letzteres allerdings gilt manchem auch – wie der »Berliner Kurier« meint – als »1600 Meter reines Sexvergnügen«.

Das Gewerbe zweifelhafter Lust ist in dieser Gegend seit Epochen zu Hause. Über Ausschweifungen in der Motzstraße notierte Kurt Tucholsky schon 1919: »In einer Privatwohnung haben sich ein Mann und eine Frau bereitgefunden, Zuschauer bei einer Szene zu dulden, die sich sonst im Allgemeinen privat abzuspielen pflegt. Aber nun Berlin – ! Aber nun die Biederen in allen Richtungen der Windrose! – Unerhört sei das! Und nun werde wohl nächstens der Himmel einfallen. Und was sage man. Und Babylon, die große. Und Sodom und Gomorrha, oder wie die Firma heißt. Und überhaupt.«

Auch ein Menschenalter später läuft hier das Geschäft mit der Lust und der käuflichen Liebe – manchmal gut, manchmal schlecht und manchmal tödlich.

Karl kennt sich aus im Schmuddelkiez rund um den Nollendorfplatz, und in den Kneipen und Kaschemmen der Gegend

weiß man, wer er ist. Sein Spitzname: »Dortmunder Karl«.
So und ähnlich lauten noch immer die Gauner-Titularien,
wie einst beim starken Mann der Berliner Ringvereine in den
zwanziger und dreißiger Jahren, dem stadtbekannten »Muskel-
Adolf«, oder beim Boss des Kudamm-Strichs, dem »Aachener
Kalle«. Und nun »Dortmunder Karl«, den man seiner Herkunft
wegen im Karree rund um den Nollendorfplatz so nennt.

Karl, 39 Jahre alt, ist eine Kiezgröße, sein Konterfei wurde
sogar schon in der Boulevardpresse abgelichtet. Das liegt ein
paar Jahre zurück. Damals zog Karl von Imbissbude zu Imbissbude und zahlte mit falschen Hundertern. Es waren noch
D-Mark-Zeiten. Das Boulevardblatt schrieb: »Der Gauner mit
den Blüten ist bewaffnet mit einem gefährlichen Rottweiler.«

Der »Dortmunder Karl« hatte »mindestens neun falsche
Hunderter an den Mann gebracht«, wie ihm das Blatt vorrech-
nete. Und die Polizei warnte: Karl »ist uns als Rohheitstäter bekannt«. Dann wurde es in dem Zeitungsartikel konkret. Die
Leute sollten wissen, wo sie auf ihn und seine falschen Hunderter stoßen konnten. Der »Dortmunder Karl« verkehre »vor
allem in Lokalen rund um den Hermannplatz, Mehringdamm,
Yorck- sowie Eisenacher Straße …«

Hier, in der Eisenacher Straße im Berliner Bezirk Schöneberg, hat es nun Karl selber erwischt. Er erkennt sich im Spiegel kaum wieder. Die Augäpfel blutunterlaufen, die Augenhöh-
len bunt marmoriert, das Gesicht zerbeult, aus einer genähten
Platzwunde hängen Fädchen. Ein erschreckender Anblick.
Der ganze Körper schmerzt. Nur mühsam kann er sich aus
dem Krankenbett wälzen. Langsam kommen die Erinnerungen wieder. Da war doch was vergangene Nacht! Schreckliche
Bilder geistern durch seinen Kopf. Aber, so grübelt er, wie ist er
da überhaupt hineingeraten? Er bekommt die Geschichte nicht
so recht zusammen.

Arg lädiert sitzt er auf seinem Krankenbett und blättert in

der aktuellen Ausgabe jener Zeitung, die damals seinen Steckbrief abdruckte. Immer wieder jagen ihm die Bilder der letzten Nacht durch den Kopf.

Berlin im zweiten Jahr nach der Wiedervereinigung. Es ist Sonnabend, man schreibt den 26. Oktober, die Uhr zeigt fast auf Mitternacht. Im Etablissement »Stockholm« in der Eisenacher Straße (Eigenwerbung: »Das älteste Stundenhotel der Stadt«) herrscht Langeweile. Trubel ist sowieso nur selten angesagt. Von der Absteige in der ersten Etage des Hauses mit der Nummer 3 sind es nur wenige Schritte zum Nollendorfplatz. Dort ist das Rotlichtmilieu eher in der unteren Preisklasse vertreten. Auf dem Straßenstrich sind Prostituierte unterwegs, die schon am Vormittag Geld für den nächsten Schuss auftreiben wollen. Abends, wenn die Mädchen sich den vorbeifahrenden Freiern präsentieren, schleppen sie gelegentlich ihre Kunden auch in dieses Etablissement.

Nur ein Freier vergnügt sich an besagtem Abend im »Stockholm« mit einer Dame »auf Zimmer«, ein zweiter Gast hält sich an der Bar am Bierglas fest. Kellner Rüdiger hat wenig zu tun. Kurz vor zwölf gesellt sich Karl zu ihnen. Erika, die Chefin des Etablissements, wartet wie üblich auf Kunden. Keine besonderen Vorkommnisse. Die Ruhe in den schummrig rot beleuchteten Räumen könnte darüber hinwegtäuschen, dass in der Szene noch immer verdient wird. Und dass der Kampf ums Revier hart ist.

Endlich klingelt es an der Tür zum »Stockholm«. In Erwartung interessierter Gäste öffnet Erika. Im selben Moment trifft sie ein heftiger Schlag. Sie stürzt blutüberströmt zu Boden.

Karl, einer, der mit seinen Fäusten umzugehen versteht, erkennt schnell, dass die hereinstürmende Truppe nicht aufzuhalten ist. »Einige der Typen waren nach meiner Erinnerung mit Damenstrümpfen maskiert«, erzählt er später. »Das ging alles so schnell. Die Erika hat es sofort voll erwischt, die hat dann einen dreifachen komplizierten Bruch gehabt, Rippenbrüche und eine Kopfplatzwunde. Sie hat das von einem Knüppel mitgekriegt. Dann war da noch ein Stammgast, der Klaus, der gebettelt hat: ›Bitte nicht, bitte nicht!‹ Der muss wohl auf der Couch gestanden haben, wenn man die ganzen Blutspritzer sieht.« Das Pärchen auf dem Zimmer bleibt verschont, der Mann und die Frauen geben keinen Laut von sich und können sich so vor den randalierenden Eindringlingen verborgen halten. Weiter erzählt Karl: »Einem Angestellten, dem Rüdiger, haben sie das Schulterblatt zertrümmert. Der ist gleich liegen geblieben, das war wohl schlau. Dann sind sie auf mich zugestürmt. Ich hab das alles nur noch so verschwommen gesehen, weil ich einfach Panik hatte. Und bin dann zurückgelaufen, drei, vier Meter.«

Karl ist nicht das erste Mal in diesem Laden, er weiß Bescheid. Mit sicherem Griff fischt er eine Pistole aus einer Sofaritze. Eine kleinkalibrige Waffe vom Typ »Derringer«, auch als »Damen-Knarre« bezeichnet, wohl deshalb, weil sie einst in den Saloons des Wilden Westens im Strumpfband der leichten Mädchen getragen wurde. Die besagte Derringer soll ein paar Wochen zuvor ein Gast liegen gelassen haben. Rüdiger, der Barkeeper, gibt an, sie gefunden und im Kanapee deponiert zu haben.

»Ich habe mich hingestellt und geschrien, die sollen stehen bleiben«, erinnert sich Karl. »Ich habe richtig laut geschrien in meiner Panik. Der Erste, der auf mich zukam, war noch ungefähr einen Meter entfernt, da habe ich abgedrückt. So in Brusthöhe. Und dann habe ich noch mal geschossen, in Richtung Tür.«

Der Angreifer habe nur kurz »Au« gesagt und sich dann auf ihn gestürzt. Bevor Karl mit Baseballschlägern und einem Taser, einem Elektroschlagstock, malträtiert und schließlich in die Bewusstlosigkeit geschickt wird, hat er noch einmal kräftig mit der Faust zugeschlagen.

Die Taser-Attacken haben bei Karl Brandmarken hinterlassen, an der Wade, an den Nieren und am Arm. Mit den Knüppeln wurde er am Hinterkopf und im Gesicht grässlich zugerichtet. Karl wurde ohnmächtig, er weiß aber noch, wie er, unfähig sich zu bewegen, das leise Surren des Tasers hörte und dass schließlich einer der Randale-Ganoven von einem Komplizen mit »Stoj« zum Einhalt gebracht wurde. Ansonsten ist ihm wenig im Gedächtnis haften geblieben. Er hat nur noch dumpf in Erinnerung, dass sich irgendwann ein Mädel über ihn beugte und auf ihn einredete: »Bleib liegen, um Gottes willen, bleib liegen. Der Rettungswagen kommt schon.«

Der Überfall hat kaum länger als fünf Minuten gedauert, aber das Etablissement gleicht einem Schlachtfeld: das Mobiliar zertrümmert, alles voller Scherben, Blutspritzer überall. Erst im Krankenhaus wird Karl das Ausmaß dieser Attacke deutlich. Er erfährt, dass auch die anderen verletzt in die Klinik eingeliefert werden mussten und dass Klaus, der einsame Stundenhotel-Gast, sein rechtes Auge verlieren wird.

Wer will den Szene-Krieg, fragt er sich, wer hat den Überfall in Auftrag gegeben? Bei Karl werden düstere Erinnerungen wach. Er entsinnt sich an den Doppelmord sechs Jahre zuvor: Am 24. Mai 1985 waren die Besitzer der Herrenbar »Mini-Club«, Knut Walther und Christian-Andreas Kleinschmidt, in ihrer Wohnung auf bestialische Weise ermordet worden. Deren Bar in der Motzstraße 19 lag in unmittelbarer Nachbarschaft der Pension »Stockholm«. Karl hatte auch in diesem Etablissement hin und wieder als Aufpasser herumgesessen. Obwohl 85 Hinweise bei der Kripo eingingen, wurde vier Jahre lang vergeblich ermittelt; keiner davon half, das Mordrätsel zu entschlüsseln. Der 86. Tipp kam von Karl und erreichte die Männer der 5. Mordkommission auf Umwegen. Wegen seiner

»Blüten« verurteilt, saß Karl seine Strafe in der Justizvollzugsanstalt Tegel ab. In den Gängen des Gefängnisses wurde über
so manches Geheimnis getuschelt. So war Karl das verräte-
rische Bekenntnis eines Häftlings zu Ohren gekommen, der
sich des Gemetzels in der Motzstraße brüstete. Vier Jahre nach
dem Verbrechen, im April 1989, konnten die Raubmörder von
der Kripo überführt und am Ende als geständige Mörder abge-
urteilt werden. Karl lag die Sache schwer im Magen. Verpfeifen
war nicht sein Ding: »Ich bin kein Schwätzer und ein V-Mann
schon gar nicht!«

Zwei Tage nach dem Überfall auf die Pension »Stockholm«
liest Karl in der BZ, dass Passanten am 27. Oktober nachts um
halb eins unweit des Charlottenburger Rathauses auf dem Gehweg der Straße Alt-Lietzow/ Ecke Wartburgzeile eine männliche Leiche gefunden haben. Die Polizei vermutet sofort, dass
die Leiche dort »abgelegt« wurde. Der nackte Oberkörper war
blutverschmiert. Der Mann trug Turnschuhe. In den Taschen
seines Jeansanzuges fand man lediglich ein polnisches Schriftstück und einige Zloty. Die Schlussfolgerung lag nahe, dass
es sich bei dem Toten um einen Polen handeln musste. Damit
aber erschöpften sich fürs Erste die Anhaltspunkte der Mordkommission. Über die weiteren Umstände konnte nur spekuliert werden. Mit einem Foto vom Gesicht des Toten wandten
sich die Mordermittler an die Presse.

Dem Prügelopfer Karl kommt das Gesicht des toten Mannes
sofort bekannt vor: »Ich habe ihn auf dem Bild in der Zeitung
erkannt. Ich hatte ihn am Kopf richtig fest mit der Faust getroffen. Und da war eine Wunde unter dem Auge zu sehen. Und
dann hat in der Zeitung gestanden, dass das Projektil gefunden worden war. Es war ja eine Kleinkaliberwaffe, die schlägt
nicht durch. Da habe ich einen Zusammenhang gesehen.« Er
verlangt noch im Krankenhaus bei der Mordkommission nach
dem »Bullen« seines Vertrauens. Dem diktiert er seine Ver-

mutung ins Protokoll, dass es sich bei dem Toten nur um den Mann handeln könne, der den Überfall auf die Bordell-Pension »Stockholm« angeführt hatte. Karl räumt freiwillig ein, dass er selbst möglicherweise den tödlichen Schuss abgegeben hat: »Ich wollte den gar nicht erschießen, ich habe ja auch nicht in Kopfhöhe gefeuert, einfach so, aus meiner Angst. Da habe ich zufällig das Herz getroffen, ich bin ja kein Schütze, der Schießen trainiert. Das war wirklich Zufall.« Karl vermutet, dass auch ein zweiter Angreifer verletzt worden sein muss, denn »da war eine riesige Blutlache«.

Durch Karls Angaben wird für die Polizei ein Zusammenhang zwischen dem Überfall auf die Pension »Stockholm« und dem Leichenfund erkennbar. Durch die Amtshilfe der polnischen Kollegen kann die Leiche identifiziert werden: Der Tote ist der Pole Janusz Bludzinski. Er hätte möglicherweise bei rechtzeitiger ärztlicher Behandlung gerettet werden können, doch offensichtlich erschien er seinen Komplizen als Sicherheitsrisiko – sie ließen ihn auf dem Pflaster sterben. So endete der Ganove aus Poznań in Berlin. Nach Auskünften der Polizei in Poznań galt der erschossene Janusz Bludzinski als kleiner, wenn auch brutaler Räuber. Er selbst hatte sich offenbar seine schnelle kriminelle Eingreif-Truppe zusammengestellt.

Eine Frage beschäftigt die Polizei: Wie kamen die Männer von Bludzinski dazu, ihren tödlich verletzten Chef ausgerechnet in der Seitenstraße hinter dem Charlottenburger Rathaus einfach auf die Straße zu werfen? Hier führt kaum der direkte Fluchtweg vom Kiez in Schöneberg zurück nach Poznań entlang. Saß in Charlottenburg der Auftraggeber oder der Mittelsmann für den brutalen Überfall?

Gut ein Jahr später fällt in einem Haus in der Otto-Suhr-Allee 56 – nur etwa 300 Meter vom Auffindungsort des toten Bludzinski entfernt – die ukrainische Unterweltgröße Garri Djibu einem Mordanschlag zum Opfer. Ein weiteres halbes

Jahr später findet der aus Sowjetunion stammende Israeli Isaak Kleiner nur 30 Meter Luftlinie entfernt sein gewaltsames Ende.

Auch wenn es nicht belegt werden kann: Vieles spricht dafür, dass sich in dieser Gegend eine Schnittstelle für kriminelle Geschäfte befunden haben muss. Auch der »Dortmunder Karl«, als absoluter Insider der Szene, zeigte sich überzeugt, dass es sich beim Überfall auf das »Stockholm« nicht um irgendeine persönliche Abrechnung gehandelt haben konnte. »Da wollte jemand, dass sich die«, sagt er und meint die Betreiber der Bordell-Pension, »aus dem Geschäft zurückziehen.«

Auseinandersetzungen dieser Brutalität sind auch im Rotlicht-Milieu nicht alltäglich. Allerdings war vielen der Westberliner Zuhälter und Bordellbesitzer noch der Schusswechsel in der Bleibtreustraße in Erinnerung. Am 27. Juni 1970 hatten sich deutsche und persische Zuhälter einen blutigen Bandenkrieg geliefert, an dessen Ende der 22-jährige Ali Sharkri tot auf dem Pflaster vor dem Restaurant »Bukarest« lag. Im Volksmund hieß die Bleibtreustraße dann für lange Zeit »Bleistreustraße.«

In der Bleibtreu- wie in der Eisenacher Straße wurden eindeutig mal offen und mal versteckt Revierkämpfe ausgefochten. Wer die Hintermänner beim Überfall auf das »Stockholm« waren, konnte nie geklärt werden.

ISBN 978-3-360-02144-1

Ein Verlagsverzeichnis schicken wir Ihnen gern:
Das Neue Berlin Verlagsgesellschaft mbH
Neue Grünstraße 18, 10179 Berlin
Tel. 018 05 / 30 99 99 (0,14 Euro / Min., Mobil max. 0,42 Euro / Min.)

Die Bücher des Verlags Das Neue Berlin
erscheinen in der Eulenspiegel Verlagsgruppe.

www.eulenspiegel-verlagsgruppe.de